홀로 계신 분께 홀로

THOMAS MERTON
A COURSE IN DESERT SPIRITUALITY
Fifteen Sessions with the Famous Trappist Monk

© 2019 by Order of Saint Benedict, Saint John's Abbey, P.O. Box 7500, Collegeville, Minnesota 56321, United States of America.
All rights reserved.

Translated by CHOE Moonhee
Korean translation copyright © 2025 by Benedict Press, Waegwan, Korea.

Korean translation rights arranged with Liturgical Press, Saint John's Abbey, Collegeville, Minnesota 56321, United States of America.

홀로 계신 분께 홀로
토마스 머튼의 사막 영성 강좌

2025년 6월 27일 교회 인가
2025년 9월 4일 초판 1쇄

지은이	토마스 머튼
엮은이	존 M. 스위니
옮긴이	최문희
펴낸이	박현동
펴낸곳	성 베네딕도회 왜관수도원 ⓒ 분도출판사
찍은곳	분도인쇄소
등록	1962년 5월 7일 라15호
주소	04606 서울 중구 장충단로 188 분도빌딩 (분도출판사 편집부)
	39889 경북 칠곡군 왜관읍 관문로 61 (분도인쇄소)
전화	02-2266-3605 (분도출판사) · 054-970-2400 (분도인쇄소)
팩스	02-2271-3605 (분도출판사) · 054-971-0179 (분도인쇄소)
홈페이지	www.bundobook.co.kr
ISBN	978-89-419-2513-2 03230

이 책의 한국어판 저작권은 Liturgical Press, Saint John's Abbey와 독점 계약한 분도출판사에 있습니다.
저작권법에 의해 한국 내에서 보호를 받는 저작물이므로 무단 전재와 무단 복제를 금합니다.

이 책의 본문 종이는 FSC® 인증을 받은 친환경 용지를 사용했습니다.

홀로 계신 분께 홀로

토마스 머튼의 사막 영성 강좌

토마스 머튼 지음
존 M. 스위니 엮음
최문희 옮김

분도출판사

세상은 사막까지 쫓아와서 우리를 되찾아 가려 합니다.
세상에 속한 것을 우리 안에 하나라도 간직하고 있으면
세상이 우리에 대한 권리를 주장합니다.

열다섯 번째 강의에서

차례

머리글 11
편집자 서문 15
저자 서문 23

첫 번째 강의 —— **초기 그리스도교 영성 1~2세기** 25
순교 시대의 영성 • 동정자와 수행자들의 이상

두 번째 강의 —— **초세기의 일탈** 35
육신 혐오 • 몬타누스파 • 신플라톤주의 • 영지주의

세 번째 강의 —— **알렉산드리아의 그리스도교 교사들** 47
알렉산드리아의 클레멘스 • 오리게네스

네 번째 강의 —— **사막의 성 안토니우스** 59
성 안토니우스 훑어보기 • 안토니우스의 교리 • 안토니우스의 말년

다섯 번째 강의 —— **성 파코미우스와 공주 수도승** 69
공주 수도승과 독거 수도승 • 성 파코미우스의 생애 • 파코미우스 규칙서

여섯 번째 강의 —— **카이사리아의 성 바실리우스** 79
생애 • 성 바실리우스의 저서들 • 바실리우스의 공주 수도승생활

| 일곱 번째 강의 —— | **다른 카파도키아 교부들,
두 명의 그레고리우스 89**
나지안주스의 성 그레고리우스•니사의 성 그레고리우스•니사의 성 그레고리우스의 저서들 |

| 여덟 번째 강의 —— | **팔레스티나 수도승생활과
성 히에로니무스 103**
성 히에로니무스•히에로니무스의 생애에서 다른 논쟁들•수도승에 관한 히에로니무스의 가르침 |

| 아홉 번째 강의 —— | **성 멜라니아의 공동체 119**
성 노 멜라니아•성 소 멜라니아•팔레스티나의 로마 수도승생활•동방에서 멜라니아의 수도생활 |

| 열 번째 강의 —— | **메소포타미아와 시리아의 수도승생활 129**
주두 수도승•니트리아와 스케티스의 은수자들•사막 영성의 특징 |

| 열한 번째 강의 —— | **성 마카리우스와 위-마카리우스 143**
성 마카리우스•메살리아주의•위-마카리우스 |

| 열두 번째 강의 —— | **폰투스의 에바그리우스의 기도론 151**
에바그리우스의 중요성•에바그리우스가 말하는 기도란 무엇인가?•기도의 단계 요약 |

열세 번째 강의 ── **요한 카시아누스, 영성 생활의 스승** 163
카시아누스의 오류 • 카시아누스의 생애와 배경 • 피누피우스 압바 • 스케티스 사막과 니트리아 • 오리게네스 논쟁 • 콘스탄티노폴리스와 갈리아

열네 번째 강의 ── **카시아누스의 『담화집』** 197
제1담화: 수도승의 목적과 목표 • 제2담화: 분별에 관하여 • 제4담화: 육과 영의 욕정에 관한 다니엘 압바의 담화 • 제9담화와 제10담화: 기도에 관한 이사악 압바의 담화

열다섯 번째 강의 ── **마부그의 필록세누스** 235
영성 생활의 토대 • 단순함이란 무엇인가? • 개종한 유다인에게 보낸 편지 • 어느 초심자에게 보낸 편지 • 사막 성소 • 간음에 관하여

그룹 토의 주제와 질문, 추가 자료 모음 269
영어판 편집자 주 285
교부 문헌 목록 289

머리글

 교부들을 폭넓게 읽고 연구한 토마스 머튼에게 사막 교부들은 특별한 기쁨이었습니다. 존 하워드 그리핀이 찍은 유명한 사진에서, 머튼은 수도승들이 겨울에 흔히 입는 청 재킷을 입고 두꺼운 책 앞에 앉아 있습니다. 책을 읽으며 웃고 있지요. 자세히 들여다보면 책에 적힌 글자들은 영어가 아닌 외국어로 되어 있고, 미뉴가 편찬한 『교부들의 금언집』 라틴어판이라는 것을 쉽게 추측할 수 있습니다.

 지원자 시절에 제가 들었던 루이스 신부님(겟세마니 수도원에서 머튼을 부르는 이름 ― 옮긴이)의 여러 강의 가운데 가장 재미있었던 것도 사막 교부들에 관한 것들이었습니다. 은수자들의 기이한 행동, 그들이 영적 구도자들에게 툭툭 던지는 단순한 대답은 간결하면서도 유익한 예수님의 말씀들을 연상시켰습니다. 구체적이고, 예상을 벗어나며, 어쩌면 선뜻 받아들이기 어려울 수도 있는,

예를 들면 이런 말들이지요. "독방으로 들어가십시오. 그러면 독방이 모든 것을 가르쳐 줄 것입니다." "도망치십시오, 침묵하십시오, 잠잠히 머무르십시오." 이 유별한 사람들의 이국적인 이름이 우리 머릿속에서 맴돌기 시작했습니다. 파프누티우스, 아르세니우스, 파코미우스 …. 우리는 흡사 예언자같이 행동하던 그들의 이야기를 들었습니다. 중한 죄를 지은 형제를 쫓아내는 문제를 논의하던 수도승 무리 한가운데로 뚜벅뚜벅 걸어 들어간 어느 수도승 이야기가 생각납니다. 이 지혜로운 수도승은 밑바닥에 구멍이 뚫린 큰 모래주머니를 어깨에 짊어지고는 바닥 여기저기에 모래를 흘리고 있었지요. 그가 말했습니다. "나도 죄인입니다. 나는 이 모래처럼 내 죄의 흔적을 흘리고 있습니다." 이 모습을 본 수도승들은 그 골칫덩어리 수도승을 용서하고 다시 받아들이기로 했습니다. 잊지 못할 이야기입니다.

이 책의 주된 관심사 가운데 하나는 '영의 식별'입니다. 어떤 영감이 하느님에게서 오고, 또 어떤 것이 악마에게서 오는지 어떻게 알 수 있을까요? 요한 카시아누스는 원로 헤론의 슬픈 이야기를 들려줍니다. 그는 우물에 몸을 던짐으로써 자신의 믿음을 증명하고 아무런 해를 입지 않고 멀쩡한 모습을 보여 주려고 결심했고, 정말 그렇게 했지요. 그는 그렇게 죽었습니다.

머튼은 사막 교부들의 금언을 직접 번역하여 엮은 책 『사막의 지혜』[1]에서 이런 이야기들을 선불교 선승들의 이야기에 비교합니다. 루미가 들려주는 샴스 타브리지 같은 이들의 이야기도 있지요. 그러나 사막 수도승들이 씨 뿌린 영감이 활짝 피어나는 것을 보려면 이후의 그리스와 카파도키아 교부들의 문헌만 보아도 알 수 있습니다. 예를 들면, 폰투스의 에바그리우스나 바실리우스, 나지안주스의 그레고리우스, 그리고 서방으로 가서는 요한 카시아누스와 성 베네딕도 같은 이들 말입니다. 이 후기 저술들 가운데 많은 것은 수수께끼 같은 수도승 선문답의 간결함보다는 훨씬 길어진 수사적 날개를 달고 있지만, 그 핵심은 이 은수자들의 단순하고 소박한 삶을 부러워하는 이들에게서 나왔습니다. 이 책에 나오는 많은 저자는 수도승들을 선망하는 이들이었고, 헬레니즘 문화에서 성장통을 겪고 있던 교회의 복잡함과 갈등에 휩싸여 있으면서도 아마 마음 깊은 곳에서는 실제로 수도승이었을 것입니다.

    이 역사 가운데 현대 수도원의 병아리 수련자인 우리가 맛보고 맛 들이기에 적합하지 않은 것은 하나도 없습니다. 성 베네딕도는 자기 수도승들을 위한 규칙서에서 자신이 "초보자를 위해 쓴 이 최소한의 규칙"(『수도 규칙』 73)보다 그러한 독서를 더 앞세워 권합니다. 소란스러운 오늘날 세상을 살아가는 유럽과 아메리카와 라틴아메리카의 많은 이가 '어떻게 살아갈 것인가'라는 물음에 대한 답을 베네딕도를 비롯한 초기 전통에서 찾기를 기대

---

1 『토머스 머튼이 길어낸 사막의 지혜』 토머스 머튼 엮음, 안소근 옮김 (바오로딸 2011).

합니다. 그들은 개인이나 교회, 정치 등 여러 영역에서 '영의 식별'이 시급하다는 것을 통감합니다. 무엇이 사람들에게 동기를 부여하는지, 무엇이 나를, 다른 이들을, 그리고 텔레비전 화면에 나오는 대단한 인물들을 움직이게 하는지 어떻게 알아낼 수 있을까요? 이집트와 시리아와 팔레스티나의 이 지혜롭고 단순한 사람들은 '마음의 순결'로 가는 길, 이기심 없고 진실하며 담백한 정신과 의지로 향하는 길을 이해하고 있었습니다. 우리를 바른길로 이끌기 위해 다시 꼼꼼하게 파헤쳐 본 그들의 삶이 우리 앞에 펼쳐집니다.

트라피스트회 수사 폴 퀴넌

편집자 서문

앞서 나온 『그리스도교 신비주의 강좌』[2]처럼, 여러분이 들고 있는 이 책 『홀로 계신 분께 홀로: 토마스 머튼의 사막 영성 강좌』도 토마스 머튼이 겟세마니 수도원의 수련자들에게 했던 강의에서 시작되었습니다. 먼저 나온 책과 마찬가지로 이 책도 전에 출판된 학술서를 추려서 펴낸 것입니다.

  이 두 책은 수도원 밖에 사는 우리에게도 매력적입니다. 주요 인물들을 살펴보고 그들의 저술을 종합하여, 그것이 영성 생활에 지니는 의미를 통해 청중과 독자들에게 영감을 주는 머튼의 탁월한 능력 덕분입니다. 이 책이 수도승이 아닌 이들에게도 매력적인 이유는, 수도승의 지혜와 영성이 모든 이에게 적용될 수 있

---

[2] Thomas Merton, *A Course in Christian Mysticism*, Jon M.Sweeney, ed. (MN: Liturgical Press 2017).

다는 머튼의 믿음, 강의를 통해 분명히 드러난 이 믿음 때문입니다. 언젠가 머튼은 이렇게 말했습니다.

> 자의적인 세속적 전제들에 전적으로 복종하고, 사회적 관습에 휘둘리며, 어쩌면 신기루일지 모르는 일시적 만족을 추구하는 데 매달리는 삶의 가치에 물음을 던지고자 했던 모든 이에게는 공통된 수도승의 시선이 있습니다. '세상에서의 삶'의 가치가 무엇이든 간에, 모든 문화권에는 고독 속에서 자신이 훨씬 더 좋아하는 무언가를 찾았다고 주장하는 사람들이 있어 왔습니다.[3]

그러니 여러분이 만일 머튼이 훌륭하게 묘사해 놓은 이 '수도승의 시선' 비슷한 것을 지닌 사람이라면, 열다섯 편의 강의로 엮은 이 책이 도움이 될 것입니다. 비록 이 책이 수도원 강의에서 시작되었더라도, 아니 어쩌면 바로 그 점 때문에 말입니다.

머튼은 수도승이 되고 나서 첫 십 년 동안 공동체 생활을 놓고 씨름했습니다. 이것이 모든 머튼의 전기에서 가장 흥미를 끄는 이

---

3 Thomas Merton, *The Way of Chuang Tzu* (New York: New Directions 1997) 10. [한국어판:『(토마스 머튼의) 장자의 도』권택영 옮김 (은행나무 2004)].

야기의 실마리입니다. 이 주제만 콕 집어서 다룬 책이 여럿 쓰였습니다. 우리는 이 헌신적인 트라피스트 수도승이 어떻게 자신을 위한 더 깊은 고독을 추구했는지, 그러면서도 어떻게 당대의 가장 활발한 영성 작가 가운데 하나가 되었는지 알고 있습니다. 이러한 역설과 모순은 머튼 주변의 그 누구에게도, 심지어 그 자신에게도 전혀 영향을 미치지 않았습니다.

머튼은 홀로 있는 시간을 더 달라고 수도원장에게 자주 청했습니다. 새로 나온 책, 새로운 영적 운동의 경향과 새로운 생각들에 관해 미국 안팎의 친구 수백 명에게 편지를 쓰고 있었으니까요. 그는 더 관상적인 삶의 방식에 대한 자신의 열망에 관해서도 적극적으로 이야기했습니다. 우리는 심지어 그가 때로는 수도회를 옮기고 싶어 했던 것도 알고 있습니다. 그가 카르투시오회였다면, 하느님께서 그에게 바라셨던 수도승이 되기에 더 좋았을까요? 그가 말년에 동양의 종교들과 수도승 전통에 마음이 끌렸다는 사실도 종종 이런 관점에서 설명되기도 합니다. 그가 방콕에서 세상을 떠난 뒤에는, 그가 정말 죽은 게 아니라 불교 스님이 되어 동방에 살기 위해 죽음을 꾸며 냈다는 소문까지 돌았습니다!

머튼이 처음으로 긴 고독을 허락받은 것은 요한 카시아누스를 연구하던 때였습니다. 그리고 우리는 이 책 곳곳에서 공주 수도승생활과 독거 수도승생활에 관한 문헌들과 전통에 대해 (어쩌면 머튼 자신이나 그의 장상에 대해) 이야기하는 머튼의 목소리를 들을 수 있습니다. 공주 수도승생활은 공동체 안에서 다른 수도승들과 더불어 사는 삶이고, 독거 수도승생활은 은수자의 삶입니다. 머튼의 장상은 그가 긴 오후 시간과 이른 저녁에 수도원 안에 있는 장작 헛간을 이용하도록 허락했습니다. 머튼은 이 누추한 공간을 '성 안나의 집'이라 이름 붙였고, 자신이 맡은 다른 소임들을 다하면서도 거기서 홀로 있는 시간을 사랑했습니다. 1953년 2월 초 어느 날, 그는 일기에 이렇게 썼습니다.

'은수자가 되는 것'에 관해 더 이상 내 마음과 논쟁하지 않아도 된다는 사실은 놀라운 일이다. 비록 나는 은수자는 아니지만 말이다. 적어도 이제 고독은 구체적인 것이 되었다. '성 안나의 집'이. 언덕이 길게 내려다보이고, 그 아래에는 텅 빈 옥수수밭이 있고, 나무에는 까마귀들이, 언덕 비탈에는 삼나무들이 모여 있는 곳. 이곳에 있으면 언제나 넓은 하늘과 큰 평화가 있다. 마음을 어지럽히는 것들이 없고 모든 것이 평화롭다.

여기서는 책도 점점 필요 없게 느껴진다.

카시아누스는 그를 화나게 하는 곳에서 위대해졌다.[4]

---

4 Thomas Merton, *A Search for Solitude: Pursuing the Monk's True Life The Journals of Thomas Merton, Vol. 3: 1952-1960*, ed. Lawrence S. Cunningham (New York: HarperCollins 1997) 29.

이 마지막 문장은 조금 아리송합니다. 카시아누스는 은수자들인 사막 교부들의 삶과 금언을 만나고 그들을 존경하는 마음에서 수도승을 위한 영적 지침을 끌어냈기 때문입니다. (그 내용은 이 책 열세 번째 강의와 열네 번째 강의에서 집중적으로 다루고 있는 카시아누스의 『담화집』에 담겨 있습니다.) 그로부터 얼마 지나지 않아 성 베네딕도와 그의 유명한 『수도 규칙』을 통해 서방 수도승생활에서 공주 수도승생활이 하나의 표준으로 자리 잡게 되었지요. 머튼의 일기 마지막 줄에 관해 우리는 뭐라고 할 수 있을까요? 저도 잘 모르겠습니다. '아마도 고독을 열망하는 자신의 마음, 때로는 매우 강렬하게 타올랐던 그 마음에 대한 어떤 상반된 감정이나 불안을 드러낸 것이 아닐까' 하고 추측할 뿐입니다.

이 책을 읽으면서 독자들은, 그리스도의 길에 더욱 충실히 투신하고자 알렉산드리아나 다마스쿠스, 예루살렘 같은 도시들을 떠난 이들의 삶과 가르침과 됨됨이를 보며 대개는 매력을 느끼면서도, 때로는 이상하고 안타까운 마음도 들 것입니다. 머튼은 (매력과 안타까움이라는) 이 두 방향을 계속해서 왔다 갔다 하며 보여 주는데, 그에게는 둘 다 흥미로운 것들이었습니다. 특히 '일탈'에 관한 두 번째 강의에서는 초대교회 이래 우리의 영적 이해가 어떻게 발전해 왔는지 보여 줍니다. 예를 들어, '거짓 수덕주의와 거짓 신비주의'가 결합한 몬타누스파는 중요한 교부인 테르툴리아누스도 자기편이라고 주장할 정도였지만, 지금은 비극으로 여겨집니다. 이단의 시기들에, 또 때로는 사막 교부들의 참된 삶 속에서도 보이는 '육신을 미워하는' 극단적 금욕주의는 우리가 따라 할 만한 것이 아닙니다. 머튼은 아주 오래전에 실천했던 것들을 우리가 되찾고 재발견해야 할 필요성뿐 아니라, 우리가 다행히도 버리고 온 것들도 함께 보여 주고 있습니다.

저는 머튼이 켄터키의 겟세마니 수도원에서 트라피스트 수도승이 되기 위해 공부하는 젊은이들에게 했던 이 강의를 찾아낸 순간을 생생하게 기억합니다. 마치 묻혀 있던 보물을 발견한 것 같았습니다. 대학 도서관에서 카세트테이프로 처음 만났지요. 녹음 상태가 늘 깨끗하지는 못해서, 이 원석에서 지혜를 '캐내기' 위해 정지, 되감기, 재생 버튼을 누르고 또 눌렀던 기억이 납니다. 삼십 년도 더 지난 이 강의를 글로 다듬는 작업은 머튼과 그의 원천으로 돌아가는 길이었을 뿐 아니라, 나의 머튼 발견기로 돌아가는 길이기도 했습니다. 기쁜 일이었습니다.

사막 영성에 관한 머튼의 가르침을 더 깊이 연구하고 싶은 이들은, 이 주제에 관한 머튼의 강의들을 요약하지 않고 긴 서문과 풍부한 주석을 달아놓은 책들이 있으니 찾아보면 좋을 것입니다.[5]

그 책의 1권 서문에서 편집자 패트릭 오코넬은 이렇게 말합니다. "사실과 해석들로 빽빽한 이 강의들은 정보 전달보다는 양성에 초점을 맞추고 있었다. 그 목적은 수련자들이 지식을 통달하게 하는 것이 아니라, 전통에 흠뻑 젖어 들게 하고 교회의 초세기까지 이어지는 삶의 길에 익숙해지게 하는 데 있었다." 이 말은 머튼이 세상을 떠난 지 반세기도 더 지난 지금 어째서, 왜, 이 강의들이 우리에게 의미가 있는지에 대한 설명이 될 것입니다.

사막 영성이 우리를 ― 수도승이나 수도자가 되기 위해 서원하지 않은 이들도 ― 더 나은 그리스도의 제자로 양성하리라는 희망이 있습니다. 그럴 수 있습니다.

그러니 이 책은 편하게 읽을 책은 아닙니다. 사막 교부들이 그들의 삶으로 무엇을 했는가, 그들은 복음의 의미를 어떻게 해석했는가에 관한 이야기는 결코 사소할 수 없고 간단하지도 않습니다. 이 책을 집어 든다는 것은 공부하겠다는 것입니다. 아니, 공부를 넘어 귀 기울여 듣겠다는 것, 집중해서 듣겠다는 것입니다. 다음 쪽부터 책장을 넘기는 모든 이는 이런 지향을 지니고 있어야 합니다.

『그리스도교 신비주의 강좌』도 그랬지만, 이 책의 내용은 나

---

5 *Cassian and the Fathers: Initiation into the Monastic Tradition*, ed. Patrick F. O'Connell (Kalamazoo, MI: Cistercian Publications 2005); *Pre-Benedictine Monasticism: Initiation into the Monastic Tradition 2*, ed. Patrick O'Connell (Kalamazoo, MI: Cistercian Publications 2006).

의 온 삶으로 만날 준비가 되어 있지 않다면 섣불리 덤벼들어서는 안 되는 신비입니다. 이 강의들은 단지 재미를 위한 것이 아니라 변화를 위한 것입니다. 그것이 토마스 머튼이 이 강의를 처음 했을 때 뜻했던 바였습니다. 그러한 삶에 대한 그의 열정과 그것이 오늘날의 삶에 지니는 의미가 분명하게 드러납니다.

다음 쪽부터 각주와 책 끝에 실린 부록을 뺀 나머지는 모두 토마스 머튼의 말입니다.

존 M. 스위니
아시시의 성 프란치스코 축일에

저자 서문

만약 미시시피강에서 물 한 바가지를 떠서 마셔야 한다면, 강의 어디에서 물을 뜨겠습니까? 미네소타에 있는 발원지에서일까요? 아니면 뉴올리언스에 있는 하구에서일까요? 이런 비유가 꼭 맞지는 않겠습니다. 그리스도교 전통과 영성은 흐르는 과정에서 강물처럼 오염되지는 않으니까요. 가당치도 않은 생각입니다. 그렇더라도 전통과 영성은 원천과 맞닿아 있고 똑같은 내용을 간직하는 그만큼, 훨씬 더 순수하고 참된 것이 됩니다.

비오 12세 교황은 수도자들은 원천으로 돌아감으로써 그들 고유의 진정한 전통을 쇄신하기 위해 노력해야 한다고 강조했습니다. 수도승 영성은 특히 전통적이며, 성경과 전례, 교부라는 원천으로 돌아가는 것이 큰 부분을 차지합니다.

수도생활은 종교 생활의 첫 형태입니다. 수도승은 자신의 성소 덕분에 가장 초기의 그리스도교 영성에 속해 있습니다. 이 최초의 수도승 원천이 영성의 큰 줄기를 이루는 데 이바지했고, 이 줄기에서 다른 모든 수도회가 뻗어 나왔습니다. 그러나 수도승은 훗날의 다른 영성들을 거치지 않은 자기 고유의 원천에서 생명을 주는 물을 길어 내야 합니다. 훗날의 영성들에는 수도생활에 낯선 요소들도 들어 있기 때문입니다.

우리는 전통을 쇄신할 뿐 아니라 당연히 우리 시대의 요구에도 적응해야 합니다. 전통으로 돌아간다는 것은 초기 수도승들이 살았던 삶을 낱낱이 되살리거나 그들이 했던 모든 것을 그대로 따라 하려고 노력한다는 뜻은 아닙니다. 그보다는 수도승들이 다른 시대를 살면서 다른 문제들을 풀어 갔던 그 방법과 정신으로, 우리는 우리 시대를 살아가면서 우리 시대의 문제들을 풀어 간다는 뜻일 겁니다.

사막 생활의 가장 큰 관심사는 하느님을 찾는 것, 구원을 찾는 것이었습니다. 사막 교부들 사이에서 흔한 인사말은 '소테이스'$_{sotheis}$, 곧 '구원을 빕니다'였습니다. 우리가 사막 교부들의 금언이라고 알고 있는 수많은 문장은 사실 '나는 무엇을 해야 하는가?'라는 물음에 대한 대답들입니다.

사막 교부들은 모든 문제에 아무런 오류가 없는 정답을 갖고 있던 마법 같은 지도자나 스승이 아니었습니다. 그들은 그저 말수 적고 겸손하며 지혜로운 사람들, 성령께서 당신 필요에 맞게 쓰셨던 이들이었습니다.

1956년

첫 번째 강의

초기 그리스도교 영성
1~2세기

이 시기는 큰 박해의 시대였습니다. 무엇보다도 그리스도인은 언제든 순교를 맞닥뜨릴 수 있었습니다. 이것이 초세기 영성의 기본 바탕입니다. 언제든 있을 수 있는 일이자 영성 생활의 정점으로 여겨진 순교와 더불어, 동정의 이상도 있었습니다.

순교와 동정은 세상이 소중히 여기는 것을 모두 희생함으로써 가장 숭고한 형태로 그리스도와 일치를 이루는 것이라고 여겨졌습니다. 이들과 나란히, 수행修行(*ascesis*)이 있었습니다. 말 그대로 자신의 십자가를 짊어지고 그리스도께서 영광스럽게 다스리시는 나라까지 그분을 따른다는 생각입니다. 그리스도인은 현생은 전혀 바라보지 않았습니다.

그리스도인의 삶은 교회의 일치, 완전한 사랑의 일치를 중심으로 삼았습니다. 대부분의 것을 공동으로 소유하고, 거룩한 전례와 그리스도 구원 희생제의 재현이 중요한 공동 행위이자 모든 힘과 생명, 순교를 맞닥뜨릴 용기의 원천인 그런 일치였습니다. 그리스도인의 삶은 신자 공동체 안에서 사랑과 자기 헌신을 치열하게 실천하는 삶, 전례를 통해 그리스도 안에 하나로 긴밀하게 일치된 삶, 죽음으로 그리스도에 대한 신앙을 증언하는 일을 날마다 예상하며 살아가는 삶이었습니다.

이런 상황에서 그리스도교 문헌이나 '영적 독서'는 그다지 많지 않았습니다. 이때 쓰인 글들은 공동체에 읽어 주기 위해, 또는 예비신자 양성을 위해 쓰인 것이었습니다. 예를 들면, 이그나티우스 성인과 그의 서간들, 『열두 사도들의 가르침-디다케』, 헤르마스의 『목자』(우의적 종말론적 환시) 정도가 있었습니다. 초대교회의 영성은 종말론적 성격이 짙었다는 데 주목하십시오. 예컨대, 『디다케』는 이렇게 말합니다. "두 가지 길이 있습니다. 하나는 생명의 길이고 다른 하나는 죽음의 길인데, 두 길의 차이가 큽니다"(서문). 삶의 길은 복음의 길입니다. 저자는 이를 요약하면서, 복음서를 인용하여 예수님의 주된 도덕적 가르침을 가져와서 되풀이합니다. 예를 들면 이러합니다.

생명의 길은 이렇습니다. "첫째로, 당신을 만드신 하느님을 사랑하고, 둘째로, 당신 이웃을 당신 자신처럼 사랑하시오. 또 무슨 일이든지 당신에게 닥치기를 원하지 않는 일이거든 당신도 남에게 하지 마시오." 이 말씀들의 가르침은 이렇습니다. "여러분을 저주하는 이들을 축복하고, 여러분의 원수들을 위해 기도하며, 여러분을 박해하는 이들을 위해서는 단식하시오. 여러분을 사랑하는 이들을 사랑하는 것이 무슨 은혜를 베푼단 말입니까? 이방인들도 그렇게 하지 않습니까? 여러분은 여러분을 미워하는 이들을 사랑하시오. 그러면 원수를 갖지 않을 것입니다."[1]

특히 성찬에 관한 제9장과 10장('감사 기도')을 읽어 보십시오. 아름답고 단순하며 깊이가 있습니다. 이 장들은 자발적인 기도 안에서 이루어지는 전례의 첫 시작입니다. 우리는 성찬에서 이러한 정신과 자발성을 간직해야 합니다. 제10장은 미사의 모범이며, 영성체 후 기도를 위한 모범이 될 수도 있습니다.

주요 도시였던 안티오키아에서 베드로에 이어 제2대 주교를 지낸 안티오키아의 이그나티우스 성인의 글도 있었습니다. 그의 글에서는 그리스도에 대한 뜨거운 사랑, 교회 일치에 대한 사랑, 순교에 대한 갈망이 두드러집니다. 교회와 그리스도인 삶에 대한 그의 생각들을 공부해 보십시오. 순교에 대한 그의 갈망을 읽어 보십시오. 순교 시대의 영성은 다음과 같이 간추릴 수 있습니다.

순교 시대의 영성

1) 모든 것은 그리스도 신비체의 일치에 중심을 두고 있습니

---

1 『열두 사도들의 가르침-디다케』 정양모 역주 (분도출판사 1993) 19-25.

다. 겸손과 온유, 일치를 증진하는 덕들이 가장 중요하며, 무엇보다 **사랑**이 중요합니다. 클레멘스의 『코린토 신자들에게 보낸 편지』는 이렇게 말합니다.

저희가 지극히 전능하시고 높으신 당신 이름에, 그리고 이 세상에서 저희 임금과 통치자들에게 순종하게 하십시오. 스승님, 저희가 당신께서 그들에게 주신 영광과 영예를 알고 그들에게 순종하며 당신 뜻을 거스르지 않게 하시려고, 당신께서는 영광스럽고 형언할 수 없는 당신 힘으로 통치할 권한을 그들에게 주셨기 때문입니다. 주님, 그들이 당신께 받은 주권을 아무 걸림돌 없이 펼칠 수 있도록 그들에게 건강과 평화와 조화와 안정을 주십시오. 스승이시며 세세 대대에 천상 임금이신 당신께서는 사람의 아들들에게 영광과 영예와 지상 것들에 대한 권한을 주셨기 때문입니다. 주님, 그들의 생각을 선에 맞갖게, 당신 보시기에 좋은 것에 맞갖게 이끄시어, 그들이 당신께서 주신 힘을 평화롭고 온유하며 경건하게 쓰게 하시고, 당신의 은총을 누리게 하소서(전례 모임에서 클레멘스와 로마 그리스도인들이 로마 황제들을 위해 바치는 기도).

2) 순교의 신비가 특히 강조됩니다. 순교는 그리스도인이 세례 안에서 그리스도께 바치는 자기 봉헌의 정점입니다. 테르툴리아누스는 이렇게 말합니다. "감옥은 사막이 예언자에게 주는 것과 똑같은 유익을 그리스도인에게 줍니다." 흥미롭지

요. 사막 교부들이 순교자 성소의 상속자일 뿐 아니라, 순교자들도 사막 교부 이전의 교부들, 곧 예언자들의 상속자인 셈입니다. 어떤 경우든, 그리스도교 성인은 세상에서 그리스도의 현존에 대한 증인이라는 **예언자적** 성소의 개념을 담고 있습니다. (전통적 본보기로, 순교자와 수도승과 예언자의 모범인 세례자 요한 성인을 들 수 있습니다.) 테르툴리아누스는 순교자들에게 그리스도를 위해 힘을 내고 고통을 사랑하라고 격려합니다.

복된 순교자들이여, 그대가 겪어야 하는 모든 고난을 그대 안에 영육의 덕들이 자라게 하는 데 필요한 것이라 여기십시오. 그대는 살아 계신 하느님께서 상을 주실 선한 싸움을 벌이려고 합니다. … 성령으로 그대에게 기름 부으신 예수 그리스도께서는 그대의 힘을 더 단단하게 하시려고 전투의 날 전에 그대의 자유를 거두어 가시어 그대를 강하게 단련시키고자 하셨습니다. 운동선수들이 자신을 단단하게 만들려고 사람들에게서 멀리 떨어져 나와 매우 혹독한 훈련과 식단을 실천하듯이 말입니다. 그들은 온갖 탐닉과 맛난 음식과 달콤한 음료를 다 끊습니다. 더 철저하게 훈련받을수록 승리를 확신하면서 자신을 거칠게 다루고 고생하며 자신을 소진합니다. 그러나 사도가 말하듯이 "그렇게 하여 저들은 썩어 없어질 월계관을 얻으려는 것이지만, 우리는 불멸의 월계관을 얻으려는 것입니다"(1코린 9,25). 그러니 감옥을 우리가 고통을 훈련받는 곳이라고 여깁시다. 우리가 심판대에 나아갈 때 고통에 길들어 있도록 말입니다. 고된 삶은 덕을 자라게 하지만, 안락함은 덕을 파괴합니다.

키프리아누스 성인은 『순교 권면』에서 이렇게 적고 있습니다. "박해 시대에는 세상이 감옥이 됩니다. 그러나 천상은 열려 있습니다. 그리스도의 적대자가 위협하지만 그리스도께서 구하러 오십니다. 죽음이 덮쳐 오지만 영원이 뒤따라옵니다. 죽임을 당한 순교자는 세상을 잃지만, 다시 생명을 얻고 낙원을 얻습니다. 현세의 생명은 꺼지지만 대신 영원한 생명이 주어집니다."

순교자 정신의 이러한 강인함과 희생에 대한 사랑은 순교자의 후계자인 수도승에게로 전해져 내려옵니다. 우리 수도생활에 이러한 정신을 간직하는 일이 얼마나 필요합니까. 그렇지 않으면 우리는 얼마나 허약하고 무기력해질 것이고, 얼마나 관대함이 모자랄 것이며, 우리의 거룩한 소임을 다하는 데 얼마나 미적거리겠습니까.

순교자들의 시대에는 순교로써 십자가에 못 박히신 그리스도와 일치를 이루는 것이 그리스도와의 일치라는 소명을 완수하는 이상적인 길이라고 보았습니다. 그렇게 함으로써 모든 죄를 삼키고 죄와 벌을 모두 그리스도의 피 안에 묻을 수 있다고 생각했습니다. 그러나 모든 이가 순교자는 아니었고, 완전한 그리스도인이 되는 유일하고 배타적인 방법으로 순교를 바라는 것만으로는 충분하지 않았습니다. 순교자로 죽지 못한다면, 어떻게 해야 할까요? 우리는 어떻게 살아야 할까요? 우리는 순교를 준비하듯이 살아야 합니다. 그러나 그리스도교 덕목들은 교회 안에서 특정한 사람들에 의해 매우 특별한 방식으로 실천됩니다.

동정자와 수행자들의 이상

동정 생활도 그리스도와 일치를 이루는 삶입니다. 동정자는 그리스도의 신부입니다. 동정 생활을 받아들이는 이들은 단순히 혼인과 합법적 육신의 쾌락을 포기하는 것이 아니라, 넓게는 더 큰 고행의 삶을 받아들이는 것입니다. 신자라면 누구나 수요일과 금요일에는 단식하지만, 이들은 훨씬 더 엄격한 삶의 규칙을 따릅니다. 오리게네스는 이렇게 썼습니다. "우리는 혼인을 통해 육신과 정신 사이의 격렬한 투쟁을 피하는 그리스도인들을 종종 봅니다. 대신 그들은 자신의 권리를 누리는 것을 삼가고, 스스로 힘들게 참회하며, 단식으로 육신을 통제하고, 몇몇 음식들을 끊음으로써 순종하며, 이로써 모든 면에서 육신의 활동을 정신으로 꺾어 버리는 편을 택합니다."

    완전한 정결은 하느님의 특별한 은사이기에, 꾸준한 기도 생활로 청하고 지켜 가야 합니다. 그러나 기도는 동정 생활의 어려움에만 관련된 것은 아닙니다. 동정 생활은 하느님께 특별한 찬미를 바치게 하기도 합니다. 동정 생활은 찬미의 삶이며, (나중에는) **하느님의 일**(opus Dei)에 헌신하는 삶이 됩니다. 동정자들은 어린양이 어디를 가시든 찬미가를 부르며 그분을 따릅니다. 요한 묵시록 14장 1절부터 5절까지를 봅시다.

그리고 나는 보았다. 과연 어린양이 시온산 위에 서 있고 그와 함께 십사만 사천 명이 있었는데, 그들의 이마에는 그의 이름과 그 아버지의 이름이 쓰여 있었다. 그리고 나는 하늘에서 울려오는 소리를 들었는데 마치 대단한 물소리와도 같고 큰 천둥소리와도 같았다. 또 내가 들은 그 소리는 마치 수금을 타는 이들이 자기 수금을 타며 내는 소리와도 같았다. 그들은 옥좌 앞에서, 네 생물과 장로들 앞에서 새로운 노래를 부르고 있었다. 그러나 그 노래는 땅으로부터 속량된 십사만 사천 명 외에는 아무도 배울 수 없었다. 그들은 여자들과 더불어 몸을 더럽힌 일이 없는 이들이다. 사실 그들은 숫총각들이다. 그들은 어린양이 가는 곳이면 어디든지 따라다니는 이들이다. 그들은 하느님과 어린양을 위한 맏물로서 사람들 가운데서 속량되었다. 그리고 그들의 입에서는 거짓말을 찾을 수 없었으니 그들은 나무랄 데가 없다.

깨끗한 영혼들은 하느님 찬미에 헌신하는 것이 특히 더 바람직합니다. 그들은 하느님을 더 잘 알고 사랑할 수 있고, 하느님과 더 친밀한 관계를 맺습니다. 깨끗한 사람의 입에서 나오는 찬미를 하느님께서는 더욱 기뻐하십니다. 이러한 기도 생활은 성무일도의 싹이라고 할 만한 형태를 일찍이 갖추고 있었습니다. 모든 그리스도인은 토요일에서 주일로 넘어가는 밤에 성당에서 밤샘 독서와 시편 기도에 참석했습니다(여기서 성무일도의 아침기도가 나왔습니다). 동정자와 수행자들은 하루의 정해진 때, 특히 아침과 낮과 저녁에 규칙적으로 기도했고, 모든 기도 생활은 당연히 거룩한 성찬 희생제를 중심으로 삼았습니다.

기도 생활과 참회에는 선행도 따랐습니다. 동정자와 수행자들은 그들 성소의 한 부분으로, 교회 안에서 자비의 활동을 할 공적 임무를 받았습니다. 그러므로 동정 생활은 천사의 삶이며, 천상에서 내려오는 특별한 영적 선물입니다. 그러나 여기에는 겸손과 애덕 활동이 함께 따라야 합니다. (나중에 요한 크리소스토무스 성인은 등에 기름이 없던 어리석은 처녀들은 소유에 집착하여 자비의 활동을 소홀히 한 이들이라고 지적하기도 합니다.) 동정자들의 순결한 사랑은 교회 안에서 불임이 아니라 오히려 영적 비옥함(gloriosa fecunditas, 영광스러운 풍요로움)을 누립니다. 영적으로뿐 아니라 세속적으로도 그러합니다. 훗날 암브로시우스 성인은 "동정자가 별로 없는 곳은 인구가 감소하지만, 동정을 높이 평가하는 곳에는 인구도 늘어난다"라며, 그 본보기로 알렉산드리아를 꼽기도 했습니다.

두 번째 강의

초세기의 일탈

초세기 그리스도교 전통을 이해하기 위해서는 참된 전통에서 벗어난 일탈에 관해서도 알아야 합니다. 이들은 큰 영향을 미쳤습니다. 우리는 이런 것들을 공부할 때 조심해야 합니다. 그들의 잘못을 따라 우리도 길을 잃을 수 있어서가 아니라, 오류의 본질과 참된 그리스도교 영성의 본성에 관해 너무나 엉성한 판단을 내리기 쉽기 때문입니다. 흑백논리로 딱 잘라 선을 그을 위험이 있는 만큼, 더 많은 식별이 필요합니다. 예를 들어, 사실 신플라톤주의 안에 들어 있는 많은 좋은 것들을 교부들이 물려받았는데, 가령 아우구스티누스가 그랬습니다.

육신 혐오

극단적 금욕주의(엔크라티즘Encratism: 금욕을 뜻하는 '에그크라테이아'*eg-*

*krateia*에서 유래), 곧 육신을 미워하는 것은 그리스도교적이지 않습니다. 이 오류는 고기와 포도주를 먹고 마시는 것과 혼인을 모조리 악으로 단죄했습니다. 이에 반해 성 메토디우스는 참된 교리를 제시합니다. "혼인 안에서 하느님께서는 인간을 당신의 창조 활동에 연결하십니다."

참된 수행은 균형을 전제로 합니다. 완덕은 자기 부정이 아니라 애덕에 있습니다. 수행은 목적을 위한 수단이지 그 자체로 목적은 아니라는 말입니다. 에우세비우스는 리옹의 알키비아데스 순교자를 참된 그리스도교 정신의 본보기로 제시합니다. 그는 감옥에서 몇몇 음식을 엄격하게 자제했습니다. 그러나 그것을 본 다른 사람들이 자신도 똑같이 따라 해야 한다는 생각에 불편해한다는 지적을 받자, 그는 "하느님께 감사하며 무엇이든 가리지 않고 먹었습니다. 순교자들이 하느님의 은총을 잃어버린 것이 아니라, 성령께서 그들의 조언자셨던 덕분입니다".

타티아누스와 엔크라티즘

타티아누스는 아시리아인으로 로마에 와서 회심했습니다. 처음에는 그리스철학에 관심을 두었다가 등을 돌리고, 그리스철학이 그리스도교에 미치는 영향에 격렬히 반대했습니다. 그는 서방 그리스도교에 완강히 반대하며 극단적 금욕주의를 강조했고 혼인과 출산에도 반대했습니다. 그는 서방에서는 이단으로 단죄되었으나, 시리아 그리스도교에 큰 영향을 미쳤습니다.『네 복음서 발췌 합본』에서, 타티아누스가 자신의 엄격주의 관점에 맞춰 복음 본문을 변경한 방식을 보십시오. 그는 하느님 나라에서 포도주를 없애 버리고, 요셉을 마리아의 "남편"이라고 언급하는 부분을 삭제했습니다. 히에로니무스는 갈라티아서 6장 8절[2]을 주해하면서, 이 구절을 혼인을 거스르는 것으로 보는 견해는 엔크라티즘의 가장 열렬한 창시자인 카시아누스에게서 왔다고 지적합니다. 이 카시아누스는 아마 '타티아누스'이거나 (아마도 필경사의 실수로), 발렌티누스파 영지주의자인 율리우스 카시아누스일 수도 있습니다. 히에로니무스는 요비니아누스에 맞서 단식을 옹호하면서, 타티아누스와 마르키온은 '창조주께서 빚으신 것들에 대한 증오'로 특정 음식들을 금지한 이단이라고 일컫습니다. 참된 그리스도교적 관점은, '우리는 하느님의 모든 피조물을 찬미'하지만, 그렇더라도 그리스도인은 단식한다는 것입니다. 단식은 그리스도께서 명하신 것이며, 어떤 피조물이 악해서 하는 것이 아닙니다. 타티아누스는 영성 생활에서 고통을 매우 강조합니다.

마르키온파

마르키온은 이원론에 따라 신약성경의 '좋으신 하느님'과 구약성경의 '악한 원리'를 갈라놓았습니다. 창조는 악한 창시자에게서

---

[2] "그러기에 자기의 육에다 씨 뿌리는 사람은 육에서 부패를 거두겠지만 영에다 씨 뿌리는 사람은 영에서 영원한 생명을 거둘 것입니다."

비롯하며, 따라서 창조를 경멸하는 것이 곧 악한 원리를 모욕하고 경멸하는 것이라고 여겼습니다. 혼인을 혐오했고, 독신자들만 교회의 온전한 지체가 될 수 있다고 보았습니다(알비파 이단 참조). 마르키온은 육신에 대한 증오, 육화에 관한 가현설적 관점을 가르치고, 그리스도가 육신을 증오했다고 주장했습니다. 그는 음식을 혐오하도록 가르쳤습니다. 음식을 먹는 행위를 짐승이나 하는 악한 짓으로 여겼습니다. 마르키온파는 세상에 과격하게 반대하는 태도를 보였고, 이로써 박해를 자초했습니다.

토마스행전(외경)

이 외경은 변형된 엔크라티즘을 보여 주며 동정을 강조합니다. 동정자들만 그리스도의 신부가 될 수 있고, 그리스도와 함께 하늘 나라에 들어갈 수 있다고 보았습니다. 그리스도께서는 모든 것을 벗어 버린 이들에게만 오신다며, 모든 소유물을 버릴 것을 요구합니다. 구걸이 칭찬받습니다. 이 책과 또 다른 원천들(외경 『솔로몬의 송가』 참조)은 금욕을 그리스도교 메시지의 본질적 부분으로 여겼습니다. 복음은 극단적 금욕주의를 실천하는 이들만을 위한 것이었습니다.

이러한 생각은 종말론적 특징을 지녔습니다. 출산 거부에는 우주적 의미가 있었습니다. 출산을 거부하는 것이 마지막 날을 앞당긴다고 여겼던 것이지요. 독신자는 '현세의 지배와 지속을 단축하는' 데 실질적이고 구체적으로 참여하는 이들이었고, '그러한 자질을 갖춘 교회만이 세상에서 하느님 지배의 확장과 우주적 격변의 정점을 위해 쓰이는 도구가 될 수 있다'라고 보았습니다. 성사는 절제하는 이들에게 주어지는 상이었습니다. (예컨대, 세례성사는 입교를 위한 관문이 아니라 완전한 이들을 위한 화관이었습니다.)

엔크라티즘은,

1) 이원론에 따라, 구약성경을 거부하고 성性의 구분을 악마의 탓으로 돌렸고,
2) 따라서 혼인과 육식을 완전히 삼가도록 규정했으며,
3) '포도주에 대한 형이상학적 혐오'로 미사에서도 포도주 대신 물만 사용할 정도였습니다.

타티아누스는 아담도 혼인했기 때문에 구원받지 못했다고 가르치기도 했습니다.

성 바실리우스의 스승인 에우스타티우스

에우스타티우스는 성 바실리우스의 벗이자 스승으로서, 바실리우스에게 철저한 금욕적 이상을 소개하고 그를 이집트로 보냈습니다. 바실리우스는 오랫동안 에우스타티우스의 영향을 받았지만, 차츰 그와 차별성을 두게 됩니다.

에우스타티우스는 (아르메니아) 세바스테의 주교였는데, 이

집트를 여행하며 수도승들을 존경하게 되었고 소아시아에 금욕주의를 전파하며 많은 추종자만큼이나 많은 반대자를 거느렸습니다. 에우스타티우스를 따르는 이들 가운데 강경파는 이단과 과장된 금욕주의로 치우침으로써 메살리아파를 위한 길을 열어 주었습니다. 에우스타티우스의 영향력은 341년 강그라 교회회의의 위기를 촉발한 원인이 되었는데, 이는 바실리우스가 에우스타티우스의 직접적 영향을 받기 십여 년 전의 일입니다. 바실리우스의 집안이 그의 영향을 받아 금욕 생활을 받아들인 것은 공의회 이후 약 십 년 뒤였습니다. 강그라 교회회의에서 에우스타티우스에 대한 교회 보수파의 반대는 에우스타티우스의 일부 추종자들이 밀던 극단적 경향에 대한 '단죄'로 실현되었습니다. 이 교회회의에서 에우스타티우스파의 강경파는 열교로 치닫고 있음이 분명히 드러났는데, 그들은 완전한 금욕주의자만 참된 그리스도인이라고 합당하게 불릴 수 있다고 주장했습니다. 기혼 성직자들은 무시당했고, 교계는 세상의 황제 권력과 타협했다고 비난받았습니다. 금욕주의자들은 사회질서를 어지럽히고 혼인 제도를 무너뜨리며, 노예들에게 주인에게서 도망치고 관리에게 직장을 버리라고 부추겨 수도승이 되게 한다고 고발당했습니다. 수도승들은 세금 내는 것을 거부했기 때문이지요. 또한 금욕주의자들은 교회의 통상적인 전례 생활과 (대개 사회의 휴일과 겹치는) 순교자들의 축일을 무시하고 피조물을 업신여긴다고 고발당했습니다. 다른 한편, 극단주의자들은 에우스타티우스조차도 충분히 엄격하지 않다고 여겼습니다. 일부 극단적 금욕주의자들은 에우스타티우스가 세바스테에 병원을 세운 것이 분심과 세속화를 불러온다고 반대했습니다. 그들은 독신과 금욕 생활을 지키는 남녀 무리와 함께 산속으로 들어갔습니다. 이 극단주의자들은 훗날의 메살리아파처럼 기도 생활을 다른 무엇보다도 높이 치켜세우며, 활동보다도 기도가 모든 것을 더 잘 채워 준다고 보았습니다. 그들은 또한 거룩한 춤을 추고 '여성 해방'을 역설했습니다.

성 바실리우스는 에우스타티우스의 금욕주의에 반대했다기보다는, 스승의 가르침과 실천 가운데 가장 좋고 복음적이라고 생각한 것을 가져왔으며, 극단주의에 맞서 그 가르침을 확인했다고 말하는 편이 옳을 것입니다. 강경파는 평범한 신자들을 그리스도인답지 못하다고 단죄하며 그들에게서 온전히 갈라져 나왔습니다. 강그라 교회회의 이후, 바실리우스는 에우스타티우스의 가르침과 실천에서 참되고 전통적인 것을 강조했고, 복음의 가르침에 따라 모든 그리스도인이 완전해질 수 있는 삶의 길을 찾아갔습니다. 이러한 삶의 방식이 꼭 수도생활을 말하는 것은 아닙니다. 비록 전통은 그렇게 여길지라도 말입니다. 수도생활이 세상뿐 아니라 평범한 그리스도교 공동체도 등지는 것을 뜻한다면, 바실리우스가 '수도생활을 제정'했다고는 할 수 없습니다. 그보다 수도생활은 전체 그리스도교 공동체 안에서, 그 공동체와 관계를 맺고 살아가는 수행 공동체를 뜻한다고 한다면, 이것이 바로 그가 생각하던 것이었습니다! 바실리우스는 오늘날 우리가

'수도생활'이라고 부르는 삶에 관해 이야기합니다. 그중에도 '관상 수도승'보다는 활동 수도회의 수도생활에 관해서 말입니다. 쾌락과 안락에 대한 사랑과 더불어 돈과 지위에 대한 사랑을 포기해야 합니다. 극단주의자들이 기도만 일방적으로 강조한 것과는 달리, 그는 기도 생활과 활동을 똑같이 강조했습니다.

몬타누스파

몬타누스파는 2세기의 중요한 이단으로, 테르툴리아누스가 그 지지자 가운데 하나였다고 주장했습니다. 몬타누스주의에는 거짓 수덕주의와 거짓 신비주의가 뒤섞여 있었는데, 후대에 나타나는 비슷한 유형의 운동들과 공통된 요소들이 보입니다.

1) 어설픈 종말론 사상: 세상의 끝이 곧 오려 한다.
2) 성령의 통치가 이미 시작되었기에 모든 이는 극단적 금욕주의를 실천할 의무가 있다.
3) 완덕은 비범한 신비주의적 은사와 체험에 있다.

몬타누스는 프리스킬라와 막시밀라라는 두 여성 예언자를 거느린 사제였습니다. 이 운동의 특징은 빈번한 환시와 무아경에 빠진 광기, '성령이 들린' 극적인 환시, 경련 등이었고, 교회의 단죄를 받았습니다.

신플라톤주의

지금까지 살펴본 내용은 이단 운동들이었습니다. 신플라톤주의는 그리스도교에서 나온 일탈이 아니라, 그리스철학 및 신비주의 학파입니다. 그리스도교에는 미치지 못하고 그리스도교에 반대되지만, 대수롭지 않게 넘길 수는 없습니다. 알렉산드리아에서 번창했고, 플로티노스, 프로클로스 등이 주요 대가였습니다. 플라톤 철학에 서아시아 지역의 종교적 요소들을 넣어서 발전시켰기에, 혼합주의라 하겠습니다. 사실 '관상'에 관한 그리스도교 전통의 상당 부분이 신플라톤주의의 영향을 크게 받았습니다.

'관상'이라는 말은 복음서에는 나오지 않습니다. 모든 것에서 자신을 빼내고, 정신을 모든 이미지에서 정화하여, 자기부정을 통해 최고 진리이신 하느님과의 지적 만남이라는 황홀경으로 올라가는 것, 결국 '홀로 계신 분께 홀로' 있는 것, 이런 것들이 모두 신플라톤주의적 접근의 특징입니다. 이것이 그리스도교 저술가들의 전통 전체에 받아들여져 그리스도교화되었습니다. 그러나 우리는 그런 저술가들을 대할 때는 그리스 사상을 다루고 있음을 기억하고, 그리스도를 완전히 배제한 다소 이교적인 사조를 따르기 위해 그리스도 자체와 그분의 가르침을 놓치는 일이 없도록 주의를 기울여야 합니다.

신플라톤주의의 요소 가운데 도드라지는 특징 하나는, 관상(영적 인식)은 선택된 엘리트만을 위한 것이며 다른 이들은 이에 이를 수 없다는 생각입니다. 물론 바오로 사도가 완전한 그리스도인과 육적인 그리스도인에 관하여 말한 것은 사실이지만,[3] 그 말씀은 이런 생각과는 전혀 다릅니다.

또 다른 요소는 육신과 영혼이 분리되어 있다고 여기는 이원론입니다. 영혼은 정신의 영역에, 육신은 물질의 영역에 속해 있고, 물질적인 것은 악은 아니어도 열등하다는 것입니다. 오리게네스도 이러한 생각에 현혹되었습니다. 이에 따르면 '순전히 영적인' 삶을 사는 편이 낫다는 결론에 이르고, 아파테이아 *apatheia*(정념에서 온전히 해방된 상태)를 수행의 정점으로 강조하게 됩니다. 신약성경 어디에서도 육신으로부터 영혼의 온전한 해방이라는 이상은 찾아볼 수 없습니다. 오히려 신약성경은 육신의 부활에 이르기까지, 육신과 영혼을 한데 아우르는 전인적 영성화를 그리고 있습니다. 그러나 아파테이아 같은 사상들은 그리스도교 수행 이론과 실천의 중요한 부분이 되었고, 특히 동방교회에서는 더욱 그러합니다. 이들은 언제나 그리스도교에 맞게 수정되어 합당한 자질을 갖추어야 합니다.

영지주의

영지주의는 그리스도교에서 비롯한 일탈(또는 그리스도교를 '개선'하

---

3   예컨대, 1코린 2,6; 3,1; 14,20; 에페 4,13; 콜로 1,28; 4,12 참조.

려는 시도)입니다. 신플라톤주의보다 더 조잡하고, 더 동방적이며, 더 복잡합니다. 더 밀교적이기도 합니다. (구원과 성화는 엘리트 입교자들만을 위한 것이라는 점에서 그렇습니다.) 영지주의는 매우 특이한 신화적·마법적 내용을 담고 있고, 신화적 존재들의 '충만함'(pleroma)을 가정하는데, 일부는 하느님께 우호적이고 일부는 적대적입니다. 칠십인역 성경을 잘못 이해한 탓에 '사바오트' 같은 존재를 만들어 낸 것을 보십시오. [그들은 '만군의 주님'(Lord Sabaoth)을 '사바오트'라는 신화적 존재, 일종의 데미우르고스라고 생각했습니다.] 그러나 영지주의는 예수님을 중심으로 합니다. 완전한 영혼은 열세 개의 에온Aeon을 거치는 환상적 상승을 통해 마침내 모든 천상 아르콘Archon 위에 계시는 지고한 빛의 신비이신 예수님께로 올라갑니다.

영지주의는 구약성경을 거부하고, 구약성경 대신 당시의 유사 과학을 받아들여 그리스도교를 점성술이나 마법과 결합하려는 시도였습니다. 하느님과 관련해서도 이원론을 들이댑니다. 구약성경의 하느님은 악하고(예수님의 원수) 신약성경의 하느님은 좋으며, 육신은 악하고 영혼의 '무덤'이라는 생각 같은 것들입니다. 우주는 얄다바오트라 불리는 악한 원리에서 왔다고 합니다. 훗날 마니교도가 이러한 생각을 계승했습니다.

우리는 이후의 교회 역사에서도 이와 비슷한 흐름을 찾아볼 수 있습니다. 이러한 흐름은 대중이 영적으로 굶주리고 격변의 시기를 헤쳐 가는 불안한 시대에 생겨납니다. 그리스도교 계시에 관한 잘못된 해석과 무지 (물론 신플라톤주의는 예외입니다) 그리고 영적 체험에 대한 다소 미숙한 취향과 연관되어 있습니다. 그것들은 불길이 붙어 타오르면 온갖 과도함으로 치닫지만, 사그라지고 나면 전체 계층이나 집단의 정신은 '다 타고 재만 남아' 힘을 잃습니다.

세 번째 강의

알렉산드리아의 그리스도교 교사들

이 위대한 학파에 관하여 아는 것은 매우 중요합니다. 이 학파의 활동은 그리스도교를 상류층과 지식층이 받아들일 수 있는 하나의 영적·지적 운동으로 세웠습니다.

알렉산드리아의 클레멘스

클레멘스와 오리게네스는 그리스도교에 조화될 수 있는 그리스 사상을 최대한 많이 받아들였습니다. 알렉산드리아의 대규모 유다인 식민지는 영향력이 있었고, 그 안에는 여러 세대에 걸쳐 플라톤주의와 유다교 사상을 조화시키는 작업을 해 온 지식인들이 많았습니다. 클레멘스는 이집트인들에게 금붙이 은붙이 그릇을 빌리는 내용인 탈출기 11장 1절부터 3절까지의 말씀을 두고, 교회가 이교 철학의 모든 좋은 점을 채택해서 써야 한다는 의미로

풀이했습니다. 이러한 풀이는 알렉산드리아의 유다인들이 이미 받아들인 해석을 따른 것입니다. 동시에 클레멘스는 플라톤과 소크라테스 같은 사람들은 철학을 통해 하느님을 앎으로써 구원받았다고 생각했습니다. 율법이 유다인들의 계약이었듯이, 그들에게는 하느님을 아는 지식이 '계약'이었던 것입니다. 반면 테르툴리아누스는 그리스철학이 악마에게서 왔다고 생각했습니다.

클레멘스는 그리스도인 삶을 믿음에서 '영적 인식'(*gnosis*)으로 가는 과정이라고 여깁니다. 이런 점에서 그는 어쩌면 지나치게 지적이고 이교 철학 용어와 친밀해 보일 수도 있습니다. 그는 그리스도인 삶의 지침서 세 권을 썼는데, 그 책들은 그리스도를 세 측면으로 제시합니다.

1) 『권고』(회심시키는 분): 주님께서 어떻게 영혼들을 회심시키시고 신앙의 새로운 삶으로 일깨우시는가 말하는, 그리스인들을 위한 그리스도교 호교론입니다.

2) 『교육자』(어린이들의 교사): 그리스도께서는 그리스도교가 시작되고 발전하는 길에서 우리를 가르치시고 이끄십니다. '세상의 그리스도인들'을 위해 쓰인 이 책은 2세기 알렉산드리아의 사회생활을 여러 측면에서 조명합니다. 예컨대, 음식에 관해 이야기하는 대목을 봅시다. [저녁 식사에 초대받았을 때 그리스도인은 바오로가 권고하듯이 자기 앞에 놓인 음식을 먹어야 합니다.] "온갖 음식을 완전히 끊을 필요는 없지만, 그

것들에 정신을 빼앗겨서는 안 됩니다. 우리를 초대해 준 이를 존중하는 마음으로 해를 끼치지 않으면서 절도 있게 사회적 모임에 참석함으로써, 그리스도인답게 우리 앞에 놓인 것들을 먹고 마셔야 합니다." 또한 "말씀 안에 담긴 진수성찬을 맛본 이가 세속 잔칫상에 차려진 음식에 경탄하고 넋이 나간다면 이는 어리석은 정신의 흔적입니다".[4]

3) 『양탄자』: 클레멘스의 가장 뛰어난 작품인 『양탄자』는 체계적이지 않은 온갖 다양한 생각을 모아 놓은 잡록으로, 특히 그리스도교의 지혜와 이교 학문의 관계에 관한 생각들을 담고 있습니다. 이교 철학은 그리스도를 위한 길을 열어 줍니다. 여기서 클레멘스는 또한 영지주의에 반박하며, 참된 그리스도교 영적 인식을 이와 대조시킵니다. 수행에 관한 가르침에서는 평범한 그리스도인과 '관상가들'(*gnostikos*)의 구분을 지나치게 강조했고, 완전한 그리스도인은 모든 정념에서 온전히 해방되어야 한다고(아파테이아) 요구했습니다.

오리게네스

천박한 지식인들 가운데는 오리게네스를 이단으로 치부하고 그

---

[4] 머튼은 클레멘스의 이 구절을 다음 책에서 인용했다. *A Treasury of Early Christianity*, Anne Fremantle, ed. (New York: Viking Press 1953) 49, 50.

와 관계를 끊으려는 무리가 있습니다. 매우 안타까운 일입니다. 오리게네스는 분명 가장 위대하고 가장 거룩한 교부 가운데 하나이며, 초기 교부들 가운데 영향력이 가장 큰 인물이었기 때문입니다. 가톨릭 신학과 영성에 그가 이바지한 것은 헤아릴 수 없으며, (신학적 가르침이 전혀 체계화되지 않았던 초기 시대에는 그리 놀라운 일도 아니었지만) 설사 불행히도 그가 정말 신학적 오류에 빠졌었다고 해도, 그의 막대한 정통적 가르침에서 오류만 솎아 내는 일은 어렵지 않기 때문입니다.

모든 동방 교부 가운데 아마 오리게네스가 서방 수도승생활에 가장 큰 영향을 미친 인물일 것입니다. 성 바실리우스까지 포함하더라도 그렇습니다. 시토 수도회의 신학과 영성 그리고 중세 수도승생활 전체의 고유한 특징을 고스란히 담고 있는 성 베르나르도의 『아가 주해』는 오리게네스에게로 곧바로 거슬러 올라가며, 오리게네스의 기본 사상(이 가운데 많은 것은 다시 유다인 필론에게로 거슬러 올라갑니다)을 단순히 다듬은 것이 많습니다.

오리게네스는 185년에 그리스도인 부모에게서 태어났습니다. 아버지 레오니다스는 세베루스 황제 통치 아래 순교했습니다(202년). 오리게네스는 스스로 박해자들에게 자신을 바치려 했으나, 어머니가 그의 옷가지를 모두 숨겨 이를 막았습니다. 박해 중에 모든 유산을 잃은 그는 열여덟 살이 되자 클레멘스가 떠나고 없는 알렉산드리아 학교에서 가르치기 시작했습니다.

알렉산드리아 교리 교육 학교는 본래 회심한 스토아학파 학자인 판테누스가 시작한 학교(일종의 뉴먼 클럽)였던 만큼, 위대한 이교 대학의 한계 위에서 성장했습니다. 회심자들을 가르쳤고, 호기심 있는 이교도들이 강의를 들으러 왔으며, 사제품을 받을 그리스도인을 양성했습니다. 교사는 자기 집에서 학생들을 받았습니다. 어떤 이들은 단순히 신경을 공부하는 것만으로 충분했습니다. 그런가 하면 호교론적 관점에서 과학과 철학, 서간에 관한 지적 양성을 받는 이들도 있었습니다. 교육과정의 정점은 윤리학이었는데, 윤리학부터는 변증법적 훈련이 시작되었고, 예컨대 선과 악의 문제는 신학까지 파고들었습니다. 에우세비우스에 따르면 오리게네스는 엄격한 금욕 생활과 복음적 가난을 실천했으며, 단식하고 바닥에서 잠을 잤습니다. 그러나 그릇된 방향으로 이끌린 금욕의 열정으로 말미암아 스스로 거세하는 중대한 오류를 범했습니다.

오리게네스는 처음에는 변증법, 물리학, 수학, 천문학, 그리스 철학 같은 세속 과목들을 가르쳤고, 이런 강의들로 이교도들을 끌어들였습니다. 나중에는 온전히 그리스도교 신학에 집중했습니다.

216년에 오리게네스는 팔레스티나로 이주했습니다. 아직 서품받지 않았던 그는 (가르치는 것과는 별도로) 설교를 하도록 초대받았는데, 이것이 알렉산드리아에서 걸림돌이 되었습니다. 그의 주교가 이를 반대했기 때문입니다. 팔레스티나 주교들이 오리게네스를 서품했습니다. 알렉산드리아의 데메트리우스 주교는 오리게네스가 스스로 거세했다는 이유로 이 서품이 불법이라고 반대하며 그를 파문했습니다. 카이사리아의 주교는 파문을 무시하고 오리게네스를 자신의 사제단에 들였고, 오리게네스는 카이사리아에서 계속 가르쳤습니다. 그는 데키우스 황제 통치 아래 옥살이하며 고문받았고, 그 후유증으로 253년에 티루스에서 세상을 떠났습니다. 실제로 오리게네스는 신앙을 위해 목숨을 바친 셈입니다. 그러나 그에게는 생전에도 사후에도 적대자가 많았습니다.

400년경 오리게네스와 관련해 소란이 일었고, 마침내 543년 콘스탄티노폴리스 교회회의는 오리게네스의 명제들을 파문했습니다. 그의 오류는 과도한 플라톤주의 때문입니다. 교회에서 단죄받은 그의 주요 오류들은 다음에 관련된 것입니다.

1) 인간 영혼의 선재先在
2) 부활 — 육신 부활의 방식
3) 만유회복(*apocatastasis*) — 그리스도께서 악마들과 단죄된 이들을 위해 어떻게든 당신 수난을 새롭게 하시고, 지옥 벌이 끝나리라는 것.

논란에 휩싸인 탓에 그의 원작 가운데 많은 것이 사라졌고, 남아 있는 것은 거의 라틴어로 보존되어 있습니다. 그가 생전에 남긴 저술은 이천 편에서 육천 편으로 추정됩니다.

오리게네스의 저서들

성경에 관한 그의 저서로는 『육중역본』이 있습니다(본래의 히브리어, 그리스어 문자로 된 히브리어 음역, 오리게네스가 주석을 단 네 가지 그리스어 번역본). 최초의 위대한 그리스도교 해석학자였던 오리게네스가 구약성경과 신약성경의 사실상 모든 책에 관해 풀이한 주해서들도 있습니다. 주해들 중 몇몇은 신자들을 대상으로 한 강론 형식인데, 그럼에도 깊이가 있고 신비적입니다. 오리게네스는 성경의 영적·신비적·예형론적 의미의 대가이며, 성경의 예형론적(윤리적) 해석도 풍부합니다. 성경에 관한 그의 저서들은 『기도론』과 더불어 수도승에게 가장 중요한 작품들입니다. 우리가 그에게서 **과학적** 해석을 기대하지만 않는다면, 그의 성경 주해들은 다채롭고 무궁무진한 생각으로 가득합니다. 그러나 그의 신비론적 해석은 단순한 공상이나 주관주의가 아닙니다. 그는 성경을 예형과 상징의 새로운 세계로 다룹니다. 그 결과물은 우주를 그리스도 안의 '성사'와 '신비'로서 꿰뚫어 보는 폭넓고 풍부하고 예리한 관상적 지혜입니다. 이러한 지혜의 근거 중 많은 것은 신약성경에서 찾을 수 있습니다.

다른 주요 저서들은 다음과 같습니다.

1) 『원리론』 ― 지식, 특히 신학의 기초가 되는 지식의 근본 원리를 다룹니다.
2) 『기도론』 ― 기도에 관한 가장 오래된 그리스도교 문헌으

로, 2부로 구성되어 있습니다. 기도 전반에 관한 내용과 청원 기도의 효력을 다룬 다음, 주님의 기도(주해)를 다룹니다. 참된 기도의 조건은 이렇습니다. 죄에서 떨어져 나오기 위해 진실하게 노력해야 하고, 정념, 특히 이웃과 갈등을 일으키는 정념의 지배에서 벗어나기 위해 노력해야 하며, 분심을 피하려고 노력해야 합니다. 그러나 결국 **기도는 성령의 선물**임을 기억해야 합니다. 오리게네스는 선 자세로 동쪽을 바라보며 기도하라고 권고했는데, 그리스도는 떠오르는 태양이시기 때문입니다.

3) 『켈수스 반박』 — 이교에 맞서서 그리스도교 신앙을 수호합니다.

4) 『순교 권면』

오리게네스는 지혜 문학에서 영성 생활의 등급을 구분하여, 잠언은 초심자, 코헬렛은 숙련자, 아가는 완전한 이를 위한 것으로 봅니다. 활동과 관상에 관한 그의 교리는 필론에게서 가져왔고, 필론은 다시 플라톤과 아리스토텔레스에게서 가져왔습니다.

수행 또는 활동생활(*bios praktikos*)에 관하여 — **실천**(*praxis*)

1) 자기 인식 — 완덕을 향한 첫걸음으로, 아가를 바탕으로 한 이 주제는 훗날 베르나르도 성인이 이어받습니다.

2) 세상을 포기하려는 노력 — 우리의 정념을 알고(이것이 자기

인식의 목적입니다) 우리가 덧없는 세상에 몸담고 있음을 깨닫기 시작하면서, 우리는 자기에게서 벗어나기 위해 발버둥 칩니다. 이는 포기와 희생, 자기부정을 뜻합니다. 오리게네스는 금욕과 정결을 매우 강조하며, 동정의 열렬한 수호자입니다. 평생에 걸친 수행이 필요합니다.

3) 그리스도를 본받음 — 수행자는 그리스도를 닮은 모습으로 다시 빚어지기 위해 노력합니다. 이는 영혼에 영원한 안정감과 안도감을 주며, 잃어버린 하느님과의 일치를 사랑을 통해 회복합니다. 이는 그리스도와 함께 십자가에 못 박히고 그분의 덕에 동참한다는 뜻입니다. 오리게네스는 하느님을 닮도록 하느님의 모습으로 창조된 인간이 그분과의 닮음은 잃어버렸으나 하느님의 모습은 유지하고 있다는 사실을 수행의 바탕으로 삼고, 이 닮음은 은총과 사랑을 통해 재발견되어야 한다고 봅니다. 성 베르나르도는 이 교리를 가지고 와서 자기 가르침의 근간으로 삼았습니다.

관상생활에 관하여 — **관상**(*theoria*)

1) 자기부정, 그리스도와 함께 십자가에 못 박힘, 내적 시련을 통해 정화되고 나면, 주로 성경의 영적 의미를 파고듦으로써 그리스도를 더 깊이 알게 되기 시작합니다. 그러나 그리스도와의 일치 안에서 내적 고통을 통해 준비하는 과정이 필수적

입니다. 이것이 오리게네스 신비주의의 특징입니다. 여기서 우리는 신플라톤주의와 그리스도교의 혼합, 주지주의와 성사주의의 혼합을 볼 수 있습니다.

2) 완전한 사람은 '영적인 사람'(*pneumatikos*), 성령에 이끌리는 사람입니다. "내적 인간에 따라 천상 것들의 이미지를 지닌 자는 천상의 열망과 천상의 사랑에 이끌린다." '영적인 사람'은 사랑의 영에 인도받습니다. "하느님 말씀의 아름다움을 보고 그분의 영광을 사랑하며 그분에게서 사랑의 화살을 맞아 상처 입을 때 영혼은 이 사랑에 감동합니다"(『아가 강해』 서문).

3) 영혼은 하느님 말씀과의 신비로운 일치를 열망합니다. 그는 인간적 개념들을 통해, 나아가 성경의 상징을 통해 하느님을 어설프게 아는 것으로는 만족하지 못합니다. "지성이 인간이나 천사의 작용 없이 거룩한 앎과 이해로 채워질 때, 그 지성은 하느님 말씀의 입맞춤을 받는다고 믿을 것입니다. 그러므로 영혼은 이렇게 기도합니다. 그분께서 당신 입술로 저에게 입 맞추게 하소서"(『아가 강해』). 오리게네스는 또한 '사랑의 상처'라는 개념을 도입하는데, 이 개념은 그리스도교 신비주의 전통에서 발전합니다. 동방교회에서 신비가는 '하느님께 입맞춤받은 사람'으로 일컬어집니다. 사랑과 고통 안에서 육화하신 말씀이신 그리스도와 하나 됨으로써 말씀과 일치를 이룬다는 이러한 생각은 모든 그리스도교 신비신학의 밑바탕이 됩니다.

4) 그러나 통상적으로, 그리스도를 찾는 영혼의 삶은 빛과 어둠, 현존과 부재가 교차하는 끊임없는 추구입니다. "저는 자주 신랑께서 저를 방문하시고 종종 저와 머무르시는 것을 보았습니다. 그러다가 갑자기 그분께서 사라지셨고 제가 찾던 그분을 찾을 수 없었습니다. 그래서 저는 다시 그분께서 찾아오시기를 기다립니다"(『아가 강해』).

5) 신랑의 오심과 가심을 알아차리고, 하느님에게서 오는 참된 빛들 사이에서 거짓 빛과 유혹을 구별하기 위해서는 식별하는 일이 필요합니다. 우리의 경험이 쌓일수록, 형언할 수 없는 거룩한 실재들을 체험하게 하는 영적 감각들을 사용하는 법을 익히게 됩니다. 곧, "육체를 지닌 존재들보다 차원 높은 존재들을 직관할 수 있는 시각, … 공기를 통하지 않는 소리를 청취할 수 있는 청각, … 바오로가 말하는 '하느님께 피어오르는 그리스도의 향기'(2코린 2,15) 등을 포착할 수 있는 후각, … '생명의 말씀을 우리 손으로 만져 보았'(1요한 1,1)다고 말할 때 요한이 지녔던 것과 같은 촉각"(『켈수스 반박』 I,48)[5]입니다. 육체의 감각을 죽이지 않는다면 영적 감각은 키워지지 않습니다.

6) 영적 생활이 발전하면서 우리는 말씀의 '품'으로, '거룩한

---

[5] 오리게네스, 그리스도교 신앙 원천 15 『켈수스 반박(제1-2권)』 이종한 역주 (분도출판사 2023) 232-233.

취기'로, 황홀경으로 올라갑니다. (황홀경이란 감각에서 멀어진 상태가 아니라 영적 기쁨과 경이로움의 도취를 뜻합니다.) 그러나 이 황홀경은 성령의 힘에 복종한다는 뜻입니다.
7) 정점은 '영혼이 말씀과 어우러진' 혼연일치의 상태입니다.

요약하자면, 오리게네스를 뭐라고 옹호하든 또는 반대하든, 어쨌거나 그는 이후 동방과 서방의 모든 신비주의에 가장 강력한 영향을 미친 인물이며, 특히 서방에서는 더욱 그러합니다. 카시아누스, 성 베르나르도, 십자가의 성 요한, 라인 지역 신비주의 등에서 오리게네스의 흔적을 볼 수 있습니다. 그는 사실상 (신약성경 자체를 빼고는) 그리스도교 신비주의 사상의 원천입니다.

네 번째 강의

사막의 성 안토니우스

이집트와 팔레스티나 수도승생활은 수행자들이 (그리고 일부 동정자들이) 세상에서 더 멀리 물러날 필요가 있다고 결심했을 때, 사막에서 시작되었습니다. 무엇이 그들을 사막으로 들어가도록 부추겼을까요?

이러한 움직임은 교회가 세속적으로 변했을 때 심해졌지만, 그 시작은 더 앞섰습니다. 밀라노칙령이 반포된 313년은 초기 교회사에서 중요한 해입니다. 콘스탄티누스는 312년에 (세례는 받지 않았지만) '개종했고', 그리스도교를 인정했으며, 그리스도교에 자유를 주고 사회 안에 뿌리내릴 수 있게 했습니다. 그때부터 황제들은 적어도 외적으로는 그리스도인이었습니다. 성 히에로니무스가 말했듯이, 당시와 이후 전통의 그리스도인들에게 공통된 생각은 한마디로 이런 것이었습니다. "교회가 세상의 임금들에게 나아갔을 때, 교회의 권력과 부는 커졌으나 덕목은 줄었습니다." 개종자는 늘었으나 열정은 줄었습니다. 신앙생활의 수준이 낮아졌고, 그리스도인이나 이웃 이교도나 별다른 것이 없는 경향이 있었습니다.

상황이 이렇다 보니, 포기라는 완전한 그리스도인 삶을 추구하는 이들은 어려움에 놓였습니다. 우선, 더 엄격한 규칙과 체계적인 수행은 수행자들의 몫이었습니다. 예컨대, 공식적으로 동정자들은 꼭 필요한 일이 아니면 집에 머물러야 했습니다. 봉쇄의 시작이라고 하겠지요. 성무일도의 삼시경, 육시경, 구시경은 어디서나 통상적인 것이 되었고, 물론 밤기도도 포함되었습니다 (*anastasis*). 연중 단식 규정도 있었습니다. 수행자들은 마을이나 마을 바깥 인근에 공동체를 이루어 살기 시작했습니다. 그러나 이걸로도 충분하지 않았습니다. 방문자들이 방해했습니다. 마을이 가까이 있었기 때문이지요. 마음을 흩어 놓는 것들과 유혹이 수없이 많았습니다. 그러나 그들이 유혹을 피하려고 사막으로 갔다고 여겨서는 안 됩니다.

사막은 단순히 세상으로부터의 도피처가 아니라, 더 깊고 더 영적인 유혹의 공간이었습니다. 무엇이 그들을 사막으로 이끌었을까요? 세례자 요한, 엘리야 그리고 무엇보다도 그리스도의 본보기를 봅시다. 사막 생활의 이상은 침묵과 고독, 하느님께 의탁함이었습니다. 하느님께 직접 의탁하는 것이 바로 은수자들의 성소입니다. 완전한 의탁은 복음을 말 그대로 정확히 실현하는 것이므로 수도생활에 합당합니다.

성 안토니우스 훑어보기

사막의 성 안토니우스는 수도승 회심의 대표적인 본보기입니다. 성 아타나시우스가 몇몇 서방 수도승을 위해 356년에서 357년 사이에 쓴 안토니우스의 전기는 수도승 기원에 관한 전통에서 매우 중요한 기념비적 작품으로, 수도승이라면 누구나 읽어야 할 책입니다. 『성 안토니우스의 생애』에서 우리는 초기 수도승 이상의 모든 본질적 요소를 찾아볼 수 있습니다.

사막 성소가 콘스탄티누스 칙령 무렵에 생겨났다는 생각은 딱히 정확한 것은 아닙니다. 그 이전에도 사막에는 은수자가 많이 있었습니다. 성 안토니우스는 270년경에 은수자의 삶을 받아들였고, 285년경에 피스피르에 있는 사막으로 갔습니다. 313년쯤에는 이미 그의 주변에 많은 제자가 모여 있었습니다.

안토니우스는 251년경 중부 이집트의 코마에서 태어났습니다. 처음부터 안토니우스는 수행에 마음이 끌렸습니다. 그는 "온순한 사람으로 천막에서 살았던"(창세 25,27) 야곱처럼 살고 싶었고, 다른 아이들과 어울리기를 피했습니다. 그는 단순하고 유순했으며, 교회 예식을 좋아했고, 하느님 말씀이 봉독될 때 주의 깊게 귀 기울였습니다. 이 대목이 중요한데, 여기서 그가 자신의 성소를 찾았기 때문입니다.

270년에 그리스도를 따르기 위해 모든 것을 버린 사도들의 성소와 초기 그리스도인들의 포기에 관해 묵상한 다음, 안토니우스는 성당에 가서 마태오 복음 19장의 구절을 듣습니다. 성소에 관해 부자 청년에게 하시는 말씀입니다. "당신이 완전해지려고 하면 가서 당신이 소유하고 있는 것을 팔아 가난한 사람들에게 주시오. 그러면 하늘에서 보물을 차지하게 될 것입니다. 그러고 와서 나를 따르시오"(마태 19,21). 안토니우스는 이를 자신에게 하시는 말씀으로 받아들였고, 곧장 밖으로 나가 가진 것을 모두 팔아 가난한 이들과 여동생에게 주었습니다. 나중에는, 복음에서 "내일을 걱정하지 마시오"(마태 6,34)라는 그리스도의 또 다른 명령을 듣고는 한 걸음 더 나아가, 자신이 돌보던 여동생을 수녀원에 보냅니다. 그리고 자신은 고향 마을 밖에서 수행자가 됩니다.

수행의 첫 단계에 그는 손노동을 하고, 다른 수행자들에게서 덕목의 본보기를 찾으며, 꾸준히 기도하고, 성경 독서에 깊은 관심을 기울입니다. 그는 글을 읽지 못했지만, 성경의 긴 구절을 마음에 새겨 외웠습니다. "그에게는 책 대신 기억력이 있었습니다."

그러다 유혹이 잇따라 찾아옵니다. 원수가 등장하여 안토니우스의 결심을 유혹으로 깨뜨리려고 합니다. 유혹의 순서에도 의미가 있습니다. 첫 번째는 재산과 여동생과 음식에 관한 걱정입니다. 육신의 약함과 자신이 항구할 수 있을지를 걱정한 것입니다. 두 번째는 육신의 맹렬한 유혹입니다. 안토니우스는 묵상으로 응답했습니다. 무엇을 묵상했을까요? "그는 그리스도를 묵상하고 그리스도를 통해 우리가 지니게 된 고귀함과 영혼의 영적 본성을 묵상함으로써 환상을 깨부수었습니다." 수도승 수행의 긍정적이고 낙관적인 토대에 주목하십시오. 강생하신 분께서 우리를 하느님 자녀라는 가장 숭고한 자리까지 들어 높이십니다. 우리 목표는 이에 걸맞게 살아가는 것이 되어야 합니다. 세 번째는 교만입니다. 악마는 그를 추켜세우면서, 그가 '위대한 수행자'이고 '다른 이들과 같지 않다'는 사실에 자만심을 느끼게 하려고 애씁니다. 그러나 안토니우스는 악마를 단죄하고, 안토니우스 안에서 구원자께서 승리하십니다.

안토니우스는 원수의 다양한 속임수를 연구하는 신중함과 자기 수양을 통해 자신이 얻은 열매를 굳건히 합니다. 그는 큰 열정과 열의를 보이며 며칠씩 잠을 자지 않고 빵과 물만 먹으면서 지내는 힘겨운 고행을 실천할 수 있었습니다. 그는 마을 근처 무덤가로 가서 동굴 안에서 은둔자처럼 지냅니다. 여기서 새로운 단계의 투쟁이 찾아옵니다. 악마가 그를 때려서 초주검으로 만들었습니다. 사람들이 그를 동네 성당에 묻으려고 데려오는데 그는 한밤중에 일어나 무덤가로 돌아갑니다. 유혹이 반복됩니다. 악마는 그를 위협하려고 합니다. 그때 주님께서 나타나시어, 안토니우스의 투쟁을 보려고 기다리고 계셨다고 말씀하십니다.

이러한 '수련기'를 거친 다음, 안토니우스는 사막으로 떠납니다. 그는 버려진 고대의 요새에서 마귀들과 투쟁하며 은둔자처럼 살아갑니다. 이 요새에서 이십 년을 지내고, 완전한 수행가이자 수도승, 곧 대수도승(*megaloschemos*)이 됩니다. 그는 아파테이아의 경지에 이르렀습니다. "그는 영혼의 기질도 흠잡을 데가 없었습니다. 그의 영혼은 슬픔에 시달리지도, 쾌락에 낭비되지도 않았으며, 큰 웃음이나 우울감에 혹사당하지도 않았기 때문입니다. 그는 군중이 있어도 마음이 흐트러지지 않았으며, 수많은 이에게 환영받아도 우쭐하지 않았습니다. 이성의 인도를 받고 무위의 상태에 머무르는 사람답게, 온전히 평온했습니다." 안토니우스는 인간이 낙원에서 창조되었던 그때의 상태를 회복했습니다. 이것이 바로 하느님께서 그에게 뜻하셨던 바였습니다.

안토니우스가 아파테이아에 이르렀다는 증거 가운데 하나는, 사나운 맹수도 그를 해치지 못했다는 사실입니다. 한 예로, 그는 악어가 들끓는 운하를 기도의 힘으로 무사히 건넙니다. 이 시점에 수많은 제자가 그를 따르게 됩니다. 우리가 이러한 일들을 언급하는 것은 단순히 전기 자료로서가 아니라 이 일들이 신학 전통에서 지니는 중요성 때문입니다. 성 그레고리우스가 쓴 『베네딕도 전기』도 보십시오. 베네딕도가 수행에서 완덕에 이르러 관상가가 되자 다른 이들도 양성을 받고자 그를 찾아옵니다.

안토니우스의 교리

아타나시우스의 『성 안토니우스의 생애』 제16장은 안토니우스의 일련의 교리들로 시작됩니다. 마치 공생활을 시작하며 하신 주님의 산상 설교와도 비슷한 담화 형태입니다. 그의 가르침을 요약하면 다음과 같습니다.

1) 성경과 전승. 성경은 그 자체로도 충분하지만, 수도승들이 원로(안토니우스)와 맺고 있는 관계도 중요합니다. 그러한 관계 속에서 수도승들은 안토니우스에게 어려움을 이야기하고, 그는 그 어려움에 관련된 자신의 경험은 물론 수 세기 동안 축적된 경험에서 알고 있는 것을 들려줍니다.

2) 열정과 에너지는 영원에서 하느님과 함께 다스리기 위해 현세에서 수덕 생활의 완덕을 성장시키려는 결심입니다. 영원한 상급에 비하면 시간 속 시련은 하찮은 것입니다. 이러한 깨달음에는 당연히 가난이 따릅니다. 현세에서 소유를 포기하고 덕(천상의 보화)을 얻고자 추구하는 것입니다. 다음은 꾸준함입니다. 포기하지 않고 한결같이 노력하며 게으름을 피하고 늘 깨어 있어야 합니다. 또한 '협력'이 필요합니다. 주님께서는 수덕 생활을 위한 노력에 기꺼이 투신하는 이들에게 당신의 일을 하시기 때문입니다. (서방의 펠라기우스 논쟁은 이 문제를 명확히 설명할 것입니다.) 또한 언제나 다른 이들을 용서할 수 있도록 날마다 죽음에 관해 생각하고 애덕을 행하며, 육신의 유혹을 떨치기 위해 지옥을 생각합니다. "완덕은 우리 손 닿는 곳 안에 있습니다."

3) 본성 상태에서 영혼의 선함. 여기서 우리는 중요한 논쟁이자 그의 수행의 토대를 볼 수 있습니다. 하느님께서는 인간 영혼을 당신 모습대로 아름답고 올곧게 창조하셨습니다. 이 아름다움은 본성 상태입니다. 완전해지기 위해 우리는 하느

님께서 우리를 창조하신 모습 그대로만 되면 됩니다. 말하자면, "우리의 (참된) 본성에 따라 살기"만 하면 됩니다. 오늘날 수행에 관한 글에서 읽게 되는 가르침, 곧 죄는 본성을 따르고 덕은 본성을 거스른다는 설명과는 정반대처럼 들립니다. 현대의 저자들은 본성이 타락 상태에 있다고 여깁니다. 안토니우스와 교부들은 (비관적인 아우구스티누스조차도) 본성을 원래 완전한 것으로 여깁니다. "완덕이 밖에서부터 획득될 수 있는 것이라면, 그것은 사실 어려울 것입니다. 그러나 그것은 우리 안에 있기에, 우리의 악한 생각을 경계하고, 우리의 영혼을 주님께서 우리에게 맡겨 놓으신 것으로 여기며 주님을 위해 한결같이 지킵시다. … 그분께서 당신 작품을 당신이 처음 만드셨을 때나 지금이나 똑같다고 알아보실 수 있도록 말입니다."

4) 특정한 악들을 통한 악마론. 크게 두 갈래로 갈라지는데, '분노'(화를 잘 내는 격정)와 정욕(희열에 대한 욕망)입니다. 이러한 정념들은 악마가 우리 안에 부추기는 것으로, 우리가 꾸준히 경계하며 맞서야 하는 다양한 '영들'입니다. (뒤에서 살펴보겠지만, 이는 카시아누스 사상의 핵심으로 다시 등장합니다.) 이러한 악령들은 꼭 그 자체로 악은 아닙니다. 그들도 하느님께 창조되었고, 하느님의 모든 피조물은 선합니다. 그러나 그들은 인간을 시기하여, 악마들이 떨어진 천상으로 인간이 올라가는 것을 방해하려 합니다. 그들의 책략을 알아차리려면

영의 식별이라는 은총이 필요합니다. 악령들의 계략은 악한 생각, 환영, 거짓 환시와 거짓 예언, 무서운 환시들입니다. 그들은 극적이고 특별한 수단을 쓰지만, 눈에 띄지 않는 미묘한 수단도 씁니다. 예컨대 무분별한 단식과 기도를 재촉하거나 (잠을 방해하고), 과거에 지은 죄 때문에 절망하도록 부추기거나, 나태(아케디아 *acedia*)와 혐오를 일으키거나, 성경 말씀을 함부로 인용합니다. 그는 특히 악령들이 수행자 앞에 보여 주는 예언과 그럴싸한 환시들을 경고합니다. 이런 것은 모두 유혹으로 여겨야 합니다. 우리가 하느님을 섬겨야 하는 것은 특별한 힘을 얻기 위해서가 아니라 하느님을 사랑하기 때문입니다. 이 교리는 십자가의 성 요한의 교리이기도 합니다(특히 『가르멜의 산길』 제2권).

안토니우스의 말년

안토니우스는 알렉산드리아에서 순교하기를 바랐으나 뜻을 이루지 못합니다. 기적에 관한 그의 명성을 듣고 군중이 몰리자, 피스피르로 물러나 거기서 가르침을 이어 갑니다. 말년에 안토니우스의 가르침은 더욱 온건해집니다. 화를 다스리는 법이나 양심 성찰 등을 강조합니다.

우리 행동과 우리 영혼의 움직임을 지켜보고 마치 서로에게 이야기하듯 이를 적어 둡시다. … 서로에게 말하듯 우리 생각을 적는다면, 그런 생각들이 알려지는 것이 부끄러워서라도 우리 자신을 역겨운 생각들에서 더 잘 지키게 될 것입니다.

안토니우스 성인도 실천하라고 권고했다면 일기 쓰기는 분명 그럴 만한 가치가 있습니다! 다만, 객관적으로 써야 합니다.
   그의 덕행과 기적들, 특히 그의 정통성이 부각됩니다. 그는 이교에 맞서 현명하게 호교론을 펼칩니다. (이 부분에서는 어쩌면 안토니우스의 교리 못지않게 아타나시우스의 교리도 반영됩니다.) 아리우스주의에 대한 예측과 안토니우스의 죽음으로 작품은 마무리됩니다. 『성 안토니우스의 생애』는 수도승 전통의 위대한 문헌입니다. 어쩌면 성 베네딕도의 『수도 규칙』을 비롯한 그 어떤 작품에도 뒤지지 않는 가장 훌륭한 문헌일지도 모릅니다. 동방과 서방 수도승생활의 위대한 원천 가운데 하나인 이 책은 수도승을 그리스도의 군사, 하느님의 사람, 교회의 사람으로 제시합니다.

다섯 번째 강의

성 파코미우스와 공주 수도승

성 안토니우스를 통해 가장 순수하고 원시적인 형태의 수도승생활의 시작, 곧 은수생활을 살펴보았습니다. 특정 지역에 살면서 때때로 미사를 위해서 함께 모이는 은수자들의 무리였다는 점에서, 이는 일종의 공동체 생활이었습니다. 완전히 홀로 사는 이도 있었고, 작은 은수처에 두세 명이 살기도 했습니다. 그러나 그들의 삶은 조직적이지 않았으며, 조직화하려는 의도도 없었습니다.

공주 수도승과 독거 수도승

조직적인 공동생활은 파코미우스를 통해 살펴볼 수 있습니다. 여기서 오랜 논쟁이 시작됩니다. 공주 수도승과 독거 수도승에 관한 이 논쟁은 오랫동안 지속되었고, 사막 교부 문헌 전체를 관통하여 이어집니다. 어떤 이들은 하느님과만 홀로 살아가는 자유로운

고 조직화되지 않은 은수자의 삶을 선호하고, 또 다른 이들은 공동체를 이루어 더 안전하고 견고하며 조직적인 삶을 선호합니다. 때로 이 논쟁은 상당히 과열되었고, 결국은 공주 수도생활이 사실상 이겼습니다. 독거 수도생활은 여전히 수도승생활의 가장 고귀한 이상으로 남아 있고, 특히 동방에서는 더욱 그러합니다. 그러나 실제로는 공주 수도승생활이 지지받고 있습니다. 수도승 전통에서 간혹 아주 드물게 독거 수도생활이 다시 등장하기도 합니다. 독거 수도승은 언제나 있고, 또 언제나 있어야 하지만, 특별한 성소로 남아 있을 것입니다. 공주 수도생활이 수도승의 '통상적'이고 '일반적'인 길입니다.

성 바실리우스는 이집트를 방문하고는 공주 수도생활에 대한 큰 호감과 독거 수도생활에 대한 반감을 품고 돌아왔습니다. 그 까닭은 이러합니다. 공주 수도생활은 더 쉽게 성화에 이를 수 있고, 순명과 애덕, 복음의 덕들 덕분에 더 안정적입니다. 반면 독거 수도생활은 위험한 환상에 빠질 위험이 더 큽니다. 성 바실리우스는 이 점에서 뚜렷한 편견을 드러냅니다. 그는 독거 수도생활을 공평한 눈길로 바라보지 않습니다. 아마 이집트에서 많은 폐해를 목격한 모양입니다. 반면 『교부들의 금언집』은 독거 수도생활의 아름다움과 단순함을 증언합니다. 성 베네딕도는 성 바실리우스를 따라 수도승들을 위한 공주 생활을 전반적으로 선호합니다. 그는 독거 수도승들을 배제하지 않지만, 그들은 예외적 경우이고 공주 수도원에 받아들이기 위해서는 긴 준비가 필요합니다. 동방에서는 스투디우스의 테오도루스가 콘스탄티노폴리스의 스투디우스 수도원에서 공주 수도승생활을 강력하게 역설했습니다. 시토 수도회와 클뤼니 수도원도 공주 수도생활의 성격이 강하지만, 이 둘은 독거 수도승 성소의 예외를 허용했습니다. 그러나 그런 경우는 드물었습니다. 성 로무알도와 성 브루노(카말돌리회와 카르투시오회)가 서방에서 독거 수도생활을 새롭게 강조했습니다(11세기). 중세에는 언제나 어디에나 독거 수도생활을 하는 사람들이 있었고, 은수자들도 있었습니다.

성 파코미우스의 생애

파코미우스는 292년 상부 이집트에서 이교도 부모에게서 태어났습니다. 313년부터 314년까지 콘스탄티누스 황제의 군대에서 복무하던 시기에 그리스도인들이 죄수들에게 베푸는 애덕에 감화되어, 전역한 뒤 그리스도인이 됩니다. 환시를 통해 공주 수도생활의 길을 보는데, 그것은 온 누리를 가득 채우는 '달콤한' 삶이었습니다. 그러나 317년에 파코미우스는 우선 팔라몬 압바의 지도 아래, 전통적인 독거 수도생활을 시작합니다. 사 년 동안 독거 수도생활을 한 다음 첫 환시와 비슷한 두 번째 환시를 받습니다. 공주 수도생활이 지구를 둘러싼 꿀의 형상으로 제시되는 환시였습니다. 324년 무렵, 세 번째와 네 번째 환시를 받은 다음 타벤네시에 공주 수도원을 세우고, 346년에 세상을 떠납니다.

파코미우스 규칙서

성 파코미우스의 규칙서 라틴어 요약본은 성 히에로니무스를 통해 우리에게 전수되었습니다. 특히 흥미로운 점은, 이 규칙서에서 우리가 알고 있는 공주 수도생활의 큰 틀뿐만 아니라, 수도 규칙의 여러 익숙한 세부 사항들도 볼 수 있다는 점입니다. 우리는 수도승생활의 낯익은 구조를 여기서 직접 마주합니다.

수도원은 작은 집단들로 세분된 큰 공동체입니다. 파코미우스의 수도승생활은 군대식으로 세워졌습니다. 상급 관리들이 관할하는 하급 관리들 아래에 다양한 집단이 있고, 각 집단은 수도승 활동이나 전례에서 일정한 몫을 책임집니다. 그들은 돌아가며 재화나 봉사를 제공합니다. 수도원은 담으로 둘러싸여 있어서 여자들은 들어갈 수 없고, 수도승들은 허락 없이 밖으로 나갈 수 없습니다. 수도원 전체의 우두머리는 '수도원장'(*hegumenos*)이라 불립니다. 수도원장 아래에는 한집에 사십 명씩 거주하는 '집'(*domus*)이 있어서 각 원장의 감독을 받고, 이 집들은 다시 스무 명씩 나뉘어 장상의 감독을 받습니다. 하나의 수도원 안에는 약 삼사십 채의 집이 있습니다. (그러니까 한 수도원에 수도승이 1,500명가량 있었던 셈입니다.) 집마다 특정한 직업이나 직종을 담당하고 있어서, 각 집의 구성원들은 통상 같은 직업을 갖고 같은 소임을 맡아서 합니다. 또한 매주 돌아가면서 공동체를 위해 봉사합니다. 음식을 만들거나 하는 일이지요. 공동 직무를 수행하는 서열은 성 베네딕도 규칙에서와 마찬가지로 수도원 입회 시기에 따라 결정됩니다.

    삶의 물질적 측면은 노동과 가난입니다. 이집트 공주 수도승들은 엄격한 공동생활 규정을 따랐습니다. 옷가지는 공동 창고에서 지급했습니다. 각자 잠잘 때 까는 요 하나와 옷 한 벌만 받았습니다. 누구도 자기 은수처에 음식을 저장할 수 없었고, 진료를 받고 돌아갈 때도 음식을 가지고 갈 수 없었습니다. 따로 요리하거나 불을 피워도 안 되었습니다. 이런 일들은 모두 공동으로 이루어졌습니다. 포도주는 환자들에게만 지급되었습니다. 요리와 음식 분배는 공동 주방에서 했고, 큰 행사 때를 제외하고는 주방에서 음식을 받아서 집에서 먹었습니다. 아무도 밭에서 자기 마음대로 과일을 따거나 채소를 수확할 수 없었고, 요리사들은 공동 할당량을 초과하는 음식을 자기 몫으로 장만할 수 없었습니다. 닫힌 독방은 허락되지 않았지만, 각자 방을 갖고 있었던 것으로 보입니다. 맨발에서 가시를 뽑는 집게도 공동으로 사용하며 서가 창문에 걸어 두어야 한다는 규정까지 있었습니다.

    수도원 사업 규정은 엄격하고 효율적으로 짜여 있었습니다. 집마다 매주 수도원장에게 생산 목록을 제출해야 했습니다. 재료와 도구는 중앙에서 분배되었고, 작업은 집에서 이루어졌습니다. 도구는 일주일 동안 보관할 수 있었고, 주말에 다시 분배되었습니다. 매일 저녁 다음 날 작업을 할당받았습니다. 소임은 매년 변동되었습니다. 이때 소임만 다시 나누는 것이 아니라 관리자도 바뀌었고, 죄의 용서와 공동 참회가 이루어졌으며, 수도승들은 모든 다툼을 풀고 화해하고 처음부터 새롭게 다시 시작해야 했습니다.

규칙성: 독거 수도승의 위대함이 기도와 고독, 통회와 참회에 개인적으로 매진하는 것이라면, 공주 수도승에게는 외적 규칙성이 매우 중요합니다. 규칙 위에 삶이 세워지고, 기도 생활은 규칙적 실천에 통합됩니다. 나팔 소리가 기도 시간을 알립니다. 나팔 소리가 들리면 수도승은 하던 일과 마음속으로 기도하던 것을 모두 멈추고(이것이 강조됩니다) 기도하는 곳으로 갑니다. 시간을 정확하게 지키는 것, 모든 것을 함께 질서 있게 하는 것을 매우 강조합니다. 파코미우스 수도원에는 군대식 규율이 지배하는 엄격한 분위기가 있었습니다.

참회: 정기적 참회가 규칙성의 틀을 지켜 주었습니다. 지각이나 물건을 잃어버린 것 등에 대한 참회입니다. (물건을 잃어버리면 다시 받을 때까지 사흘 동안은 그것 없이 지내야 했습니다.) 지각한 사람은 따로 떨어져서 서 있어야 했습니다. 옷을 말리려고 사흘 동안 빨랫줄에 널어 두거나, 형제가 도망친 것을 곧바로 알리지 않아도 벌을 받았습니다. 게으르거나 빈둥거리면 호된 꾸지람을 받았습니다. 수도승은 일하든지, 기도하든지, 아니면 일하면서 기도하든지 해야 하며, 잠시도 빈둥거릴 수 없었습니다. 다른

이들의 물건이나 공동 창고의 물건을 가지고 있으면 엄한 벌을 받았습니다.

즉각적이고 보편적인 순명이 언제나 강조되었습니다. 아주 사소한 일에서라도 독단으로 행동하는 것은 질책받았습니다. 장상과 언쟁하는 이들은 엄격한 징계를 받았습니다. 수도승은 허락 없이 배를 타고 나갈 수 없었고, 소임을 받지 않은 이상 자신이나 남의 머리카락을 자를 수 없었으며, 자기 나름의 노동을 할 수 없었습니다. 그러나 영성 생활에서는 개별성이 넓게 보장되었습니다. 영성 생활은 엄격하게 조직되지 않았습니다. 개별 수도승은 은총의 영감에 따라 자기 식사를 정하고, (감독의 승인을 받아) 자기 양심의 지시에 따라 단식의 정도를 조절할 수 있었습니다. 어떤 이들은 오후 세 시에 먹고, 또 어떤 이들은 저녁에만 먹는다든가 하는 식이었습니다. 이렇게 하기가 수월했던 까닭은, 조리된 음식이 그다지 많지 않고 거의 빵과 생채소, 올리브, 과일만 먹었기 때문입니다. 그 어떤 것도 하느님 일보다 앞세울 수 없었습니다.

공동생활: 침묵이 강조되었고, 묵상과 고독도 마찬가지였습니다. 수도승들이 서로 친밀해지는 것은 금지되었으며, 서로 거리를 두고 지내야 했습니다. (적어도 한 암마 이상 거리를 두고 떨어져 있어야 했고, 함께 산책하러 갈 수 없었습니다.) 장상(praepositus)[6]은 일주일에 두 번 토론(회의)을 열었고, 회의에서 졸면 벌을 받았

습니다. 수도승들은 회의에서 나온 내용을 자기들끼리 토론했습니다. 공동체 안에서는 애덕과 온유를 매우 강조했으며, 순명하지 않거나 대들거나 불만이 많은 수도승을 통제하기 위한 규정이 많았습니다. 뚱한 얼굴로 앉아 있는 이들도 꾸지람을 들었습니다.

손님: 가족을 방문하거나 방문객을 맞는 일에도 일정한 허용 범위가 있었습니다. 특별한 경우에는 일행 한 사람과 함께 집에 갈 수 있었고, 손님을 맞을 때도 동행이 함께 있어야 했습니다. (오늘날 수녀원들과 비슷합니다.) 손님이 가지고 온 음식은 먹을 수 있지만, 손님이 가고 나면 남은 음식은 병자들에게 보내야 했습니다. 수도승들과 함께 성가대에서 합창하기 위해 성직자들이 방문하기도 했습니다.

수련자: 새 수도승 양성에 특별히 관심을 쏟았습니다. 수련자를 맞는 일에 관한 베네딕도 규칙서의 원천을 파코미우스 규칙서에서 볼 수 있습니다. 수련자들은 수도원 입구에서 며칠 동안 대기해야 했는데, 이 지원기 동안 주님의 기도와 시편 몇 편을 배웠습니다. 지원자가 범죄나 다른 잘못을 저지르고는 처벌받을 것이 두려워서 입회했는지, 정말 가족과 재산을 포기했는지, 기도의

◄6 지역 수도원 장상. 라틴어의 의미상 군대의 '사령관'과 비슷하다.

사람이 될 가능성이 있는지를 확인하기 위해 지원 동기를 시험하는 것이지요. 지원자는 양성 과정의 일부로 글을 읽고 쓰는 법을 배우며, 필요한 경우 오전 6시, 오전 9시, 낮 12시에 수업을 듣도록 규정되어 있습니다.

또한 읽기에 거리낌이 있는 이는 강제로라도 읽도록 할 것이며, 글을 배우지 못해서 성경 구절을 암기하지 못하는 이는 수도원 안에 한 사람도 없어야 한다.

온전히 수도승이 되려면 그 전에 시편과 신약성경을 외워야 했다고 전해집니다. 지원자가 좋은 재목이라고 판단되어도, 여전히 입구에서 다른 규칙과 규율을 배웁니다. 이러한 준비(수련기)가 한동안 지속됩니다. 마지막으로, 문지기가 그를 공동체로 데리고 가서는 속세의 옷을 벗기고 수도복을 입혀 수도승들 사이로 들여보냅니다.

❈

파코미우스 공주 수도승생활의 구체적인 묘사를 보면 다소 무서워 보이기도 합니다. 그러나 그것은 밖에서만 본 오해입니다.
　성 파코미우스의 정신은 단순히 군대식 효율성이 아니라, 깊은 그리스도교 애덕입니다. 공주 수도생활에서는 사랑이 다른 무엇보다도 우선입니다. 그러나 그 정도로 큰 수도승 조직을 꾸리고 복잡한 수도 제도를 만들 때는, 언제나 기계화 또는 사업화되고 군대식으로 변질될 심각한 위험이 있었습니다. 독거 수도생활의 위험이 개인주의와 무질서라면, 공주 수도생활의 위험은 과도한 조직화, 전체주의, 일상의 기계적 반복입니다. 어느 경우든, 유일한 해결책은 은총에 충실하고 성령과 친밀한 일치를 이루는 것입니다. 성령께서는 영혼에 거룩한 생명을 불어넣으시고 규칙과 규율에 '생명의 숨'을 불어넣으시는 분이시니까요. 이것이 없으면 규칙들은 허울뿐인 형식이 되고 맙니다. 독거 수도승의 경우, 이것은 자신의 책임입니다. 공주 수도생활에서 우선적 책임은 장상들에게 있지만 개별 수도승도 자신이 단순히 기계의 수동적인 톱니바퀴가 되지 않도록 조심해야 합니다. 수도원은 단순한 조직체가 아닌 유기체가 되어야 합니다.

여섯 번째 강의

카이사리아의 성 바실리우스

성 바실리우스는 은수자들의 비판자이자 공주 수도생활의 개혁자로서 이집트로 갔습니다.

생애

바실리우스는 329년경 카파도키아의 카이사리아에서 태어났습니다. 그의 가족은 그리스도인이며 수덕 생활을 했습니다. 동정을 서약한 누나 마크리나는 바실리우스의 교육에도 관여했습니다. 나중에 바실리우스의 어머니와 누나는 이리스 강변에 있는 안네시라는 가족 영지로 가서 다른 동정녀들과 그의 남동생인 페트루스와 함께 수도생활을 시작합니다. 남동생이 일종의 수도원 곳간지기 역할을 했습니다. 351년, 누나가 외딴곳에서 은수생활에 들어간 무렵 바실리우스는 아테네로 공부하러 갔습니다. 거기서 나지안주스의 그레고리우스를 만나 수도생활에 관해 논의했습니다. 그의 다른 형제는 352년에 은수생활에 들어갔습니다. 바실리우스는 알렉산드리아, 이집트, 팔레스티나를 두루 여행하며 수도생활을 직접 목격했고, 358년에 유학과 여행을 마치고 돌아와 모든 재산을 팔고 수도승이 되기 위해 안네시로 들어갑니다. 나지안주스의 그레고리우스도 합류합니다. 364년에 바실리우스는 『규칙서』를 쓰고 있었거나 아니면 교정을 시작했던 듯합니다. 그는 평생에 걸쳐 이 작품을 다듬었습니다. 365년에 바실리우스는 에우세비우스 주교의 부름을 받고 카이사리아로 가서 주교를 돕다가 사제로 서품되었고, 370년에 그곳의 주교가 됩니다. 그는 수도원을 그리워하며 수덕 생활을 계속했고, 카이사리아에 병원을 세워 수도승들(이제는 활동 수도승들)에게 맡겼습니다. 카이사리아는 '사랑의 도시'로 불렸습니다.

주교로서 바실리우스는 아리우스파에 맞서 교회의 평화를 지키기 위해 분투했습니다. 아타나시우스가 교회 정치가였다면, 바실리우스는 무엇보다 신학자였습니다. 그는 니케아-오리게네스 전통 안에 있었습니다.[7] 그는 논쟁을 싫어하고, 교회를 신앙의 단순함으로 회복시키려 노력하며, 성령의 신성을 옹호합니다. 그의 신학은 교의 논쟁 못지않게 관상을 향해 있습니다.

---

7 '오리게네스 논쟁'은 이 책에서 여러 번 언급되는데, 머튼은 열세 번째 강의에서 이를 본격적으로 다룬다.

바실리우스의 진정한 위대함은 당시 갈등의 배경 안에서 그를 연구하고 그의 역할을 제대로 이해할 때만 분명해진다. 교회 정치가로서 바실리우스는 아타나시우스처럼 바위 같은 단단한 힘을 보여 주지 못했고, 신학자로서는 동생인 니사의 그레고리우스 같은 조화와 보편성을 지니지 못했으며, 수도승으로서는 후대의 신비가들 같은 정교한 세련미가 없었다. 그러나 이를 도덕적 취약함으로 해석해서는 안 된다. 오히려 이는 끊임없이 전략을 바꿀 수밖에 없었고 풍부한 재능을 평화롭게 발전시킬 수 없도록 몰아쳤던 시대의 요구에 헌신한 것이라 보아야 한다. 교회 정치가로 활동하는 것이 그에게 너무나 어려웠던 까닭은, 그가 동료들 대부분보다 지혜롭고 선견지명이 있었을 뿐 아니라, 더 깊이가 있고 정직했기 때문이었다. 급하게 세워진 니케아 제국 교회가 손쉽게 성과를 거두었을 뿐 아니라 진정한 신학적 생명과 지적 자유를 간직할 수 있었던 것은 무엇보다 바실리우스 덕분이다.[8]

(성 아타나시우스에 관해서도 똑같이 말할 수 있지만, 바실리우스의 공로가 더욱 큽니다.) 성 바실리우스는 379년에 세상을 떠났습니다.

---

8 Hans Von Campenhausen, *The Fathers of the Greek Church*, trans. Stanley Godman (New York: Pantheon 1959) 91-92.

성 바실리우스의 저서들

바실리우스의 저서들은 교의적 성격을 띱니다. 『에우노미우스 반박』, 『육일 창조에 관한 강해』, 『세례론』, 『성령론』 등입니다. 니사의 성 그레고리우스도 그렇듯이, 우리는 그리스 교부들에게서 신학과 영성을 분리해서는 **안 됩니다**.

그의 저서들은 또한 수덕적·수도승적 성격을 띠는데, 전체적으로 『수녁집』으로 묶을 수 있습니다. 이 책들은 세상에 대한 포기, 수덕 규율, 심판, 신앙 같은 주제를 다루며, 그 밖에도 편지들 그리고 무엇보다 규칙서들이 있습니다. 『긴 규칙서』는 수도생활을 위한 일종의 영적 지침서이고, 『짧은 규칙서』는 수도생활에서 불거지는 사례와 문제들에 관한 일련의 교리적 해답입니다.

[주요 주제]

1) **완덕에 관한 교리**: 모든 그리스도인은 하느님께 축성되고 그분의 거룩한 뜻을 충실히 완수함으로써 완덕과 성덕으로 부름받습니다. 특히나 수도승은 완덕을 추구하고 하느님을 찾는 데에 자신을 온전히 바쳤습니다. 성 바실리우스는 이집트 교부들의 과장된 측면을 피하며, 더 큰 현명함과 신중함을 추구합니다. 이것이 수도승의 완덕에 관한 그의 교리의 큰 특징입니다. 그는 지혜롭게 규정된 수도생활을 통해 모든 이, 적어도 더 많은 이를 안전하게 하느님께 인도하고자 합니다.

수도승은 무엇보다도 사랑을 위하여 행동해야 합니다. 완덕은 사랑으로 이루어지기 때문입니다. 『하느님을 사랑하는 것에 관하여』에서 성 베르나르도가 말한 것처럼, 바실리우스도 하느님을 사랑할 이유를 제시합니다. 수도생활은 하느님 사랑에 대한 감사 위에 세워집니다. 선배들이 후배들에게 아버지다운, 또는 형다운 관심을 기울이는 수도승 가족생활은 사랑 안에 완덕으로 나아가는 가장 뛰어난 수단입니다. 수도승 덕목의 특징으로 순명과 온순, 겸손이 강조되지만, 그럼에도 가난과 금욕이 여전히 가장 본질적인 특징입니다.

2) **수도승의 첫 임무인 기도**: 분심에 맞서서 자신을 지키는 것과 자기 감시가 매우 중요합니다. "무언가를 숙달하기 위해서는 그에 맞는 고유하고 적절한 훈련이 필요합니다. 마찬가지로 세상 걱정에서 초연해지고 마음을 흩어 놓는 것들에서 물러남으로써 그리스도의 복음에 맞갖게 하느님을 기쁘게 해 드리기 위해 훈련하는 것입니다." 기도 생활의 목적은 하느님을 찬미하는 것뿐 아니라 영혼을 하느님과 완전히 일치시키는 것이기도 합니다. 그러나 성 바실리우스는 관상에 관해서는 거의 이야기하지 않습니다. 그는 기본적으로 활동하는 영혼이며, 이에 비해 그의 동생인 니사의 그레고리우스는 그 집안의 관상가입니다. 공주 수도생활 전통의 기본 바탕을 놓은 이들은 니사의 그레고리우스처럼 내면과 관상에 집중한 성인들보다는 바실리우스처럼 활동과 수행, 조직과 관리에 집중

한 성인들이었다는 점에 주목하십시오. 니사의 그레고리우스 같은 성인들은 독거 은수자에게 더 매력적으로 다가옵니다.

3) **영적 진보**: 성 바실리우스는 모든 것이 아무 변화 없이 머무르는 영성 생활을 인정하지 않습니다. 어느 날 수도원으로 쓱 날아 들어와서 평생을 똑같은 상태로 머물 수는 없습니다. 우리는 완덕을 향해 **자라나야** 합니다.

수도승은 나와 하느님을 가로막는 가장 큰 걸림돌은 죄라는 진리를 마주하며 살아갑니다. 그렇기에 그의 삶은 무엇보다도 죄에 맞서는 전투, 모든 죄에서 해방되기 위한 투쟁입니다. 유일한 악은 우리 자신의 힘에 달려 있습니다. 우리 밖에서 오는 '악'은 선으로 바뀔 수도 있습니다. 그러나 우리 안에서 나오는 죄는 언제나 우리를 해치고, 언제나 진정한 악일 뿐입니다. 죄에서의 해방에 관한 가르침에서 바실리우스는 스토아학파를 따라 이와 비슷한 가르침을 제시합니다.

영적 상승의 출발점은 자기 인식과 자기 감시입니다. "우리가 우리 앞에 놓인 삶의 길을 안전하게 건너고, 수치스러운 상처들에서 자유로워진 우리 육신과 영혼을 그리스도께 봉헌하며, 이 승리의 왕관을 받고자 한다면, 우리는 언제나 어디서나 영혼의 눈을 크게 뜨고 즐거움을 주는 모든 것을 의심해야 합니다. 그런 것들에 우리 생각이 머무르는 것을 용납하지 않으며 조금도 주저하지 않고 꼿꼿하게 지나쳐 가야 합니다."

그러면 영적 전투, 곧 정념과 자기애에 맞서는 투쟁으로 결연히 들어가게 됩니다. 성 바실리우스는 여러 악습을 분석하고, 이에 맞서는 덕의 활동을 설명합니다. 초기 수도승들은 심리학자, 인간 본성의 관찰자였습니다. 덕 가운데 가장 중요한 것은 겸손인데, 겸손을 통해 우리는 우리의 본래 상태로 돌아가기 때문입니다. 우리의 자연 상태는 하느님의 자녀, 하느님을 닮도록 하느님의 모습으로 만들어진 사람입니다. 겸손은 우리를 하느님께 온전히 의탁하도록 되돌려 놓습니다. 우리는 하느님께 우리의 모든 존재, 우리가 가진 모든 것을 받았고 아직도 더 받아야 하기 때문입니다.

영성 생활의 세 단계, 곧 정화와 조명과 일치의 개념은 성 바실리우스에게서도 보이지만, 크게 강조되지는 않습니다.

4) **하느님과의 일치**: 하느님과 이루는 일치는 영성 생활의 정점입니다. 하느님께 온전히 일치하여 그분을 가장 완전하게 닮는 사람은 하느님께 가장 큰 영광을 드리기 때문입니다. 그의 지성은 하느님의 진리로 가득 차, 그 진리를 다른 이들과 나눌 수 있습니다. 그의 의지는 우리를 하느님께 가까이 결합하는 그분의 사랑으로 가득 차기에, 어떤 고통도 우리를 그분에게서 갈라놓을 수 없습니다.

바실리우스의 공주 수도승생활

파코미우스의 수도승생활은 조직적이었지만, 그 정신은 다소 개인주의적이었습니다. 파코미우스의 수도원은 가족이나 실질적 공동체가 아니라, 조직과 규율로 결합해 놓은 작은 무리들의 집합체였습니다. 이와는 대조적으로 성 바실리우스는 공주 수도생활의 사회성과 공동체성을 강조합니다.

공주 수도생활의 가치는 조직이 아니라 그보다 더 깊고 내밀한 것, 곧 사랑에서 찾아야 합니다. 수도승 공동체는 가족이고 몸이며, 그 지체들은 몸의 삶과 활동을 함께 나눕니다. 한 사람의 유익은 모두의 유익입니다. 아무도 수도승 공동체 안에서 자기 나름의 유익을 추구하지 않습니다. 하나는 전체를 위하고 전체는 하나를 위합니다. 저마다 서로를 돕고, 남을 도우면서 자신을 돕습니다. 각자 서로의 부족함을 메워 줍니다. 아무도 완전해지거나 자급자족할 필요가 없습니다. 내가 가지지 못한 것을 다른 사람이 채워 줄 테니까요. 수도생활에서는 아무것도 허투루 버려지지 않습니다. 영적으로도 그러합니다. 약하고 가난한 사람도 자신이 가진 아주 작은 재능으로라도 이바지할 수 있고, 다른 이들의 도움을 받으며 계속 나아갈 수 있습니다. 그렇게 하여 모든 이가 완전한 삶에 다가갈 수 있습니다. 하느님의 좋은 것들이 공동체 안에서 쉽게 나뉘고, 나눔을 통해 더욱 커집니다. 공주 수도생활은 악마에 맞서는 튼튼한 보호막이 됩니다. 다양한 소임이 다양한 재능과 은총을 펼칠 수 있게 합니다. 어떤 이는 손님이나 병자들을 돌보고, 다른 이는 자유롭게 기도에 더욱 오롯이 매달릴 수 있습니다. 수도원 안에는 언제나 살아 있는 본보기가 보여 주는 힘이 존재합니다. 공동체의 선이 하느님의 뜻입니다.

공동생활 안에서는 하느님의 뜻을 쉽게 알고 따를 수 있습니다. 가장 큰 적은 아집입니다. 수도원 생활의 다른 모든 것은 하느님께 축성될 수 있지만, 이것만은 안 됩니다.

일곱 번째 강의

다른 카파도키아 교부들, 두 명의 그레고리우스

성 바실리우스의 친구이자 동료인 위대한 수도승 신학자 두 명을 만나는 시간을 잠시라도 가져야 할 것 같습니다. 니사의 그레고리우스는 바실리우스의 친동생이고, 나지안주스의 그레고리우스는 바실리우스의 친한 벗입니다.

나지안주스의 성 그레고리우스

그레고리우스는 330년경에 태어났습니다. 아테네에서 성 바실리우스와 함께 공부했고, (오리게네스가 가르쳤던) 카이사리아와 알렉산드리아에서도 공부했던 터라 오리게네스 학파라고 볼 수 있습니다. 359년에 바실리우스와 함께 이리스 강변의 수도원에서 수도승이 되었습니다. 수행과 학업에 전념했고, 오리게네스의 선집인 『필로칼리아』를 엮었습니다. (기도에 관한 정교회 문헌인 또 다른 『필로칼리아』와는 다른 작품입니다.[9]) 362년에 그레고리우스는 마지못해 사제로 서품되었으나 은수생활로 돌아갔고, 다시 활동생활로 돌아와서 아리우스 논쟁 중에 정통파를 지원했습니다. 371년에 바실리우스에 의해 사시마의 주교로 서품되지만, 이를 후회하고 다시 은수생활로 도피합니다. 그는 셀레우키아의 성 테클라 수도원에서 한동안 관상생활을 이어 갑니다. 379년, 그는 아리우스파가 들끓는 콘스탄티노폴리스 교구를 맡는 데 동의합니다. 그는 개인 경당이라 할 수 있는 작은 경당에서 설교하면서 지식인들과 영향력 있는 이들을 차츰 정통파로 이끌어 옵니다. 아리우스파는 주교좌에 자체 주교를 앉혔지만, 테오도시우스 황제는 그레고리우스를 지지했고 성 소피아 성당에서 그를 착좌시키고 칭송했습니다. 그레고리우스는 381년에 동방 콘스탄티노폴리스공의회에서 인정받았지만, 늦게 도착한 이집트와 마케도니아 주교들이 반대하여 사임했습니다. 381년부터 383년까지 공석인 나지안주스 교구를 다스렸고, 383년부터 389년까지는 은수생활을 하다가 거기서 세상을 떠났습니다.

생애를 훑어보면 그레고리우스는 활동생활과 주교 생활에 잘 적응하지 못했던 것이 분명합니다. 주교로서 재능이 없어서가 아

---

9 무엇보다도, 작품 제목의 철자로 혼동하지 말아야 한다. 이 작품은 영어로는 *The Philokalia: The Complete Text*로 알려져 있다[compiled by St. Nikodemos of the Holy Mountain and St. Makarios of Corinth, trans. and ed. by G. F. H. Palmer, Philip Sherrard, and Kallistros Ware, 4 vols. (London: Faber & Faber 1979-95)].

니라, 정치적 수완이 없었던 탓입니다. 그는 참으로 영적인 사람이었고, 진정한 관상가였습니다. 그의 단순함은 정치에는 맞지 않았습니다. 그는 섬세하고 진실했기에 다른 이들의 배신과 불신실에 크게 상처받았습니다. 너그럽고 이타적이었던 그레고리우스는 사리사욕을 위해 싸우지 않았을 것입니다. 관상생활을 선호했으나, 하느님 뜻이라 여겨지는 것을 하기 위해 자신이 바라던 삶을 여러 차례 희생했습니다. 그러나 '정치인'은 될 수 없었고, 은수생활로 돌아갔습니다. 그의 삶은 활동 세계에서 실패의 연속이자, 관상생활로의 복귀의 연속이었습니다. 그의 가장 큰 위대함은 오리게네스의 신비 전통을 물려받은 신학자이자 설교자의 면모에 있습니다.

그의 작품으로는 『연설집』이 있는데, 특히 380년에 콘스탄티노폴리스에서 아리우스파에 맞서서 했던 설교가 실려 있습니다. 그리고 주로 말년의 관상생활 시기에 쓴 시가들도 있는데, 도덕적·교의적 주제들에 관한 것들과 자서전적 장편시인 『자기 자신에 관한 시가』입니다. 『서간집』은 주로 역사적 주제에 관한 것입니다. 나지안주스의 성 그레고리우스는 수도승 신학과 영성에 관해서는 중요한 작품을 별로 남기지 않았습니다.

니사의 성 그레고리우스

나지안주스의 성 그레고리우스는 교의신학자이자 연설가였습니다. 그의 책들은 호교적 성격을 띠었기에 18세기와 19세기에 대중에게 널리 읽혔지만, 수도승들에게는 니사의 성 그레고리우스만큼 유익하지는 않았습니다. 니사의 성 그레고리우스는 특히 수도승 전통이 강하게 드러나는 위대한 관상가 신학자로 수도승 세계에서 인정받았습니다. 제2차 세계대전 중에 나온 두 권의 책, 곧 다니엘루 신부의 『플라톤 철학과 신비신학』과 니사의 성 그레고리우스가 쓴 『모세의 생애』의 프랑스어 번역판은 니사의 성 그레고리우스에 관한 연구와 존경에 다시 불을 붙였고, 한스 우르스 폰 발타사르의 작품도 이에 이바지했습니다. 니사의 성 그레고리우스는 우리 시대의 중요한 영적 운동인 교부학 연구의 관상적 차원 회복에 가장 중요한 인물 가운데 하나라고 말할 수 있습니다.

 니사의 성 그레고리우스는 330년경 태어났습니다. 어릴 때 독서직을 받았지만, 율리아누스 통치 아래 부흥한 이교 문화에 현혹되었습니다. 수사학 교수가 된 뒤에 혼인했습니다. 그러나 성 바실리우스와 나지안주스의 성 그레고리우스의 권고를 받아, 속세를 떠나 그들과 함께 이리스 강변에서 수도승으로 살게 됩니다(361년경). 은수생활을 십 년 정도 한 다음, 371년에는 니사의 주교가 되었습니다. 그레고리우스는 니사에서 행복하지 못했습니다. 황제의 반대에 부딪혔고, 재정을 낭비했다는 누명을 쓰고 면직되었습니다(374년). 그러나 377년에 주교로 복권됩니다. 성 바실리우스가 세상을 떠나자, 379년 1월 1일, 그레고리우스는 바실리우스가 중단한 곳에서 그의 신학적·교회적 작업을 계속 이어 갔습니다. 그는 이 시기의 온갖 정치적 투쟁에 휘말렸습니다. 니사의 성 그레고리우스도 정치에는 그다지 능하지 않았지만, 신학자로서는 콘스탄티노폴리스공의회에서 중요한 역할을 했으며(381년) 활약이 돋보이는 인물 가운데 하나였습니다. 그는 콘스탄티노폴리스에서 달변가로서 명성을 얻었습니다. 콘스탄티노폴리스공의회는 성 바실리우스의 사상과 성 그레고리우스의 사상이 일구어 낸 승리였습니다. 공의회 이후에는 교회 일로 아라비아와 이집트에 갔습니다. 예루살렘에 돌아와서는 아폴리나리스주의로 비난받았지만,[10] 콘스탄티노폴리스에 가서는 호평을 받습니다. 380년부터 386년까지가 그의 전성기였습니다. 387년부터는 은퇴하여 저술 활동에 힘썼습니다.

카파도키아의 위대한 세 교부 가운데, 니사의 그레고리우스는 신비가이자 영적 신학자로서 뛰어났습니다. 그는 셋 가운데 가장 훌륭한 관상가이고, 가장 깊이 있고 신비적이며 영적입니다. 그의 신학은 경험에서 비롯했고, 그의 경험은 분명 성 막시무

---

[10] 라오디케아의 아폴리나리스(390년 사망)에게서 비롯한 이단으로, 예수가 인간의 육신과 신의 정신을 지녔다고 주장했다. 이 견해는 381년 콘스탄티노폴리스공의회에서 단죄받았지만, 일각에서는 계속 유지되었다.

스와 위僞-디오니시우스를 포함한 모든 그리스 교부 가운데 가장 깊이가 있었습니다. 그러나 신비가의 면모 외에, 그는 철학자이자 사변적 사상가이기도 합니다. 이러한 조합 덕분에 그의 작품은 독창적이고 큰 의미가 있습니다.

니사의 그레고리우스의 중요성은 그가 그리스도교 신비신학의 원천이라는 데 있습니다. 그는 깊은 영적 체험으로 정화되고 더 깊어진 오리게네스 전통을 위-디오니시우스 같은 후세 신학자에게 전합니다. 니사의 성 그레고리우스는 또 다른 오리게네스 학파이자 신비가이며 더욱 학자다운 면모를 보이는 폰투스의 에바그리우스(사막 교부)와 나란히 서 있습니다. 그레고리우스는 사랑을 가장 우선합니다. 그의 영향은 서방에서도 상당한데, 특히 시토회의 생 티에리의 기욤에게 영향을 미쳤고, 니사의 그레고리우스의 신학은 기욤을 통해 시토회 유산의 일부가 되었습니다.

니사의 성 그레고리우스의 저서들

니사의 성 그레고리우스의 교의적·논쟁적 저서들은 중요도가 떨어집니다. 가장 중요한 것은 『에우노미우스 반박』인데, 성 바실리우스가 아리우스파 주교 에우노미우스에 맞서 시작했던 논쟁을 이어 가고 있습니다. 에우노미우스는 하느님의 본질은 '태어날 수 없음'이기에 성자는 하느님이 될 수 없으며, 인간은 하느님의 본질을 분명히 알 수 있다고 주장했습니다. 그레고리우스는 하느님의 초월적 신비 앞에서 인간 지성을 가리는 '어둠'을 강력히 주장했습니다. 이것이 그의 신비신학에서 가장 중요한 사상 가운데 하나입니다. '알지 못함으로써' 하느님을 아는 것입니다. 그다음으로는 그리스도 안에서 로고스가 인간 영혼의 자리를 대신했다고 주장한 아폴리나리스 이단을 반박한 『아폴리나리스 반박』이 있습니다. 또한 삼위일체와 육화, 구원 교의에 관한 설명인 『대 교리교육 연설』이 있습니다.

영적 저술에서 먼저 주목할 점은, '신학서'와 '영성서'의 이러한 구분은 니사의 성 그레고리우스에 관해 오해를 빚을 수 있다는 점입니다. 그의 영성이 곧 그의 신학이며, 그의 신학은 온전히 영적입니다. 요즘에는 신학(전문 교의와 윤리)과 영성(묵상, 신심, 영성 생활의 심리, 신비주의, 수행) 사이에 구분이 있습니다. 그러나 그레고리우스와 그리스 교부들의 경우에는 이 둘을 떼어 놓을 수 없으며, 특히 그레고리우스의 경우는 더욱 그러합니다. 예컨대 인간 창조에 관한 그의 논문 『인간 만듦』은 그 전문성에서 신학적이고 철학적일 뿐만 아니라, 관상을 위해 창조된 피조물인 인간에 관한 연구인 만큼 영적이고 신비적인 신학도 들어 있습니다. 더욱 전문적인 그리스 교부들의 신학서라고 할 만한 것들은 특별한 주제들을 강조하는 논쟁서들입니다. 그러나 앞에서 보았듯이, 그레고리우스의 『에우노미우스 반박』도 신비 생활에 중요한 의미를 내포하고 있습니다.

그리스 교부들에게 신학은 무엇보다도 또 본질적으로 **신비**신학이며, 모든 배움은 참된 신학, 곧 하느님을 뵙는 것에서 정점에 이릅니다. 특히 성 보나벤투라는 스콜라철학 시대에 이 전통을 이어 가지만, 스콜라철학은 대체로 하느님에 **관한** 학문적 지식으로 기울고 그분을 관상하는 것에서는 점점 멀어지는 경향이 있습니다.

저서들은 다음과 같습니다.

『동정』 — 그의 첫 저서로, 성 바실리우스가 수도원을 세우는 데 도움을 주려고 썼습니다. 주제는 그리스도인의 완덕입니다. 동정자는 그리스도의 신부입니다. 수도생활은 '천사적 삶'(*bios angelikos*)을 살아가고 완전히 깨끗한 마음을 가꾸기에 가장 좋은 수단입니다.

완덕과 고행, 그리스도인 삶에 관한 단편들.

누이의 전기인 『성 마크리나의 생애』.

『육일 창조 변론』(379년) — 육일 창조에 관한 성 바실리우스의 저서와 유사한 작품으로, 바실리우스가 제기한 사실들을 새롭게 조명하고 창조 사업의 근원에 있는 심오한 목적과 이유를 보여 주기 위해 썼습니다.

『인간 만듦』 — 비슷한 시기에, 창조에 관한 바실리우스의 저서를 완성합니다. 바실리우스는 여섯째 날의 인간 창조를 다루지 않았습니다. 인간은 관상을 위해 만들어졌습니다. 이 작품은 생 티에리의 기욤에게 큰 영향을 주었습니다. 인간은 육(생물적 본성), 정신(이성적 본성), 영(영적 생명, 은총, 신화)으로 이루어집니다. 완덕은 육과 정신과 영, 이 셋의 균형과 질서입니다. 육신과 영혼을 희생하면서 순전히 정신적 영성만 발전시키는 것이 아닙니다. 하느님께서 모든 분명한 지식을 초월하시는 것처럼, 우리 안의 모상도 우리 지성이 분명히 파악할 수 있는 범위를 넘어섭니다. 삶에서 인간이 할 일은 영혼 깊은 곳에서 하느님을 닮은 모습을 재현하는 것입니다. 이는 인간이 자신의 왕다운 품위인 자유를 올바르게 사용함으로써 이루어지며, 깨끗한 사랑으로 하느님께 돌아감으로써 완성됩니다.

성경의 영적 해석에 관해 그레고리우스는 오리게네스와 필론을 따르면서도 두 사람보다 훨씬 더 깊이 들어가서, 구약성경의 책들은 영혼이 하느님께 올라가는 영적 상승을 묘사하고 있다고 풀이합니다. 그리스 교부의 가장 뛰어난 신비주의 작품 가운데 하나로 꼽히는 『모세의 생애』는 총 2부로 구성됩니다. 1부 「역사」(학문적 의미가 아닌 문자적 의미로 '이야기'라는 뜻)는 성경 연구라기보다는 일종의 성인전으로, 도덕적이고 권고적인 면을 강조합니다. 초기 교부들에게 '성인'이란 (순교자들을 제외하고는) 대부분 구약성경의 성인을 뜻한다는 사실을 알아 두십시오. 여기서 그레고리우스는 필론을 따르고 있는데, 종종 문자 그대로 따르기도 합니다. 2부 「관상」은 신비적 해석입니다. 특히 주목할 만한 것은, 모세가 구름을 뚫고 산으로 올라간 것은 인간 영혼이 하느님의 초월적 '어둠'과 접촉하는 것을 상징한다는 해석입니다. 이것은 어둠, 곧 '밤'의 신비주의(부정신학적 신비주의)로서 그리스도교 신비신학에서 중요한 한 전통을 이루며, 다른 전통의 '빛'(긍정 신학적 신비주의)과 대조됩니다.

어둠의 신비가 가운데 중요한 이들은 니사의 성 그레고리우스, 위-디오니시우스, 십자가의 성 요한, 에크하르트 등이 있고, 빛의 신비가로는 오리게네스, 성 베르나르도, 아빌라의 성 데레사 등이 있습니다. 후자가 더 흔합니다. 그레고리우스는 (탈출기 19장에 관해) 이렇게 말합니다.

종교적 지식은 처음 나타날 때는 빛(불타는 떨기나무)으로 시작합니다. 그러다 불경함, 곧 어둠에 맞닥뜨리는데 이 어둠은 빛 안의 기쁨으로 흩어 낼 수 있습니다. 그러나 영이 진보하면서 더 열심히, 더 완전히 전념함으로써 실재를 이해하고 관상에 가까워질수록 신성은 눈에 보이지 않음을 더 잘 깨닫게 됩니다. 감각으로 인지한 것들만이 아니라 지성이 분명 본다고 믿는 것들까지, 모든 외양을 뒤에 남겨 두고, 영은 점점 더 내면으로 들어가 애씀으로써 마침내 눈에 보이지 않는 것과 알 수 없는 것까지 파고듭니다. 그리고 거기서 하느님을 뵙습니다. 영이 추구하는 하느님을 향한 참된 지식과 하느님을 진정 뵙는 일은, 그분께서는 눈에 보이지 않으심을 알게 되는 데 있습니다. 그분께서는 모든 지식을 초월하시며, 당신의 불가해성으로 그림자처럼 사방에 숨어 계시기 때문입니다(『모세의 생애』).

다른 성경 주해서들은 다음과 같습니다.

『여섯째 시편』— 여기서 그레고리우스는 완덕으로의 상승에 관한 다른 소재를 찾습니다.

『코헬렛 강해』— 깨우치는 길, 영혼이 하느님께로 상승하면서 물질적인 세상 것들에 느끼는 환멸에 관해 섬세하고도 풍요롭게 논합니다. 인간은 분심거리를 찾습니다. 인간은 쾌락을 즐기거나 부를 얻는 것 자체보다는 이런 것들을 찾아다니는 것에서 자기 문제를 잊고자 하는 헛된 희망을 품습니다. 기대하는 마음으로 찾아 헤매는 일에서 기쁨을 느끼는 것입니다. 그렇게 인간은 점점 더 자기 밖에서, 자신을 '뛰어넘어' 살아가고, 그의 삶은 끊임없이 움직이며 현재에서 미래로 도망치는 달음질이 됩니다. 이것이 코헬렛이 말하는 허무입니다. 안정으로 가는 첫걸음은 우리가 가진 것과 우리의 존재에 만족하는 것입니다.

『아가 강해』—『코헬렛 강해』를 이어 완성하며, 일치의 삶을 계속 이야기합니다. 오리게네스가 한 아가 강해의 신비신학에 살을 붙이고 더 발전시킵니다. 오리게네스 작품보다 더 영향력 있고 심오하며 — 합일로의 점진적 접근을 상세히 묘사합니다 —, 말하자면, 말씀께서 희미한 '향기'와 목소리로, 그리고 마침내 '맛나고' 달콤한 영혼의 양식으로 당신을 인간 영혼에 알려 주시는 단계를 설명합니다. 마지막으로, 하느님에 대한 불타오르는 사랑을 묘사합니다. 합일에 어울리는 이 사랑은, 인간 영혼이 하느님과 자신을 갈라놓는 것은 무엇도 견딜 수 없게 합니다. 이는 십자가의 성 요한의 『사랑의 산 불꽃』에서도 볼 수 있는 주제입니다.

신약성경에 관한 두 권의 논저도 있습니다. 『주님의 기도』는 이 기도가 담고 있는 자녀 됨의 개념과 파레시아*parrhesia*(하느님께 전부 다 말씀드릴 수 있는 자연스러움과 자유) 개념을 강조합니다. 인간의 소명은 죄를 몰아냄으로써 하느님께서 지상에, 영혼들 안에 당신 나라를 세우시는 것을 돕는 것입니다. 여덟 가지 참행복(마태 5장)에 관한 여러 교부학적 주해 가운데 하나인 『행복에 관한 연설』은 참행복을 신비적 완덕으로의 상승으로 다루며, 특히 관상과 관련하여 여섯째 참행복("복되어라, 마음이 깨끗한 사람들!")을 강조합니다. 교부학적 교의에서 친숙한 주제인 하느님 모상으로 창조된 인간 영혼이라는 주제도 나옵니다. 이 모상은 죄로 흐려졌기에 사랑으로 다시 완전하게 회복되어야 합니다. 그러면 영혼의 거울 속에 하느님이 다시 완전히 비추어질 것이고 우리는 그분을 체험하게 될 것입니다.

하느님은 깨끗함, 정념에서의 해방, 모든 악과의 이별이기 때문입니다. 이러한 것들이 여러분 안에 있다면, 실은 하느님께서 여러분 안에 계시는 것입니다. 여러분의 생각이 어떤 악과도 섞이지 않고, 정념으로부터 자유로우며, 온갖 더러움과 거리가 멀다면, 여러분은 행복합니다. 여러분은 선명하게 보고 있기 때문입니다. 깨끗해지지 않은 이들에게는 보이지 않는 것을 여러분은 인식할 수 있습니다. 여러분은 깨끗해졌기 때문입니다. 물질적 집착이 빚은 어둠이 여러분 영혼의 눈에서 걷혔기에, 여러분은 여러분 마음의 깨끗한 하늘 나라에서 빛나는 복된 장면을 볼 수 있습니다. 그런데 이렇게 보이는 것은 무엇입니까? 그것은 깨끗함, 거룩함, 단순함 그리고 거룩한 본성의 다른 빛나는 반영들이며, 그 안에서 하느님을 관상할 수 있습니다.[11]

가장 중요한 문제는 마음의 정화입니다. 그의 설교들에서 이것이 자세히 다루어집니다.

성 그레고리우스는 전기도 세 편 썼는데, 이들은 전기적 자료로보다는 영성에 관한 내용으로 더 의미가 있습니다. 전기의 주인공은 그의 형인 성 바실리우스, 누나인 성 마크리나 그리고 기적가 성 그레고리우스입니다(오리게네스의 제자였습니다).

지금까지 살펴본 여러 이유 덕분에, 니사의 성 그레고리우스는 적어도 관상가들에게는 카파도키아 교부들 가운데 가장 중요하고 또 가장 흥미로운 인물입니다. 그러나 그에 관한 연구는 더 깊이 이루어져야 합니다. 평범한 수도승들이 쉽게 그에게 접근할 수 있는 때는 아직 오지 않은 듯합니다. 적어도 영어로는 그렇습니다. 대부분의 수도승에게 그는 아직은 어렵고 다가가기 힘들 수도 있습니다.

---

11 St. Gregory of Nyssa, *The Lord's Prayer; The Beatitudes*, trans. Hilda C. Graef, Ancient Christian Writers, vol. 18 (Westminster, MD: Newman 1954) 149-150.

여덟 번째 강의

팔레스티나 수도승생활과 성 히에로니무스

390년경(카시아누스가 이집트에 있던 무렵), 성 히에로니무스는 『성 힐라리온의 생애』를 썼습니다. 팔레스티나 수도승생활의 창시자이며 성 안토니우스의 제자인 힐라리온은 중요한 인물이면서 다소 전설적인 인물입니다. 히에로니무스는 그를 수도승의 모범, 팔레스티나 수도승생활의 표본으로 제시합니다.

성 힐라리온은 팔레스티나 가자 근처의 타바타에서 이교도 부모 아래 태어났습니다. 알렉산드리아로 유학을 떠났고, 거기서 그리스도인이 되었습니다. 성 안토니우스의 명성에 매력을 느껴 그를 찾아가 수도승이 되었고, 그와 함께 몇 달을 지낸 뒤 팔레스티나로 돌아와 수도생활을 했습니다. 당시 열다섯 살이었습니다. 그는 강도들이 득실대는 해변의 외딴곳으로 들어갔습니다. 그는 "죽음을 피하기 위해 죽음을 하찮게 여겼습니다"(contempsit mortem, ut mortem evaderet). 엄격한 단식과 노동, 고독과 참회의 삶을 받아들였고, 성 안토니우스와 비슷한 유혹을 겪었으며, 일 년에 한 번 부활절에만 머리카락을 자르고, 고행자의 털옷을 입는 사람에게 깨끗함은 아무 소용이 없다고 주장하며 옷을 절대 빨지 않았습니다.

그가 단식한 방식은 이렇습니다. 스물한 살부터 스물네 살까지는 물에 불린 콩 한 홉 반 정도를 하루에 한 끼 먹었습니다. 스물네 살부터 스물일곱 살까지는 마른 빵을 물과 소금과 함께 먹었습니다. 스불일곱 살에서 서른한 살까지는 야생초와 뿌리를 날것으로 먹었습니다. 서른한 살부터 서른다섯 살까지는 하루에 보리빵 170그램과 약초를 조금 먹었습니다. 서른다섯 살부터 예순네 살까지는, "눈이 점점 침침해지고 이상한 비듬이 생기고 피부가 거칠어지면서 가려워지는 것을 보고는, 이 식단에 기름을 조금 너하였다"라고 알반 버틀러는 적고 있습니다. 예순네 살부터 여든 살까지는 빵을 더 줄여서 140그램만 먹었습니다. 여든 살에는 다음과 같이 먹었습니다.

> 여든 살이 되어서는 귀리 가루와 나물로 쑨 묽은 죽을 조금 먹었고, 먹는 고기와 음료는 다 합쳐서 120그램이 되지 않았다. 일생을 그렇게 지냈다. 해가 질 때까지는 절대 단식을 깨지 않았으며, 대축일들이나 중하게 아플 때도 똑같았다(알반 버틀러).

핵심은, 수행과 관상생활에서 단식의 본질적 중요성입니다. 모든 사람이 성 힐라리온의 잣대를 따라야 하는 것이 아니라, 자기 나름의 잣대에 따라 단식해야 합니다. 단식은 포기할 날을 기다리며 한동안 실천하는 것이 아니라, 수도승 성소에서 평생에 걸쳐 이루어집니다. 물론 필요에 따라 수정할 여지는 있습니다. 그러나 불필요하게 단식을 추구하거나, 단식을 그만둘 구실을 찾아서는 안 됩니다. (나중에 성 베네딕도가 순명이 단식보다 더 중요하다고 강조하는 것[12]에 주목하십시오.)

그가 열여덟 살 때, 강도가 들었습니다. 그들이 말했습니다. "강도들이 너를 찾아내면 어쩔 셈이었느냐?" 그는 이렇게 대답했습니다. "벌거숭이는 강도를 두려워하지 않습니다." 강도들이 그러다가 죽을 수도 있다고 말하자, 그는 대답했습니다. "그럴 수도 있지요. 저는 강도들이 두렵지 않습니다. 죽을 각오가 되어 있으니까요." 강도들은 감동하여 회심했습니다. 이렇듯, 독거 수도생활 중에는 온갖 위험에 맞닥뜨릴 수 있습니다.

스물두 살에는 불임인 여자를 고쳐 첫 기적을 행했습니다. 그 이후의 삶은 기적의 연속이었습니다. 세계 곳곳에서 온 사람들과 짐승들까지 고쳤습니다. 그 가운데에는 남자 서른 명이 끌고 온 미친 낙타도 있었습니다! 그는 수많은 이교도를 회심시켰습니다. (그의 독거 수도생활의 선교적 측면이라고 하겠습니다.)

---

12 "이 언급은 분명 베네딕도 『수도 규칙』 제49장을 가리키는 것으로, 규칙서는 사순 시기 동안 수도승들은 자신의 단식 식단과 관련하여 반드시 아빠스에게 동의를 얻어야 한다고 명시한다" — 패트릭 오코넬.

이십 대부터 칠십 대에 이르기까지 모든 곳에서 기적을 행하자, 주변에 사람들이 모여들어 그를 숭배했습니다. 마침내, 늘 수많은 수도승과 순례자가 자기 곁을 에워싸고 있는 것을 보고 그는 큰 슬픔에 잠겨 날마다 눈물을 흘렸습니다. "나는 세상으로 돌아와 버렸구나. 현세에서 내가 받을 상을 다 받고 있구나"라고 말하면서 말입니다. 고독한 수도승 성인의 삶에서 사도직은 **은사**이며, **상충하는 모순으로 말미암아** 더욱 풍요로운 것이 됩니다. 그는 안토니우스의 죽음을 예언적으로 알았습니다.

만 명에 이르는 순례자 무리가 그를 붙잡아 두려 했으나 그는 몇몇 수도승과 함께 성 안토니우스가 살다가 죽음을 맞이한 이집트 사막으로 갔습니다. 안토니우스는 사람들이 자신의 유해를 가져가서 순례지로 만드는 것을 막기 위해 미리 당부한 대로 비밀 장소에 묻혔습니다. 그 뒤에 힐라리온은 자신을 아는 이 없는 시칠리아로 갔습니다. 동방의 상인들이 알아볼 수 있는 항구를 피해 내륙으로 들어가서, 생계를 위해 땔감을 등에 지고 마을로 나르며 걸인처럼 살았습니다. 그의 정체는 악령에 들린 사람 안에 들어간 마귀를 통해 드러났습니다. 그 사람이 힐라리온이 살던 산속 오두막에 찾아와 치유를 받겠다고 드러누웠기 때문입니다. 다시 기적이 시작되었습니다. 그러자 힐라리온은 달마티아로 갔다가, 다시 키프로스로 갔습니다. 결국 그는 키프로스의 산속 외딴곳, 그리스도인이 아무도 없는 곳을 찾아 거기서 오 년을 더 살다가(샤를 드 푸코 참조) 여든 살에 세상을 떠났습니다.

[다른 팔레스티나 수도승들]

성 카리톤 — 소아시아 이코니움 출신으로, 322년부터 예루살렘 북쪽 파란 계곡의 동굴에서 살았습니다. 여기에 제자들이 모여들어 수도원이 세워졌습니다. 355년에는 예수님께서 단식하셨던 요르단강 저편 산으로 옮겨 갔는데, 여기 세워진 또 다른 수도원이 오늘날까지 있습니다(그리스 수도승들). 마침내 유다 사막에 사람들이 접근할 수 없는 동굴을 찾았지만, 그 근처에 세 번째 수도원인 수카Souka 수도원이 세워졌습니다.

성 에우티미우스(473년 사망) — 아르메니아 출신으로, 성 카리톤이 있던 곳에서 멀지 않은 파란 계곡에서 은수자로 수도생활을 시작했고, 공주 수도생활을 시작하여 베타니아 근처에 그 유명한 성 에우티미우스의 라우라laura를[13] 세웠습니다(428년). 이 라우라는 그가 사망한 뒤에 공주 수도원으로 바뀌었습니다.

성 사바스(439~532년) — 카파도키아 출신으로, 성 에우티미우스의 공주 수도원에서 양성을 받고, 예루살렘 근처 키드론 계곡에서 은수자로 살았습니다. 그러다가 마르 사바에 라우라를 세웠는데(478년), 절벽에 있는 이 라우라는 오늘날까지 남아 있습니다. 다마스쿠스의 성 요한이 이곳 수도승이었고, 여기서 모든 책

---

13 "라우라란 말은 은수처(은수자의 거처)와 수도원(공주수도승 공동체)의 중간 형태라고 할 수 있는 특별한 형태의 수도승 공동체 조직을 나타내기 위해서 사용된다. 이런 전문적 의미를 취하기 전에 이 용어는 샛길 또는 소로小路를 가리켰다. 수도승생활 안에서 이 용어는 각 수도승이 자기 개인 은수처에서 주간 모임이 있던 중심 지역으로 이동했던 소로를 나타낼 수도 있다(성 베네딕도회 왜관수도원 누리집 참조)" — 옮긴이.

을 썼습니다. 성당이 세 곳 있는데, 아르메니아 예법, 시리아 예법, 그리스 예법에 따라 세 가지 언어로 전례가 거행됩니다. 이 수도원의 일부는 동굴이며, 오늘날 그리스정교회 수도승 약 서른 명이 살고 있습니다. 성 사바스의 수도승들은 병원도 운영했습니다. 그는 동방 수도승 전례의 기초가 되는 『티피콘』(전례 규범서)을 제정했습니다.

스키토폴리스의 키릴루스 — 성 사바스의 제자로 큰 라우라에 살면서 성인들의 생애를 저술했습니다.

요한 모스쿠스(6~7세기) — 온갖 '기적'들로 가득한 수도승 이야기와 설화를 모은 대중적인 책인 『영적 초원』을 엮었습니다.

성 히에로니무스

성 히에로니무스는 팔레스티나에서 가장 유명한 수도승이었습니다. 여기서는 간략하게만 살펴보겠습니다. 성 히에로니무스는 사막 교부였지만, 사실 이 강의의 범위를 벗어납니다. 교부이자 교회 박사이고 번역가이며 성경 주해가인 그의 성소는 단순히 사막 교부로만 보기에는 훨씬 더 광범위하고 화려하기 때문입니다. 물론 성 바실리우스, 니사의 성 그레고리우스에 대해서도 그렇게 말할 수 있습니다.

히에로니무스는 347년경 달마티아의 스트리돈에서 그리스도인 부모 아래 태어났지만, 오랫동안 세례를 받지 못했습니다.

로마에서 공부하는 동안 다소 방종한 삶을 살았습니다. 365년경(열여덟 살)에 세례를 받고, 이탈리아 아퀼레이아 근처에서 수도승으로 살기 시작했습니다. 그가 **루피누스**와 어울렸던 건 이때부터입니다. 이후 동쪽으로 옮겨 가서(374년경) 시리아 안티오키아 근처의 칼키스 사막에서 수도승으로 살았습니다. 이곳은 이미 수도생활의 중심부였습니다. 378년경 안티오키아에서 사제품을 받았습니다. 382년부터 385년까지 다마수스 교황이 통치하는 로마를 방문합니다. 이 무렵 명성이 높아졌습니다. 다마수스 교황의 비서로 일했고, 성경 작업에도 전념했습니다. 동시에 느슨해진 그리스도인들과 열의 없는 성직자들을 비난하면서 이탈리아에서 인기를 잃었습니다. 이 시점부터 그는 분명 전사였습니다. 당시의 모든 싸움에 얽히기 시작합니다. 여기서 그는 파울라와 에우스토키우스를 만나 지도했고, 두 사람은 그의 지도를 받아 팔레스티나에서 수도생활을 해 나갔습니다. 385년에 히에로니무스는 그들과 함께 팔레스티나로 갔습니다. 다마수스 교황이 선종한 뒤 로마에서도 히에로니무스에 대한 격렬한 반대가 터져 나왔습니다. 로마에서 그는 귀족 부인들에게 그리스어와 히브리어로 성경을 읽는 법을 가르쳤는데, 그 귀족 부인들과의 관계가 구설에 오른 것입니다. 성 파울라(404년 사망)는 성 에우스토키우스와 성 블레실라의 어머니로, 서른네 살에 과부가 된 뒤 히에로니무스에게 영향을 받아 축성 생활을 했으며 히에로니무스가 베들레헴에 세운 수녀원의 원장을 지냈습니다. 거기서 파울라는 ─

관상생활 수녀로서는 독특하게도 — 병원을 운영했고, 이와 더불어 학업이나 자선 활동 같은 주목할 만한 일을 했습니다.

성 히에로니무스의 존재와 성격에 영향을 받은 수도생활은 관상적 측면을 유지하면서도 매우 활동적이고 공격적인 특징을 띕니다. 이런 까닭에 우리는 히에로니무스를 전형적 사막 교부로 꼽는 데에 신중해야 합니다. 전반적으로 그는 관상가들을 위한 훌륭한 본보기는 아니었습니다. 오히려 그에게 영감을 받은 이들은 공격적이고 고행적이며 활동적이고 논쟁적인 영성 생활을 한 이들이었습니다. 이들은 종종 수도승 질서를 흔들고 불화를 일으킵니다. 그러나 그들이 참된 성인인 경우에는, 많은 일을 해내기도 합니다.

파울라와 에우스토키우스와 또 다른 친구들과 함께 팔레스티나에 도착한 히에로니무스는 그들과 함께 성지 곳곳을 순례했습니다. 그는 이집트까지 내려갔지만 가 보고 싶었던 니트리아는 방문하지 못했습니다. 386년, 알렉산드리아의 뜨거운 열기에 지쳐 그들은 다시 북쪽으로 갔고, 베들레헴에 자리 잡았습니다. 파울라는 수도원 두 곳을 세웠는데 하나는 남자 수도원, 하나는 여자 수도원이었습니다. 히에로니무스는 서른다섯 해에 걸친 왕성한 활동 끝에 이곳에서 자기 수도승들이 지켜보는 가운데 삶을 마무리합니다. 390년부터 405년까지 그는 불가타 성경 번역에 몰두했고, 밤에 몰래 수도원에 들어온 (그리고 수업의 대가로 두둑한 사례금을 챙긴) 라삐들에게 히브리어를 배웠습니다. 그뿐만 아니라 성경의 여러 책에 관한 주해서를 썼으며, 논쟁을 벌이고, 수많은 편지를 썼습니다. 술피키우스 세베루스는 히에로니무스를 이렇게 묘사했습니다. "그는 끊임없이 학문에 몰두하고 자기 책에 푹 빠져서 밤낮으로 쉬지 않는다. 그는 쉴 새 없이 읽고 쓴다"(『대화』1,9).

뒤에서 카시아누스를 이야기할 때, 오리게네스 논쟁에 관한 히에로니무스의 입장도 살펴보겠습니다. 히에로니무스는 오리게네스에게 맞서면서 예루살렘 주교 요한과 관계를 끊었는데, 이 때문에 팔레스티나 밖으로 쫓겨날 뻔했습니다. 또한 절친한 벗 루피누스와도 멀어졌는데, 루피누스가 오리게네스에게 충실했기 때문이었습니다. 히에로니무스는 『루피누스 반박』에서 오리게네스를 이단과 이중성 등의 이유로 비난합니다. 원래 루피누스는 성지 순례를 마친 뒤에 히에로니무스를 따라 팔레스티나에 들어왔던 인물입니다. 그는 훌륭한 여성 수행자인 성 멜라니아와 함께 팔레스티나에 왔고, 올리브산에 수도원을 세웠습니다. 히에로니무스처럼 루피누스도 학자 수도승이었습니다. 그는 오리게네스의 많은 작품을 번역했고 오리게네스의 번역 작업에서 중요한 인물입니다.

히에로니무스와의 논쟁은 여러 오해와 히에로니무스의 급한 기질, 날카로운 말 때문에 아주 거북해졌고 유난히 과열되었습니다. 루피누스는 그보다는 훨씬 더 온건하고 조심스러우며 아마도 이 논쟁에서 더 분별 있는 쪽이었던 듯합니다. 그는 히에로니무스보다 덜 폭력적이었습니다. 단절되었던 두 사람의 관계는 397년에 회복되었습니다. 이 논쟁은 수도승 역사에서 중요한 사건입니다. 논쟁이 지속되는 동안 루피누스는 이탈리아로 옮겨 갔습니다. 서고트족의 침입으로 피신한 그는 시칠리아에서 소(小) 멜라니아와 함께 있다가 411년에 세상을 떠났습니다.

히에로니무스의 생애에서 다른 논쟁들

히에로니무스가 얽혀 있는 수많은 논쟁 가운데, 수도승 역사에 중요한 것들로는 다음 논쟁을 꼽을 수 있습니다.

1) 『마리아의 영원한 동정에 관해 헬비디우스 반박』— 헬비디우스는 복되신 어머니가 (주님을 낳은 뒤에 다른 자녀들도 낳았다며) 성모님의 동정을 공격했습니다. 마리아의 동정을 옹호한 이 작품은 축성된 이(수도승)들의 동정에도 중요성을 지닙니다.
2) 『요비니아누스 반박』— 요비니아누스는 독신 생활과 금욕 생활을 공격하고 노동이 없는 믿음을 역설했습니다. 이에 대한 히에로니무스의 반박은 수도승 수덕 교리에 중요한 것입니다.
3) 『비길란티우스 반박』— 히스파니아 출신 사제인 비길란티우스는 히에로니무스의 수도원에 따뜻이 맞아들여졌으나,

나중에 수도생활과 성인 공경을 비난하는 책을 썼습니다.

4) 히에로니무스는 아우구스티누스와 협력했고, (아우구스티누스의 제자인) 오로시우스의 지지를 얻어 펠라기우스 반박을 발전시켰습니다. 히에로니무스는 아우구스티누스를 위해 펠라기우스에 관한 자료들을 찾아 주었습니다. 직접 논쟁에 끼어들기도 했고, 그래서 펠라기우스파들이 그의 수도원을 약탈하는 일도 있었습니다. (펠라기우스 문제는 카시아누스를 이야기할 때 다시 다루겠습니다.)

히에로니무스는 특히 아파테이아 교리(은총 없이 수행만으로 정념에서 자유로워질 수 있다)와 무결성 교리(수행자는 자신의 노력을 통해 정념에서 자유로워지면 죄가 없는 상태에 이를 수 있다)에 반대했습니다. 히에로니무스가 남긴 말 가운데 다소 펠라기우스주의처럼 보이는 구절이 있습니다. "우리의 몫은 시작하는 것이고, 그분의 몫은 완성하는 것이다"(nostrum incipere, illius perficere). 분명 이 문장은, 살짝 펠라기우스주의처럼 보이는 카시아누스의 그 어떤 구절보다 더 센 표현입니다. 그러나 히에로니무스는 언제나 별 탈 없이 넘어가고 카시아누스는 의심받습니다. 카시아누스는 서방의 강경한 아우구스티누스 추종자들에게 반대받은 반면, 히에로니무스는 그렇지 않았기 때문입니다. 때로 이단 또는 의심스러운 통설의 낙인은, 동시대 성인들의 가르침과 차이가 없으나 '정치' 때문에 평판을 잃은 이들에게 끈질기게 따라붙는다는 점에 주의해야 합니다.

수도승에 관한 히에로니무스의 가르침

성 히에로니무스는 위대한 설교자이며 금욕하는 수도승의 사도입니다. 그의 가르침은 새로운 것이 아니지만, 그의 독창성은 불같은 권고의 힘에 있습니다.

「헬리오도루스에게 보낸 열네 번째 편지」의 한 대목을 살펴봅시다.

어찌하여 그대는 그런 겁쟁이 같은 마음을 지닌 그리스도인입니까? 자신의 그물을 두고 떠나는 베드로 사도를 보십시오. 세금을 받는 일을 그만두고 그 자리에서 당장 사도가 되는 세리를 보십시오. 사람의 아들께서는 머리 둘 곳도 없으셨건만, 그대는 웅장한 분간과 널찍한 공간을 쓸 셈입니까? 이 세상에서 그대의 유산을 찾는다면, 그리스도의 공동 상속자가 될 수 없습니다. … 그대는 뼛속까지 그리스도인이 되기로 약속했습니다. … 그러나 완전한 그리스도인은 그리스도 말고는 아무것도 가지지 않으며, 다른 것을 가진다면 완전하지 못한 것입니다. … 내 형제인 그대여, 세상보다 더 큰 그대가 이 세상에서 무얼 하고 있습니까? … 사막의 가난을 두려워합니까? 그러나 그리스도께서는 가난한 이는 행복하다고 말씀하십니다. 노동을 두려워합니까? 그러나 어떤 운동선수도 땀 흘려 수고하지 않고는 이길 수 없습니다. 여기서 얻을 음식을 생각하고 있습니까? 그러나 그대의 신앙이 굳건하다면,

그대는 굶주림을 두려워하지 않을 것입니다. 단식 후에 수척해진 몸으로 맨바닥에 팔다리가 멍들까 두려워합니까? 그러나 주님께서 그대와 함께 바닥에 누우십니다. 머리를 감지 못해 머리카락이 헝클어질 것을 두려워합니까? 그러나 그리스도께서 그대의 머리이십니다. 사막의 무한한 공간에 주눅 듭니까? 그러나 그대의 생각 속에서 그대는 천상에 발을 내디딜 것입니다. 마음속으로 저세상에서 태어날 때마다 그대는 더 이상 사막에 있지 않을 것입니다. … 이 썩어 없어질 유한한 육신이 썩지 않는 불멸을 입을 날이 반드시 올 것입니다. "복되도다, 제 주인이 와서 볼 때에 그렇게 하고 있는 그 종은!"(루카 12,43). 나팔 소리 울려 퍼질 그날, 지상의 민족들이 두려움에 떨 때, 그대는 기뻐할 것입니다!

수도승은 그리스도와 일치하여 살기 위해 모든 것을 버립니다. 그는 그리스도의 지체이기에 이 세상보다 더 크며, 자기보다 낮은 것에 종속되어서는 안 됩니다. 자신의 힘이 아니라 그리스도를 신뢰하면서 사막 생활의 고난과 궁핍을 용감하게 마주해야 합니다. 그리고 재림과 새로운 창조라는 종말론적 희망 위에 자기 수도승 삶 전체를 세워야 합니다.

히에로니무스는 라틴어 '모나쿠스'monachus라는 말을 처음 쓴 사람입니다. 그는 이를 '고독'이라는 의미로 씁니다. "고독한 그대, 군중 가운데서 무엇을 하고 있습니까?"(Quid facis in turba qui solus es?) 본질적으로 수도승은 약속된 땅을 향하는 순례자이며,

그리스도를 따르는 나그네입니다. 수도승 신분은 대개 사제직을 허락하지 않습니다. (사제는 시내에 있어야 하니까요.) 수도승은 낙원에 속해 있습니다. "그대의 본향은 낙원입니다. 그대의 타고난 권리를 지키십시오. … '내 영혼아, … 평온으로 돌아가라'"(시편 116,7).

서원은 두 번째 세례입니다. 순교이기 때문입니다. 수도승 삶은 운동 훈련입니다. 아니, 운동보다도 힘과 아량이 훨씬 더 요구됩니다. 수도승 삶은 또한 황제(Imperator)이신 그리스도의 군대입니다. 수도승 서원을 포기하는 것은 그리스도를 부정하는 것이고, 탈영과도 같습니다.

수도승 삶은 우리가 깨끗한 마음과 선행의 기록으로 하느님께 노래하는 만큼, 천사 같은 찬미의 삶이 됩니다. "너의 모든 지체로 노래 불러라. 손은 자선으로 노래하고, 발은 선행하러 나서는 걸음으로 노래하게 하여라." 남녀 수도승의 영적·지적 생활은 성경을 그 토대로 삼습니다.

침묵이 중요합니다. 수도승은 설교가 아니라 말없이 흘리는 눈물로 세상을 돕습니다. "말하고 설교함으로써가 아니라 자리에 앉아 침묵을 지킴으로써" 세상을 돕습니다. 하다못해 필사본을 베껴 쓰는 일이더라도, 노동은 중요합니다. 책을 쓰는 일에는 뜸을 들이십시오. "성급하게 뛰어들어 글을 쓰지 말고, 사소한 허튼소리를 삼가십시오. 자신이 가르칠 수도 있는 것을 배우는 데 많은 시간을 쏟으십시오."

히에로니무스는 세속 삶을 포기하고 용감하게 그리스도를 따르기 위해 두려움 없이 세상과 가족을 등지라고 남자들과 여자들에게 촉구했습니다. 용기와 두려움 없는 신앙을 강조한 히에로니무스의 편지는 수도승과 관상가들이 꼭 읽어야 할 글들입니다. (그가 데레사 성녀에게 미친 영향을 찾아보십시오.)[14] 히에로니무스가 헬리오도루스에게 보낸 꾸짖는 글에서, 성소를 좇아 집을 떠나는 것을 막으려고 아버지가 문지방에 눕거든 아버지의 엎드린 몸을 밟고 지나가라고 다그치는 소리를 들어 보십시오.

우리는 모두 이러한 권고를 익히 알고 자주 묵상해야 합니다. 용기와 결단은 진정한 수도승 성소에 꼭 필요합니다. 용기와 결단이 없다면 우리는 은총에 응답할 수 없습니다. 하느님의 부르심에 대한 결단과 충실성을 청하며 기도하십시오.

---

14 *The Collected Works of St. Teresa of Avila*, trans. Kieran Kavanaugh, OCD, and Otilio Rodriguez, OCD (Washington DC: Institute of Carmelite Studies 1976) 1:40 참조.

아홉 번째 강의

성 멜라니아의 공동체

성 노老 멜라니아

성 멜라니아의 공동체는 팔레스티나에 세워진 최초의 라틴 여성 공동체였습니다(373~374년). 로마 귀족 안토니우스 가문[15]의 성 멜라니아는 성 파울리누스의 친척으로, 스물두 살에 남편과 두 자녀를 잃고 세속을 떠나기로 결심했습니다. (아들 하나는 로마에 남았습니다.) 372년에 이집트로 가서 니트리아를 방문한 다음, 아리우스주의를 피해 팔레스티나로 갔습니다. 올리브산에 수도원을 세웠는데, 여기에는 순례자들을 위한 숙소도 딸려 있었습니다. 성 멜라니아는 410년에 예루살렘에서 세상을 떠났습니다. 루피누스의 친구였던 그녀는 루피누스와 함께 성 히에로니무스

---

15 마르쿠스 안토니우스를 비롯한 여러 인물이 속했던 고대 로마 가문을 가리킨다.

에게 공격받기도 했습니다. 멜라니아의 수녀들은 성지에서 거행되는 전례 예식에 참례했습니다.

성 멜라니아에 관한 중요한 자료는 419년에서 420년 사이에 저술된 팔라디우스의 『라우수스에게 바친 수도승 이야기』에서 볼 수 있습니다. 팔라디우스가 405년에 멜라니아의 수도원에 손님으로 묵은 적이 있었기 때문입니다. 팔라디우스는 멜라니아와 루피누스를 크게 칭찬합니다. "그보다 더 이해심 많고, 자애로우며, 유쾌한 사람은 쉽게 찾을 수 없을 것이다." 그들은 이십칠 년 동안 순례자들에게 무상으로 환대를 베풀었습니다. 그들은 "파울루스파 열교 수도승을 바로잡았"습니다. "멜라니아의 마음은 거룩한 열정과 그리스도에 대한 사랑으로 불처럼 뜨겁고 환했습니다. 그 마음으로 그녀는 재산을 고스란히 내놓고 사람들에게 나누어 주었는데, 저 혼자서는 그 영향력을 다 이야기할 수도 없습니다. 그 수혜의 손길은 페르시아인들의 나라에 거주하는 이들에게까지 미치기 때문입니다. 동서남북 어디서 왔든 그녀가 베푸는 자선과 선물을 받지 않은 이는 아무도 없었습니다." 그녀는 로마로 돌아와서 손녀 멜라니아를 세상에서 건져 냈고, 더불어 다른 많은 이들도 회심시켰습니다. 그녀는 원로원이나 신분이 높은 여성들과 논쟁했으며, 마치 야만스러운 맹수와 싸우듯이 그들과 씨름했습니다. 멜라니아가 다른 여자들에게 자기처럼 세속 계급과 지위를 포기하라고 설득하는 것을 남자들이 막으려 했기 때문입니다. 그녀는 그들에게 이렇게 말했습니다.

나의 자녀들이여, 400년 전에도 그때가 마지막 때였다고 적혀 있습니다. 왜 그대는 세상에 대한 헛된 사랑을 힘들게 부여잡고 있습니까? 그리스도의 적대자의 날이 그대를 덮치지 않도록 조심하십시오. 그대의 부와 조상들의 재산을 움켜쥐고 있지 마십시오.

멜라니아는 이들을 모두 자유롭게 하여 수행과 은수생활로 데리고 갔습니다.

팔레스티나에서 그녀는 손과 발을 씻는 한 수행자를 꾸짖고, 자신은 수행자가 된 후로 몸은 물론이고 얼굴도 씻지 않는다고 말했습니다. 침대에서 자지도 않았습니다. 그녀는 독서를 즐겼고, 그레고리우스(아마도 나지안주스의 그레고리우스), 피에리우스, 바실리우스와 "다른 저술가들의 글을 읽었는데, 읽은 금언이 25만 개가 넘습니다. 닥치는 대로 편하게 읽거나 즐기면서 쓱쓱 읽은 게 아니라, 책 한 권을 공들여서 일고여덟 번씩 읽었습니다. 그 덕분에 그녀는 거짓된 교리에서 해방되어, 배움의 은총에 힘입어 훌륭한 식견까지 날아오를 수 있었습니다. 그녀는 한 마리 영적 새가 되었으며, 이리하여 주 그리스도께로 갈 수 있었습니다."[16] 이 모든 것에서 세상을 멀리하고 혐오하는 정신을 보십시오.

---

16 *The Paradise or Garden of the Holy Fathers: Being Histories of the Anchorites, Recluses, Monks, Coenobites, and Ascetic Fathers of the Deserts of Egypt between A.D. CCL and A.D. CCCC Circiter*, ed. and trans. Ernest A. Wallis Budge, 2 vols. (London: Chatto & Windus 1907) 1:160 (일부 수정).

성 소_小_ 멜라니아

소 멜라니아는 멜라니아의 손녀로 383년에 로마에서 태어났습니다. 열네 살에 혼인했고, 두 아들이 죽은 뒤 막대한 재산을 깨끗이 정리하고 참회의 삶을 받아들였습니다. 그녀의 행보는 로마 사회의 반대에 부딪히기도 했습니다. 소 멜라니아는 406년, 성 파울리누스와 함께 놀라로 갔고, 이때 남편도 동행합니다. 408년에 루피누스와 함께 시칠리아에 갔고, 410년에는 아프리카에 있는 자기 영지로 갔는데 거기서 아우구스티누스와의 우정이 시작됩니다. 413년, 이집트를 거쳐 예루살렘을 여행하다가 올리브산에 정착하여 이집트 은수자들의 삶을 따라 삽니다. 그녀는 올리브산, 주님 승천 대성전 근처에 동정녀들의 수도원을 세우고 열심한 기도와 참회의 삶을 살다가 440년에 세상을 떠났습니다.

팔레스티나의 로마 수도승생활

1) 니트리아와 스케티스, 말하자면 은수자들의 영향을 주로 받았습니다.
2) 성지에 대한 매혹이 있었습니다. 남녀 수도승들은 베들레헴과 예루살렘 성지에 있는 성당에 성가대를 제공했습니다. [단, **로마** 전례입니다.]
3) **여자 수도승**이 수적으로 더 많았습니다.

4) (긍정적 또는 부정적 측면에서) 히에로니무스의 영향을 크게 받아, 학문과 지적 활동의 중요성을 높게 평가했습니다.

5) 이러한 공동체들은 편지를 통해 서방에 영향을 미쳤고, 서방의 순례자들을 끌어들였습니다. 히에로니무스는 툴루즈의 주교 성 엑스수페리우스에게 재정적 지원을 받았습니다.

몇몇 특징적인 본문들을 살펴봅시다.

게론티우스가 쓴 『성 소 멜라니아의 생애』에서는 북아프리카에 머물던 시절 멜라니아의 수행을 엿볼 수 있습니다.

가) **단식**을 특히나 엄격히 지켜서, 저녁에 약간의 유동식만 먹었습니다. 다른 때에는 매주 토요일과 주일에만 (마른 빵과 물을) 먹었습니다. 그러나 부활 시기에 단식을 시작하자, 거룩한 전통을 어긴다고 수도원장에게 꾸지람을 들었습니다. (참조: 에우스타티우스주의자들이 강그라 교회회의에서 이 문제로 단죄받았습니다.) "주님 부활의 날에 단식하는 것은 그리스도인에게 적절치 않으며, 영적 자양분과 더불어 육체적 자양분도 취해야 합니다." 부활절은 파스카 시기를 거쳐 연중 모든 주일까지 확장되었습니다.

나) **깨어 있음**: 두 시간 남짓 잠을 자고는, 함께 사는 동정녀들 (대부분 예전에 그녀의 종이었던 이들)을 깨우며 이렇게 말하고는 했습니다. "복된 아벨과 모든 성인이 하느님께 그들의 첫 열매

를 봉헌한 것처럼, 우리도 밤의 첫 열매를 하느님을 찬미하는 데 씁시다. 우리는 매 시각 깨어 기도해야 합니다. 도둑이 언제 올지 모르기 때문입니다." 동정녀들에게 엄격한 침묵 규칙을 내렸고, 자신에게 그들의 생각을 털어놓도록 이끌면서 지도했습니다.

다) **독서**: 일 년에 두세 차례 성경을 통독했고, 특별히 자신에게 유익한 구절을 필사했습니다. 타가스테 지역을 고른 것은, 아우구스티누스의 친구인 알리피우스 밑에서 성경을 공부하려는 뜻이었습니다. '필로로고스'*philologos*, 곧 문학과 독서 애호가였으며, 성경을 "거룩한 손에서 절대 놓지 않았"습니다. 시편 전체를 혼자 암송하기를 즐겼고, 그날 성무일도 시편 기도에 나오지 않은 시편은 혼자 따로 채워 읽었습니다. 그리스어와 라틴어를 완벽하게 알았고, 구할 수 있는 모든 교부 문헌을 읽었습니다.

라) **내핍**: 부유할 때는 비싼 옷의 자수 장식에 연약한 피부가 긁혀 상처가 나기도 했지만, 이제는 마포리온(머리와 어깨를 덮는 겉옷)을 입고 거친 털로 짠 두건을 씁니다. 이러한 힘은 주님께 기도로 얻은 것입니다. "청하여라, 너희에게 주실 것이다."

마) **은수**: 북아프리카에서 영원한 은수생활을 하기를 바랐으나, 자신을 필요로 하는 이들과 연락을 이어 가야 했기에 단념했습니다. 그러나 많은 시간을 수도원 독방에서 좁은 공간에 누워 고독하게 보냈습니다.

동방에서 멜라니아의 수도생활

소 멜라니아는 '그리스도를 따르는 길'(Sequela Christi)에서 꼭 필요한 활동 가운데 하나로 성지를 방문했습니다. 알렉산드리아에서 성 키릴루스를 만나고, 예루살렘에 도착해서는 다른 이들을 통해 남몰래 돈을 기부하고 자신은 가난한 순교자들 무리에 섞입니다. 주님의 거룩한 무덤에서 지내면서 거기서 밤에도 기도합니다.

이집트에서는 은수자들에게 금을 기부하려 했으나 거절당합니다. 타벤네시의 수도원장 빅토리누스를 만나고, 니트리아와 은수자들의 사막을 방문합니다. "은수자들은 그녀를 남자처럼 받아들였습니다." 주님 공현 축일 이후 올리브산에서 수도원장의 독방에 들어가 자루 옷과 재를 뒤집어쓰고 지내다가, 아흔 명에 이르는 여자 수도승을 위한 수도원을 세웠고 특히 타락한 여인들의 재활에 힘썼습니다.

그녀가 가르치는 수행의 토대는 다음과 같습니다.

가) 여자 수도승들은 그리스도께 육신과 영혼의 동정을 바치러 왔습니다. **육신**으로는 남성들의 세계와 철저히 이별하고, **영혼**으로는 기도와 두려움과 천사들의 현존 안에서 깨어 있으면서 모든 악한 생각을 피해야 합니다. (에바그리우스 사상의 배경에 주목하십시오.)

나) 모든 수행의 토대는 하느님과 서로에 대한 **깨끗한 사랑**입

니다. 이 사랑이 없으면 그들의 수행은 거짓입니다. 악마는 모든 미덕을 거짓으로 흉내 낼 수 있지만, 사랑과 겸손은 따라하지 못합니다.

다) 믿음은 모든 참된 수행의 본질적 토대입니다.

그녀가 말하는 실천에는 다음과 같은 것들이 포함됩니다.

가) 수도승들에게 단식을 시키면서도, 단식의 교만을 경계했습니다. 단식은 "미덕 가운데 꼴찌"이며, 단식의 공덕은 순명에 달려 있습니다. 다른 덕행은 소홀히 하면서 오로지 단식에만 의존하는 것은, 마치 낡은 옷에 화려한 신발을 신고 있는 신부와도 같습니다. 그러나 수도승들은 기쁘게, 꾸준히 단식해야 하며 그 안에서 너그러워야 하고, 이를 통해 좁은 문으로 들어가야 합니다.

나) 순명은 "명령권자를 만족시키기 위해 하기 싫은 일을 하며, 그리스도를 위해 나를 거칠게 다루는 데에 있습니다".

다) 전례. 수도승들은 "잠에 대한 욕구를 다 채우지 못한 채" 쪽잠을 자고 밤에 일어났다가, 나중에 다시 잠자리에 들었습니다. 끝기도는 "세 개의 응송, 세 개의 독서, 열다섯 개의 후렴"으로 구성되었습니다. 아침기도도 바쳤습니다. 삼시경은 "성령께서 사도들에게 내려오셨던 때"이고, 육시경은 "주님께서 아브라함에게 나타나셨던 때"이며, 구시경은 "베드로와

요한이 성전으로 올라간 때"이고, 저녁기도는 "특별한 열성의 때로서, 엠마오로 가던 제자들이 그리스도와 함께 걸었던 시간이며 **평화**의 때"이기에 바쳤습니다. 금요일과 주일과 축일에는 미사를 봉헌했습니다. 성당에는 즈카르야와 성 스테파노 그리고 세바스테의 순교자 마흔 명의 유해가 있었습니다.

열 번째 강의

메소포타미아와 시리아의 수도승생활

이곳에서는 수행의 요소가 훨씬 더 강조되었습니다. 대체로 팔레스티나와 메소포타미아의 수도승들은 이집트의 수도승들보다 더 엄격하고 극단적이었습니다.

키루스의 테오도레투스를 통해 이 수도승들에 관한 정보를 가장 많이 찾을 수 있습니다. 가령 다음과 같은 이들이 있습니다.

1) 니시비스의 성 야코부스: 주교이며 361년에 세상을 떠났습니다. 은수자였다가 주교가 되었으며 ― 시리아 수도승생활에서 전형적으로 보이는 특징입니다 ―, 야생 풀을 먹고 살았고, 일정한 거주지 없이 겨울에는 동굴에서 자고 여름에는 한데서 잤습니다.

2) 성 아프라테스: 페르시아 수도원장이었다가 주교가 되었습니다.

3) 성 에프렘: 부제이며 에데사 외곽에서 잠시 은둔자로 살았고, 시리아의 유명한 전례 시인입니다.

4) 성 요한 크리소스토무스: 한동안(육 년 정도) 안티오키아 외곽에서 수도생활과 은수생활을 번갈아 했으며, 수도생활과 뉘우침에 관한 변론을 썼습니다. 주교이며 박사, 정통 신앙의 수호자로 더 유명합니다. 그가 카시아누스와 오리게네스파 이집트 수도승들을 콘스탄티노폴리스로 받아들이는 것도 뒤에서 살펴보겠습니다.

주두 수도승

주상 고행자, 곧 주두 수도승들은 시리아에서 처음 등장했습니다. 안티오키아에서 태어나 459년에 세상을 떠난 성 시메온은 5세기의 위대한 성인 가운데 하나입니다. 그는 처음에는 자신을 바위에 묶었고, 그런 다음에는 3미터 높이의 기둥 위에 올라갔다가 나중에는 10미터 높이의 기둥, 마지막에는 20미터 높이의 기둥에 올라갔으며, 그의 기적으로 온 세계에서 명성을 얻었습니다. 시메온이 세상을 떠나자, 안티오키아 총대주교와 그가 머물던 기둥 주변에 살던 수도승들 사이에 그의 유해를 둘러싸고 치열한 다툼이 벌어졌고, 총대주교가 군사력을 동원하여 유해를 차지했습니다. 그러나 유해는 훗날 콘스탄티노폴리스로 옮겨졌습니다. 그가 떠난 기둥 주변에는 대성당이 세워져, 오늘날 루르드나 파티마에 비길 만한 중요한 순례 중심지가 되었습니다. 1959년에는 그의 선종 천오백 주년을 기념하는 예식이 그 성당에서 거행되었습니다.

주두 수도승들은 어떻게 살았을까요? 성 시메온은 삼십칠 년을 기둥 꼭대기에서 살았고, 그 세월 가운데 삼십 년은 20미터 높이의 기둥에서 보냈습니다. 그는 기둥에 울타리 하나만 쳐 놓고 쉴 곳도 없이 서 있었습니다. 그는 무릎을 꿇고 머리를 바닥에 대는 기도인 메타니아 *metania*를 반복했습니다. 한번은 어느 순례자가 세어 보았더니, 쉬지 않고 1,244번이나 절을 했다고 합니다. 사순 시기에는 말뚝에 몸을 묶고 사십 일 내내 단식했습니다. 다른 주두 수도승들은 그래도 쉴 곳은 있었고, 음식은 신자나 제자들이 바구니에 담아 올려 주었습니다. 그들은 군중에게 설교하거나 영적 지도를 했습니다. '개인' 면담을 원하는 이들은 사다리를 타고 올라갔습니다. 갈리아, 브리타니아, 중앙아시아 등 전 세계 곳곳에서 순례자들이 몰려들었습니다.

시메온 이외에 다른 주두 수도승으로는 성 다니엘, 성 소少 시메온, 성 요나스가 있습니다. 서방에서는 주상 고행을 시도하려는 이들을 주교들이 막았습니다.

우리는 이러한 성덕을 어떻게 바라봐야 할까요? 과거에는 이를 깎아내리고, 우스꽝스럽고 기괴한 것으로 여기는 경향이 있었습니다. 이 평가가 다 맞는 것은 아닙니다. 이러한 성덕은 하느님의 초월성과 영의 우월성에 대한 증언이며, 그 무익함이 오히려 이러한 증언을 강화합니다. 우리의 관상 성소를 온전히 이해하고자 한다면, 주두 수도승들의 무익함, 그 '어리석음'을 이해할 수 있어야 합니다. 하느님의 어리석음은 인간의 지혜보다 더 위대합니다. 그것은 정치에 대한 세속적 집착에 맞서는 저항이었고, 세속적·교회적 야심으로 얼룩진 정치적·신학적 싸움에 대한 반대였습니다. 시메온은 수천 명의 이교도를 회심시켰습니다.

그러나 팔레스티나와 시리아의 수도승생활은 성 베네딕도가 분명히 반대했던 극단이라는 사실도 인정해야 하겠습니다. 우리는 성 베네딕도가 바위에 자기 몸을 묶은 은수자를 꾸짖은 이야기를 알고 있습니다. 베네딕도는 장상 없이 떠돌아다니는 수도승들의 독립생활과 무책임함을 강력하게 비난했습니다. 떠돌이 수도승('사라바이타' 또는 '기로바구스')들, 말하자면 교회의 통제를 받지 않는 수도승들은 시리아에 주로 많았습니다. 실제로 심각한 일탈이 발생했기에, 맑은 정신을 강조하고 조직화를 이루어 낸 성 바실리우스 같은 이들의 개입이 없었다면 수도승생활은 금세 무너졌을 것입니다. 바실리우스의 수도승생활도 그렇게 엄격하고 촘촘하게 조직된 것이라고 볼 수는 없지만, 어쨌든 순명을 통한 통제와 식별을 통한 절도는 있었습니다.

니트리아와 스케티스의 은수자들

이제 우리 주제의 핵심에 이르렀습니다. 북부 이집트의 위대한 수도생활의 중심지입니다. 카시아누스와 게르마누스가 '원로들'에게 조언을 구하며 돌아다니던 곳,『교부들의 금언집』을 비롯한 다른 유명한 사막 교부 문헌들의 땅입니다. 먼저, 비교적 잘 알려진 이야기책과 금언 그리고 그 밖의 사막 교부 문헌들을 요약해서 살펴보겠습니다. 이는 앞에서 말씀드린『성 안토니우스의 생애』에 이어집니다.

1) 루피누스가 번역한『수도승 역사』.
2) 성 요한 크리소스토무스의 제자인 팔라디우스가 쓴『라우수스에게 바친 수도승 이야기』. 테오도시우스 2세의 시종인 라우수스에게 헌정된 데에서 이런 이름이 붙었습니다. 이는 카시아누스의『담화집』보다 앞선 419년에서 420년 사이에 저술되었습니다.
3)『교부들의 금언집』또는『원로들의 말씀』. 의심할 바 없이 사막 교부 영성을 살펴보기 위한 가장 좋은 원천입니다. 심지어 카시아누스의 작품들보다 낫습니다. 그 유익함을 꼽자면 다음과 같습니다.

가) 이 모음집은 주로 스케티스 은수자들의 정신을 제시하며, 스케티스는 이집트에서 가장 순수하고 가장 완전한 독거 수도승생활의 중심지였습니다.
나) 아주 단순한 구어체로 되어 있으며, 사족이나 꾸밈이 없

고, 교부들의 실제 표현 방식에 충실하다는 평가를 받습니다. 덕분에 이 책은 놀라운 영적 사건 속에서 살아가는 비범하고 뛰어난 이들이 아니라, 단순하고 겸손한 은수자들의 모습을 보여 줍니다. 교만과 과시를 풍기는 모든 것을 피해 달아난 그들은 눈에 띄지 않고 고요를 선호합니다.

다) 기이하고 놀라운 이야기가 아니라, 영성 생활에 관심을 기울입니다.

라) 교부들은 일상생활의 실제적이고 단순한 문제 안에 머무르는 것에 만족합니다. 대개 그들은 성경을 주해하거나 어떤 형식으로든 신학적 교리를 세우려 시도하지 않습니다. 그저 수행에서 불거지는 문제들에 직면할 방법을 논할 뿐입니다.

마) 이야기는 삶에서 비롯하며, 그 가운데 많은 것은 스승이 제자에게 주는 단편적인 영적 조언들 또는 '구원의 말씀'으로 이루어집니다.

바) 『금언집』의 가르침은 무엇보다도 단순함과 신중함을 특징으로 합니다. 몇몇 다른 원천들에서 드러나는 과장과는 달리, 이 가르침은 우리가 따를 수 있는 가르침이며, 기본적으로 건강한 가르침입니다.

사) 『금언집』은 더욱 순수하게 콥트교회의 특성을 띱니다. 반면 다른 원천들은 시리아와 여타 동방 원천이 혼합된 양상을 보이지요. 콥트 수도승들의 겸손하고 실제적인 영성과 에바그리우스나 마카리우스의 주지주의는 뚜렷하게 구별됩니다.

마땅히 '구원의 말씀'이라 불릴 만한 『교부들의 금언집』은 짧은 금언과 구체적 교훈을 지닌 조금 더 긴 이야기들로 구성되어 있으며, 은수생활에 관한 진리를 드러냅니다.

사막 영성의 특징

사막 생활의 주된 관심사는 하느님을 찾는 것, 구원을 찾는 것입니다. 사막 교부들이 나누던 흔한 인사는 '소테이스'*sotheis*, 곧 '구원을 빕니다'였습니다. 우리가 교부들의 금언이라고 부르는 수많은 문장은 사실 '나는 무엇을 해야 하는가?'라는 물음에 대한 대답들입니다. 그렇기에 그 대답은 단순하며, 초기 수도승의 주된 의무 가운데 일부를 간결하게 요약한 것입니다.

그러나 이 말씀들은 개개인에게 주어진 조언이었음을 기억하십시오. 다시 말해, 이들은 구체적인 개인적 요구에 대한 응답일 뿐, 그 자체로 모든 물음에 대한 보편적 대답은 아닙니다. 이 말씀들은 함께 모아서 전체적인 관점에서 보아야 하고, 특정한 상황에 비추어 보아야 합니다.

은수자를 위한 일련의 규칙 같은 것은 없다는 점도 기억하십시오. 다소 자유로운, 널리 퍼진 관습이 있을 따름입니다. 은수자는 교부들에게서 받은 개별 가르침과 조언을 바탕으로 자기 나름의 삶의 규칙을 세워야 했습니다. 어떤 것을 받아들이고, 자신에게 무익한 어떤 것을 버릴지 스스로 정해야 했습니다. 오랫동안 전해져 오면서 마음에 깊이 새겨진 이 문장들이 놀라운 것은, 그것이 특별히 심오해서라기보다는 누군가 그 말씀에 깊이 감명받고 마치 하느님에게서 온 말씀처럼 굳게 지켰다는 사실 때문입니다. 그것이 **그 사람**에게는 삶의 규칙이 되었던 것입니다.

참된 사막 교부들에게 자격증 같은 것은 없었습니다. 사막 교부들은 모든 문제에 아무런 오류가 없는 정답을 갖고 있던 마법 같은 지도자나 스승이 아니었습니다. 그들은 그저 말수 적고 겸손하며 지혜로운 사람들, 성령께서 당신 필요에 맞게 쓰셨던 이들이었습니다. 우리는 이런 의미에서 영적 지도를 활용하는 법을 알아야 합니다. 신탁을 전하는 지도자를 찾으려 하면 언제나 실망하고 말 것입니다. 그러나 단순한 마음으로 그에게 귀 기울이고, 믿음 안에서 그의 평범한 의견들을 하느님에게서 오는 말씀으로 받아들인다면, 그때 그는 우리를 도울 수 있을 것입니다. 이러한 믿음은 이성과 상식의 눈을 완전히 가리라고 요구하지 않습니다. 그저 우리의 신뢰와 응답 그리고 이것이 우리의 상황에 적합하다는 인식을 요구할 뿐입니다. 믿음은 이러한 인식을 강화하여, 우리에게 초자연적인 관점을 제공합니다. 그러려면 우리는 열려 있어야 하고 신뢰해야 합니다. 조금 내려놓을 줄도 알아야 합니다. 아무 지도자도 신뢰하지 못한다면 더 많은 시련과 어려움을 겪을 것입니다. 지도자에 대한 신뢰는 기도로 청해야 할 은총입니다. 어쨌든 우리는 독서나 설교, 담화, 지도 과정을 통해 우리에게 다가오는 특별한 '구원의 말씀'에 주의를 기울여야 합니다. 그것은 하느님께서 우리를 위해 각별히 하신 말씀입니다.

수도승은 무엇을 해야 할까요? 소책자 『나는 무엇을 해야 하는가? 사막 교부들의 금언집』[17]에서 뽑은 몇 가지 예가 있습니다. 수도생활의 덕목을 크게 요약하면 이렇습니다.

한 원로가 말했다. "여기서 수도승이 평생 해야 하는 일은 순종, 묵상, 다른 이를 판단하지 않는 것, 비난하지 않는 것, 불평하지 않는 것입니다. 주님을 사랑하는 이는 악을 미워한다고 기록되어 있으므로 수도승이 평생 해야 하는 일은 불의한 자에게 동조하지 않고, 눈을 들어 악을 바라보지 않고, 호기심에서 돌아다니지 않으며, 다른 사람의 일을 살피거나 그에 대해 귀 기울이지 않는 것입니다. 손에 무엇인가를 쥐고 있지 말고 다른 이에게 주는 것입니다. 마음으로 교만해지지 말고, 생각으로 다른 이를 헐뜯지 않는 것입니다. 배를 채우지 말고 모든 면에서 분별 있게 행동하는 것입니다. 보십시오, 이 모든 것을 행하는 사람이 수도승입니다."

자신의 공덕을 자신하지 말고, 이미 한 일에 관해서는 걱정하지 말며, 혀와 배를 조심하십시오.

---

17 *What Ought I to Do? Sayings of the Desert Fathers*, trans. Thomas Merton (Lexington, KY: Stamperia del Santuccio 1959). 『교부들의 금언집』에서 금언 100개만 추려서 엮은 이 책은 나중에 금언을 150개로 늘려서 *The Wisdom of the Desert: Sayings from the Desert Fathers of the Fourth Century* (New York: New Directions 1960)으로 출판되었다 — 패트릭 오코넬. (한국어판: 『토마스 머튼이 길어낸 사막의 지혜』 53)

성 안토니우스가 남긴 이 말은 단순하고 지혜롭고 기본적입니다. 겸손과 신뢰와 절제를 말하고 있지요. 이제 더는 바꿀 수 없는 일을 걱정하지 말라고 강조하는 사막 교부들의 지혜를 보십시오. 지난 일은 지나간 것입니다. 지나간 것을 걱정하지는 말되, 똑같은 일을 다시 하지는 마십시오. 이것이 참된 참회입니다.

- 질병과 유혹을 감사히 받아들이십시오.
- 순종하고 지향을 깨끗이 하십시오.
- 노동하십시오. 수도승은 게을러서는 안 되며, 자신을 부양하고 더 약한 형제들을 도우면서 고독한 노동으로 삶을 보내야 합니다.
- 침묵하십시오. 벙어리가 되라는 것이 아니라, 말을 지혜롭게 가려야 한다는 뜻입니다. 특히 온갖 허황한 말, 온갖 지식의 과시, 자신의 견해를 증명하거나 자신을 합리화하려는 온갖 욕심을 삼가십시오. 침묵은 관상을 위한 것입니다. 참고로, 아르세니우스는 "도망치십시오, 침묵하십시오, 잠잠히 머무르십시오"라고 말했습니다. 그는 수도승은 무엇보다도 세상을 포기하고 세상 밖으로 달아나는 사람임을 일깨웁니다. 왜 그렇습니까? 소유는 우리를 악마의 공격에 노출시키기 때문입니다. 그래서 가난이 중요합니다. 수도생활 자체의 엄격한 가난은 더욱 중요합니다. 소유의 정신과 타협해서는 안 됩니다. 가장 좋고 가장 필요한 것이라 해도 그렇습니다. 선선히

버릴 수 없는 것은 아예 가져서는 안 됩니다. 강제로 부당하게 **빼앗겨도** 어쩔 수 없습니다.

- 그렇기에 **고독**이 중요합니다. "독방으로 들어가십시오. 그러면 독방이 모든 것을 가르쳐 줄 것입니다." 사막의 삶은 관상으로 이어져야 하며, 그 관상으로 가는 길은 겸손이어야 합니다. 수도승은 하찮은 수행의 반복에 만족해서는 안 되며, "온통 불"이 되고자 노력해야 하고, "커룹과 사랍처럼 온통 눈"이 되어야 합니다.

그러나 넘기 힘든 장애물이 관상으로 가는 길을 가로막고 있습니다. 다른 이를 사랑할 줄 모르고 깔보는 사람, 외적 참회에 집착하는 사람, 어느 모로든 교만한 사람, 자신에게 집착하는 사람, 시끄러운 사람, 사나운 사람, 콧대 높은 사람 안에 그런 장애물이 있습니다. 다른 곳에서도 그렇지만, 사막에서 참된 성인의 표식은 **사랑**입니다. 이 단순한 사랑은 능동적이면서 수동적입니다. 기회만 닿으면 자비의 활동을 실천할 준비가 되어 있다는 점에서 능동적이며, 모든 상처와 시련을 영웅적 인내로 버티고 있다는 점에서 수동적입니다. 사막 교부들의 사랑은 탁월하며, 『금언집』을 읽는 이에게 가장 깊은 인상을 남기는 것도 바로 이 사랑입니다. 다른 책들은 그들의 수행과 기적을 더 강조하는 경향이 있습니다.

사막 영성의 다른 특징들은 다음과 같습니다.

나그네나 떠돌이, 말하자면 머리 둘 곳조차 없었던 그리스도처럼 일정한 거주지나 집 없는 사람의 특징을 보입니다. 수도원 독방에서 정주할 수도 있지만, 베사리온 같은 예외도 있습니다. 그는 "하늘의 새보다도 더 근심 없이 사막을 돌아다녔고 [그러면서도 언제나 대체로 같은 지역 안에 머물렀습니다. 그렇지 않으면 전혀 안정감이 없었을 것입니다] … 집도 없고, 여행하고 싶은 마음도 없으며, 책도 없이 … 모든 육체적 갈망에서 완전히 자유로운 상태로 오로지 자기 신앙의 굳건함에만 기대었습니다."

고독(anachoresis): 사막 교부들은 신플라톤주의의 격언인 "홀로 계신 분께 홀로"(solus ad Solum)를 강조합니다. 고독은 우리가 앞서 살펴보았듯이 사랑과 대립하지 않습니다. 고독은 노동과 기도와 더불어 사막 수도승의 세 가지 중요한 의무 가운데 하나입니다. 이 셋이 합쳐지면 곧 수도승 삶 자체가 됩니다. 그러나 고독은 환대와 가르침이라는 엄격한 의무와 결합합니다. 하느님께서 보내신 손님은 그리스도처럼 맞아들이고 대접해야 합니다. 단식의 의무도 사랑이라는 첫째가는 의무 앞에서는 뒤로 밀려납니다. 손님과 함께 먹기 위해 단식을 깨야 하는 것이지요. 유혹을 겪는 형제나 제자가 있으면 반드시 면담하고 도움을 주어야 합니다.

겸손: 겸손은 어느 면에서나 사랑 넘치는 사회적 관계의 본질입니다.

애통함(*penthos*): 애통함은 주님에 대한 경외심과 겸손과 더불어 사막 영성의 본질에 속하며, 쓸데없는 공허한 웃음과는 반대됩니다. 사막 교부의 삶은 진지하며, 애통함은 내면성을 위한 도구입니다. 이는 우리를 내면 깊은 곳으로 데려가 지긋이 생각하게 하고, 자기의 말과 생각을 확신하는 데 주저하게 하며, 기꺼이 경청하게 하고, 자신의 부족함을 깨닫게 합니다. 애통함은 단순한 병적 비관주의가 아니며, 용기와 하느님에 대한 희망과 합쳐집니다. 이사야 압바는 마카리우스 압바에게 "사람들에게서 도망치십시오"(이것은 구원의 말씀이었습니다)라는 말을 듣고, 설명을 청했습니다. 마카리우스에 따르면, 사람들에게서 도망친다는 것은 "독방에 앉아 자기 죄를 깊이 슬퍼하는 것"입니다. 그러므로 애통함과 고독, 기도와 겸손은 서로 관련이 있으며, 정주성도 마찬가지입니다. 이는 사막 생활의 모든 덕목은 하나의 유기체 안에 서로 필수적으로 중요하게 얽혀 있음을 보여 줍니다. 우리 주님에 대한 신심, 복되신 어머니에 대한 신심도 애통함과 연관됩니다. 포이멘 압바는 황홀경을 체험한 뒤 이렇게 말합니다. "내 영은 하느님의 어머니 거룩한 마리아께서 구세주의 십자가 발치에서 울고 계셨던 그 자리에 있었습니다. 나도 그렇게 언제나 슬피 울고 싶습니다." 근대적 신심의 특징으로 여겨지는 이런 일이 사막 교부들의 단순함에서도 종종 발견됩니다.

분별(*diakrisis*): 성 안토니우스를 통해 살펴본 것처럼, 분별은 수도생활에서 가장 중요한 덕목입니다. 분별이 없으면 다른 모든 것이 전부 길을 잃기 때문입니다. 이는 현명(prudentia)에 관한 성 토마스 아퀴나스의 가르침이기도 합니다.

근심에서의 자유(*amerimnia*): 아무 근심이 없는 상태, 특히 물질적 근심에서 자유로운 상태입니다. 이것은 때로 불가능한 이상이기도 합니다('난쟁이 요한' 수도승을 참조하십시오).

침묵(*hesychia*): 앞에서 살펴본 것처럼 '고요' 또는 관상 속의 달콤한 평온함은 사막 생활의 화관이자 은수자의 온갖 분투에 대한 상급이고, 천상을 미리 맛보는 것입니다. 그러나 교부들은 이 점에 관해서도 매우 단순하고 조심스럽습니다. 그들은 기도로 이름을 떨치거나 존경을 얻고자 하지 않았으며 오히려 이를 숨기려 했기에, 이 주제에 관해서 남긴 말이 별로 없습니다. 그럼에도 사막에는 위대한 사변적 신학자들이 있었습니다. 마카리우스가 있었고, 특히 에바그리우스가 있었지요. 이제 이 관상의 신학자들을 살펴보겠습니다.

열한 번째 강의

성 마카리우스와 위-마카리우스

성 마카리우스

사막에는 이 이름을 가진 성인이 둘 있었는데, 같은 시대에 살았고 서로 친구였습니다. 첫 번째 마카리우스는 니트리아의 수도승인 알렉산드리아의 마카리우스로서 '폴리티코스'*politikos* 즉 도시 사람이라고도 불립니다. 그는 저술을 남기지 않았습니다. (세 번째 마카리우스인 마그네시아의 마카리우스는 가끔 이 두 사람과 혼동됩니다.) 우리가 살펴볼 대大 마카리우스는 실질적으로 스케티스의 창시자이며, 폰투스의 에바그리우스의 스승이었습니다. 따라서 그는 사실 사막의 신비신학 학파의 근원이라 할 수 있습니다.

마카리우스는 300년에서 310년경 사이에 태어나 아흔 살까지 살았습니다. 서른 살에 스케티스로 가서 기적과 예언으로 명성을 얻었고, 그 덕분에 마흔한 살에 사제로 서품되었습니다. 미뉴는 마카리우스가 여러 작품을 썼다고 보지만, 그 가운데 대부분은 아마 다른 이의 작품일 것입니다. 예컨대 공주 수도승들을 위해 쓴 듯한 영적 설교 50여 편은 메살리아파의 경향이 보인다는 평가를 받는데, 이는 더 훗날에 쓰인 것으로 아마 소아시아나 시리아 수도승의 작품으로 보입니다. (설교 선집인) 논저들과 편지들도 있습니다. 그 가운데 『수도승들에게 보낸 편지』는 오랫동안 그의 작품으로 여겨져 왔지만, 이마저도 마카리우스의 것이 아닐 가능성이 큽니다. 그리스어 사본에서는 저자를 마카리우스라고 일컫지만, 아랍어로 된 똑같은 편지에서는 어느 시메온의 것이라고 말하기 때문입니다. 그는 누구일까요? 더 짧은 형태의 똑같은 편지는 성 에프렘의 것이라고도 합니다. 어쨌거나 마카리우스의 것이라고 하는 『수도승들에게 보낸 편지』는 수도생활의 이상을 다루는데, 인간이 본성상 바라고 하느님께서 은총으로 그에게 허락하시는 참된 선으로의 '회심'을 이야기합니다. 그는 영성 생활에서 **완덕의 길**을 숙고하며, 특히 아파테이아와 겸손의 필요성을 강조하고, 기도를 모든 덕 가운데 으뜸으로 꼽습니다.

비록 관점이 다소 제한적이지만, 이는 수도승들과 관상가들에게 맞갖은 영성입니다. 관상생활의 초기 심리학이라고 할 만합니다. 그러나 우리는 여기에 언급되지 않은 다른 매우 중요한 관점들도 있음을 알아야 합니다.

메살리아주의

대 마카리우스의 것이라고 하는 편지 몇 편 외에도, 그의 것으로 알려진 강론 여러 편이 있습니다. 이 편지들은 마카리우스의 것이고, 강론들은 알려지지 않은 어느 메살리아파 사람의 것이라는 견해가 오랜 통설이었습니다. 그러다가 베르너 예거가 편지와 강론이 모두 동일인의 작품임을 보여 주었습니다. 니사의 그레고리우스의 추종자이며 모방자인 이 저자는, 아마도 5세기 시리아의 공주 수도승이었던 듯합니다. 이 마카리우스 강론들은 헤시카즘(정관생활靜觀生活) 운동에 큰 영향을 미쳤기에 동방교회 영성사에서 중요성을 지닙니다. 그러므로 위-마카리우스 강론들에 담긴 기도에 관한 가르침을 살펴볼 필요가 있습니다. 그러나 이 강론들에는 메살리아주의적 경향이 짙게 나타나기 때문에, 우리는 먼저 메살리아주의 이단의 의미부터 살펴보아야 합니다.

메살리아주의는 기도와 기도 중에 일어나는 감각적 경험을 과장되게 강조한 이단입니다. 메살리아주의자들에게는 관상과 '거룩한 것들'에 대해 신체적으로 실제로 느끼는 듯한 체험이 매우 중요했으며, 이것이 참된 영적 완성의 표지였습니다. 그러한 '체험' 없이는 진정한 완덕이 불가능하고, 그러한 주관적 체험이 교회의 전례와 성사 생활보다 중요하다고 보았습니다. 기도의 체험을 통해 거룩해지고 완전해질 수 있다고 보았던 이러한 견해는, 에페소공의회(431년)에서 전부 단죄되었습니다. 메살리아주의의 이단 교리는 다마스쿠스의 성 요한, 테오도레투스를 비롯한 여러 인물이 요약하고 단죄했습니다.

메살리아주의의 주된 오류를 살펴보면 다음과 같습니다.

1) 원죄는 인간의 가장 내밀한 마음의 소유권을 악마에게 내어 주었기에, 모든 이는 악마에게 사로잡힌 상태로 태어난다. 세례 자체는 인간을 이러한 상태에서 구할 힘이 없다. 그러나 끊임없는 기도는 인간의 마음에서 악마를 빼낼 수 있고, 마침내 인간이 성령께 완전히 소유되게 한다. 그러므로 인간 삶에서 가장 중요한 성화의 힘은 지속적인 영적 기도다.

2) 지속적인 기도를 실천하기 위해 노동은 소홀히 하고 오랫동안 침묵과 무기력의 상태에 머무른다. (말하자면, 고요한 관상을 지나치게 강조한다.) 그들은 이러한 관상 중에 어떤 때에는 육신의 눈으로 하느님을 볼 수 있고, 또 다른 때에는 춤을 추거나 '몸을 떨거나' 악마에게 '상상의 화살을 쏘는' 등의 돌발적인 충동적 행동을 하게 된다고 주장한다.

3) 지속적인 기도의 실천으로 아파테이아, 곧 모든 정념에 대한 완전한 면역 상태에 이른다. 또한 거룩한 신랑과 신비적 혼인을 맺게 되며, 이는 어떤 면에서는 육체적으로도 체험된다. 그뿐 아니라 영혼과 육신이 온전히 하느님으로 변화되어 실제로 신성을 지닌 신이 된다. 그들은 내재하는 성령과 죄와 은총을 완전히 감각적으로 인식할 수 있다고 주장한다.

4) 삼위일체와 육화 등에 관한 여러 교의적 오류도 있다. 그들은 '영적'이거나 깨친 사람이라면 여성도 '사제'가 되는 것을 허용했다. 성찬례를 하찮게 여겼고, 일부 정적주의(quietism)자들의 가르침처럼 '완전한' 이들은 육적으로 죄를 지으면서도 영적으로 영향을 받지 않을 수 있다고 가르쳤다.

위-마카리우스 강론에서 이러한 가르침의 흔적과 경향이 보이며, 훗날 동방 신비주의 저술들에서도 보입니다. 예컨대 신新 신학자 시메온은 거룩한 빛에 대한 감각적 체험을 매우 강조합니다. 그러나 우리는 정교회 신비가들의 작품을 읽을 때 어설픈 오류에 현혹되어서는 안 됩니다. 말마디를 신중하게 톺아보아야 하며, 헤시카스트(정관가靜觀家, 달콤함과 평온을 체험한 이들)들을 모두 메살리아파 취급해서도 안 됩니다. 그러나 거룩한 빛을 온전히 **체험하고자** 하는 헤시카스트의 열망은 사람들을 잘못된 길로 이끌 위험이 있다는 점은 여전히 사실입니다. 특히 이러한 체험이 신체적 체험과 유사한 것으로 묘사될 때는 더욱 그러합니다.

위-마카리우스

'마카리우스'가 썼다고 하는 강론들의 저자가 실제로 메살리아주의자였는가 아닌가를 두고는 여전히 열띤 논란이 있습니다. 그러나 위-마카리우스의 강론들은 메살리아주의처럼 들리지만 실제로는 그렇지 않음이 입증되었습니다. (먼저, 메살리아주의가 실제로 무엇인가 하는 문제가 있습니다. 메살리아주의 문헌의 원형이라고 할 만한 것은 존재하지 않으며, 그 문헌을 메살리아주의라고 단죄한 이들이 주장한 내용을 근거로 판단해야 하기 때문입니다.)

최근, 존 메옌도르프(그레고리오 팔라마스에 관한 권위자)는 위-마카리우스의 영성과 유산을 옹호해 왔는데, 동방 그리스도교 신비주의의 두 가지 경향을 이렇게 구분합니다.

1) 폰투스의 에바그리우스에게서 비롯한 플라톤적 · 주지주의적 · 이교도적 경향
2) 위-마카리우스에게서 비롯한 성경주의적 경향. 이러한 구분은 서로 다른 두 인간관을 바탕으로 합니다. 전자의 경우는 정신(nous)이 영성과 기도의 자리라고 보고, 후자의 경우는 은총으로 영성화된 영혼과 육신으로 이루어진 온전한 인간을 상징하는 '마음'을 그 바탕으로 여깁니다.

이는 '마음'을 인간의 정신적 · 생리학적 중심이자 가장 깊고 영적인 힘의 자리로 여기는 성경 용어를 따릅니다. 전자의 영성은 인간을 물질 안에 갇힌 정신으로 여기고, 반면에 후자는 전인全人적인 존재로 보며 은총으로 완전히 거룩해진다고 봅니다.

기도의 방식도 두 갈래로 갈라집니다. 에바그리우스 쪽은 육

신은 전혀 관여하지 않는 지극히 지적인 관상으로 가고, 마카리우스 쪽은 '마음 기도'로 향합니다. 아토스산에서 흔히 볼 수 있는 기도, 기도 안에 몸도 포함되는 '예수 기도'가 이런 쪽입니다. 이러한 기도는 종종 요가에 빗대어지고, '그리스도교적 요가'[18]라고 비난받습니다. 그러나 비난하기에 앞서 주의 깊게 연구해야 합니다. 우리는 아직 이 문제에 관해 최종 판단을 내릴 수 있는 단계에 이르지 못했기 때문입니다. 이는 현대 영성 신학에서 큰 관심을 끄는 문제입니다.

---

18 "메옌도르프에 따르면, 그리스도교의 '호흡 기도'는 비록 기법상으로는 유사점이 있으나 은총의 필요성과 성사적 맥락을 훨씬 더 강조한다" — 패트릭 오코넬.

열두 번째 강의

폰투스의 에바그리우스의 기도론

카시아누스 시대에 스케티스의 위대한 스승 가운데 하나는 폰투스의 에바그리우스였습니다. 에바그리우스는 일반적으로 사막의 가장 위대한 신학자로 여겨지며, 오리게네스의 제자였습니다.

실제로 그는 그리스도교 신비신학의 아버지 가운데 하나입니다. 소아시아(폰투스) 출신으로 성 바실리우스의 친구이며 나지안주스의 성 그레고리우스의 제자였습니다. 그는 '은수자들의 사막'에서 살다가, 399년 주님 공현 대축일에 세상을 떠났습니다. 그가 세상을 떠난 뒤에 오리게네스 논쟁이 일어나, 오리게네스주의자들은 스케티스를 떠났습니다. 에바그리우스에 대한 평판에는 그림자가 드리웠고, 그는 사람들의 기억에서 잊혔습니다.

에바그리우스는 사막 수도승생활에 관한 초기 작품들로 명성을 얻은 뒤 거룩하고 학식 있는 교부로 꼽혔지만, 5세기 이후에는 후기 작품들에서 평판이 매우 나빠집니다. 모스쿠스는 『영적 초원』에서 에바그리우스의 독방에는 악마가 출몰하여 산다는 이야기가 있다고 전하고, 그가 이단들과 함께 지옥에 있다고도 했습니다. 성 요한 클리마쿠스는 그를 단죄합니다. 이 모든 것은 에바그리우스가 유명한 오리게네스주의자였고, 오리게네스파와 함께 몰락하여 '일탈자'로 낙인찍혔다는 사실 때문입니다. 그러나 그의 작품은 살아남았을 뿐만 아니라 그의 흔적을 경멸하던 이들에게까지 지대한 영향을 미쳤습니다. 교부들 가운데 위대한 신비가인 고백자 성 막시무스는 에바그리우스의 이름을 두 번이나 단죄하지만, 그의 가르침에는 에바그리우스의 교리가 가득할 뿐만 아니라 그의 교리 전체가 에바그리우스를 토대로 한다는 평가를 들을 정도입니다.

미뉴의 그리스 교부 총서에 에바그리우스의 작품들이 몇 편 있습니다. 『수도승의 거울』, 『아나톨리우스에게 보낸 편지』입니다. 그러나 그의 작품 가운데 더 많은 것들은 시리아어와 아르메니아어로 보존되었으며 더욱 최근에 와서야 연구되었습니다. 에바그리우스의 영향을 받은 신비가로 네스토리우스파 주교이며 신학자인 니네베의 이사악이 있는데, 그도 최근 서구 학자들의 관심을 끌기 시작했습니다. 이사악은 에바그리우스를 '복되신 성인 에바그리우스', '성인들 가운데 현자', '영적 인식의 왕자'라고 칭송합니다. 주목할 점은, 에바그리우스의 영향을 크게 받은 이사악의 작품들은 그리스어로 번역되어 비잔틴 전통에 큰 영향을 끼쳤는데, 이사악이 에바그리우스를 칭송하는 부분에는 번역자들이 다른 이름을 슬쩍 끼워 넣었다는 사실입니다. 가령, 나지안 주스의 그레고리우스 같은 이름이 대신 들어가 있습니다.

에바그리우스의 중요성

에바그리우스가 초기 교부들, 특히 오리게네스와 니사의 그레고리우스의 위대한 신학을 체계적으로 제시한 내용이 동방에서는 결정적인 틀이 되었습니다. 그러니 그는 사실상 동방 신비신학의 주춧돌이라고 할 수 있지만, 이를테면 버려진 주춧돌입니다. 성 막시무스가 에바그리우스를 토대로 하고 있다는 것은 앞에서도 말씀드렸지요. (6세기의) 위-디오니시우스도 그렇습니다. 심지어 요한 클리마쿠스도 대체로 에바그리우스를 바탕으로 삼고 있습니다.

　에바그리우스의 주요 작품인 『기도론』은 살아남았을 뿐 아니라 매우 유명했지만, 성 닐루스의 것으로 알려졌습니다. 이 작품의 영향력은 상당히 컸습니다. 카시아누스의 『기도론』은 에바그리우스의 『기도론』과 매우 비슷합니다. 사실 카시아누스의 작품은 스승의 더욱 깊이 있고 완전한 작품에 대한 요약본이라고 볼 수 있습니다. 에바그리우스를 조금 알아 놓으면, 기도에 관한 수도승 전통을 이해하는 데 큰 도움이 될 것입니다. 에바그리우스의 『기도론』은 '오리게네스주의'로 의심받을 구석이 전혀 없으며 내적 기도에 관한 위대한 그리스도교 문헌 중 하나입니다.

『기도론』은 서론과 153개의 짧은 장으로 구성되어 있습니다. 위-디오니시우스의 작품 이전에, 이 작품은 분명 동방교회의 신비주의를 위한 길을 열었습니다. "오리게네스와 니사의 그레고리우스의 위대한 생각들이 그 아득하게 높은 곳에서 평범한 지성의 높이까지 내려올 수 있었던 것은 에바그리우스를 통해서였다"라고 이레네 오셰르는 말합니다.

에바그리우스가 말하는 기도란 무엇인가?

에바그리우스는 정신의 기도라고 부를 만한 것에 관해 말하고 있습니다. 그는 기도와 시편 기도를 구별합니다. 에바그리우스에 따르면, 이 둘을 구분하고 상호 보완적으로 다뤄야 합니다. 두 기도는 우리가 하늘 높이 날아오를 수 있게 하는 독수리의 두 날개와도 같습니다(『기도론』 82장). 시편 기도는 활동생활에 더욱 가까운 것으로, "정념을 누그러뜨리고 육신의 방종을 진정시킵니다"(83장). 시편 기도는 더 능동적이고 외적인 형태의 신심이며 양을 중요하게 여기는 데 비해, '기도'(oratio)는 내적이고 관상적이며 양보다는 질이 더 중요합니다. 특히 시편 기도의 기능은 정념, 그 가운데에도 분노를 가라앉히는 것입니다. 기도는 순전히 내적이고 하느님과의 영적인 만남 안에서 지력을 사용하는 것입니다(3장). 시편 기도는 더 낮은 단계의 영성 생활에 적절하고, 기도는 더 높은 단계에 어울립니다(85장). 에바그리우스는 기도와 시편 기도 모두 실천이라기보다는 은사이기에, 하느님의 특별한 은총으로 받을 수 있도록 청해야 한다고 말합니다(87장).

그러나 우리는 기도를 말이나 개념이나 행동이 전혀 따르지 않는 순전히 영적인 것으로 여겨서는 안 됩니다. 오히려 특히 유혹의 때에는 더욱, 기도는 (말로든 아니든) 외치듯 터져 나오는 "짧고 강렬한" 행동이어야 합니다(98장). 기도가 시편 기도보다 뛰어난 것은 사실이지만, 시편 기도를 완전히 접어둔 채 아무런 외적 실천이 따르지 않는 끊임없는 "순수한 기도" 생활로 올라가라는 말은 아닙니다. 그러나 하느님과 깊은 내적 만남에 이르렀을 때는, 시편 기도를 바치기로 결심했다는 이유로 이 만남을 포기해서는 안 됩니다. 기계적 실천으로 돌아가기 위해 더 좋은 것을 놓쳐서는 안 된다는 뜻입니다. 따라서 에바그리우스는 말합니다. "유익한 생각이 그대에게 떠오르거든, 그것이 시편 기도의 자리를 차지하게 하십시오. 인간의 전통을 지키려고 하느님의 선물을 뿌리치지 마십시오."

기도의 정의는 이렇습니다. 에바그리우스에게 정신적 관상 기도는 무엇보다도 지력의 활동, 그것도 지력의 가장 고귀한 활동입니다. 이러한 주지주의적 강조는 훗날 관상에서 사랑을 더욱 강조한 성 막시무스가 바로잡습니다. 에바그리우스의 관상은 전적으로 지적인 활동만은 아닙니다. 그렇지만 에바그리우스의 중요한 특징은, 그에게 수도승이란 무엇보다도 **지속적인 지적 관상 상태**를 추구하는 사람이라는 것입니다. 에바그리우스에게 그

밖의 다른 것은 모두 이 지상 목표를 위한 것입니다. 지적 관상은 완전한 사랑의 표현이며 열매이고, 사랑이 그 무엇보다도 앞서 추구하는 것입니다. 인간을 "천사와 동등하게" 만들어 주는 것은 순수한 기도입니다. 이러한 복된 천사의 상태를 추구하기 위해 다른 모든 것은 버려야 한다고 에바그리우스는 말합니다. 천사들은 **순수한 지성**이며, 관상가들은 (관상 안에서) "온통 눈"이 되거나 "온통 불"이 됩니다. 참된 "신학자"도 마찬가지입니다. 관상 안에서 인간은 최초의 순수한 낙원의 상태로 돌아갑니다.

『기도론』 제3장. "기도는 … 중재자 없이 나누는 … 지력과 하느님의 대화입니다." '대화'라는 표현 때문에 오류에 빠져서는 안 됩니다. 이는 말이나 생각을 가리키는 것이 아닙니다. 가장 뛰어난 기도는 직접적 직관(분명한 환시는 아닙니다) 안에서 이루어지는 하느님과의 지적 만남이며, 이 만남은 말과 생각의 범주를 뛰어넘기 때문입니다. 그러나 이러한 정의는 이미 앞에서 살펴본 것처럼 몸부림치는 가운데 외치듯 터져 나오는 청원 기도 같은 낮은 단계의 기도를 비롯해 다양한 단계의 기도를 모두 아우릅니다. 낮은 단계의 순수한 기도는 그저 사심을 뺀 간청이고, 높은 단계의 기도는 개념이나 심상이 없는 기도입니다. 순수 기도, 중재자 없는 기도는 지복직관이라는 의미에서의 순수한 직관을 뜻하는 것이 아니라, 피조물이나 천사, 또는 심지어 예수님의 거룩한 인성의 중재도 요구하지 않는 하느님 직관입니다. 기도에서 순수성의 단계는 직접성의 정도를 말합니다. 가장 높은 단계의 기도는 거룩한 삼위일체에 대한 지적 직관입니다. 앞으로 살펴볼 다른 단계에는, 예컨대 천사들과 같은 영적 존재에 대한 직관이 있습니다.

첫 단계의 기도는 정념에서 정화될 것을 요구합니다. 가장 높은 단계의 기도는 지력이 완전히 '발가벗고' 무념무상을 입을 것을 요구합니다. 낮은 단계의 '순수 기도'에는 고통과 슬픔이 있을 수 있지만, 더 높은 단계의 기도에는 오직 평화와 평정, 기쁨만 있을 뿐입니다. 그러나 순수 기도에도 무질서한 정념이나 악덕이 발붙일 자리는 없습니다. 다른 곳에서 에바그리우스는 지력의 최고 완성은 분심 없는 기도라고 말합니다(34장). "분심 없는 기도는 지력의 가장 뛰어난 활동입니다."

기도 생활의 목적은 정념에 집착하는 어두운 골짜기에서 거룩한 삼위일체를 관상하는 산꼭대기까지 오르는 것입니다. 낮은 단계의 기도에서 우리는 정화되기 위해 '간청'에 더욱 매달립니다. 가장 먼저 물건을 포기하고, 그런 뒤에는 정념에서 정화되기를 간청하기 시작합니다. 중간 단계에서는 무지에서 정화되기를 청합니다. 마지막으로, 정상에 오르기 위해서는 모든 어둠과 태만에서 정화되어야 합니다. 말하자면 영성 생활은 점점 더 영적으로 정화되고 지적으로 명확해지는 상승 과정입니다(37장).

그러나 에바그리우스와 그의 추종자들은 최고 수준의 관상에 이른 이들은 극히 드물며 열성적인 수도승들도 '정념'을 온전히 정복하는 데 평생을 쏟는다고 (그러나 헛수고로 돌아간다고) 인정합니다. 무지 또는 어둠을 붙들고 씨름하는 단계까지 가는 이도 드뭅니다. 정상에 도착하면, 관상가는 지력이 창조된 목적인 최고의 품위에 이른 것입니다. 하느님께서 인간 정신을 창조하신 것은 우리가 지극히 거룩한 삼위일체를 관상하게 하시려는 뜻이었기 때문입니다. 지력의 지고한 활동, 곧 거룩한 삼위일체에 대한 관상은 순수한 사랑으로 이어집니다(118장).

기도의 단계 요약

1) **예비 단계**: 기도 생활에 들어가기 위해서는 먼저 물건에 대한 집착에서 벗어나야 합니다. 에바그리우스는 물건에 대한 초연함과 물건 생각에 대한 초연함을 구분합니다. 여기서 우리는 카시아누스의 『담화집』 제3담화와 상당히 유사한 생각을 볼 수 있습니다.

2) **아파테이아**: 참된 기도 생활은 우리가 세상 것들을 완전히 두고 떠날 뿐 아니라 그러한 것들에 관한 생각과 씨름하기 시작할 때 시작됩니다. 기도 생활의 첫 단계는 우리를 분노나 음욕 같은 정념으로 이끄는 생각들과 벌이는 씨름입니다. 여기서는 묵상이 중요한데, 영혼이 자유로워지기까지 죽음과 마지막 것들에 관해 끊임없이 묵상하는 것도 포함됩니다. 덕행도 중요합니다. 한 가지 더, 악령과의 싸움이 관건입니다. 에바그리우스에 따르면(『기도론』 49장), 악마가 수도승에게 싸

움을 걸어오는 주된 목적은 내적 기도를 방해하거나 꺾어 놓기 위해서입니다. 악마는 기도에 가장 방해가 되는 악덕들, 특히 음욕과 분노로 향하도록 유혹합니다. 아파테이아는 모든 악마(모든 정념)에 대한 영혼의 승리입니다. 아파테이아는 단순한 무감각이 아니라, 겸손과 통회, 열정, 하느님에 대한 강렬한 사랑으로 이루어집니다. 아파테이아는 정념에 더 이상 흔들리지 않는 영혼의 상태입니다. 그런 영혼들의 생각은 '단순'합니다. 말하자면, 정념에 물들지 않습니다. 그들 안에는 정념의 '흥분'이 없으며, 사물을 있는 그대로, 단순하게 바라봅니다. 이 경지에 이른 사람은 '단순한 생각들에 대한 묵상'의 단계에 도달합니다. 기도는 덕과 떼려야 뗄 수 없는 관계임에 주목하십시오. 덕이 없으면 정념에 저항할 수 없고, 정념에 지배당하면 생각을 통제할 수 없고 기도할 수도 없습니다. 그러나 에바그리우스는, 기도는 **순전히 하느님의 선물**이라고 언제나 강조합니다. 기도는 우리 자신의 수행 노력으로 얻어지는 것이 아니며, 우리는 그분께 기도의 은총을 청해야 합니다(『기도론』 58장).

3) **영적 관상**: 영적 인식(*gnosis*)과 자연 관상(*theoria physika*). 정신은 이제 단순한 생각을 넘어, 그 자체로 사물의 본질 — 실재에 대한 직관적 꿰뚫음 —, 말하자면 그것이 하느님을 반영하는 한 '본성'의 형태를 받아들입니다. 다시 말해, 그분의 피조물 안에서 창조주를 직관하는 것입니다. 피조물들의 '로고

스'는 신적 자질의 반영입니다. 우리는 '자연 관상'에서는 하느님께 "편지를 받"지만, 가장 높은 차원의 관상에서는 우리가 하느님께 직접 말씀드리고 하느님께서도 우리에게 직접 말씀하신다고 에바그리우스는 말합니다(십자가의 성 요한 『영적 찬가』 2:3 참조). 가장 높은 수준의 관상에서는 하느님께서 형태나 개념 없이 직접 우리 정신에 현존하십니다. '영적 관상'(영적 인식)에서는, 영혼이 아파테이아를 지니고 있어도 악마가 여전히 유혹할 수 있습니다. 하지만 정념으로 유혹하지는 못합니다. 그보다 그는 하느님 또는 신적인 것을 '상징'한다고 주장하는 영적인 형태, 표상, 환시를 인간 정신에 주입합니다(『기도론』 67-68장). 가장 높은 수준의 관상(Theologia)에 이른 영혼은 악마의 손길이 닿지 않는 곳에 있습니다. 이제 영혼은 더 이상 어떤 개념도 사용하지 않고 '모든 형태'에서 벗어나 있으며, 어떤 거짓 생각도 그를 속일 수 없기 때문입니다. 하느님께서 그 영혼을 직접 깨우쳐 주신다는 뜻입니다. 어떻게 그렇게 될까요? 이 점은 분명하게 설명되어 있지 않습니다.

4) **신적 관상**(Theologia). 하느님과 하느님의 피조물이 중재자 없이 이루는 일치. 이제 정신은 모든 본질을 뛰어넘습니다(얀 반 뤼즈브룩 『영적 혼인 예복』 참조). 『기도론』 60항은 이렇게 말합니다. "그대가 신학자라면 그대는 참으로 기도할 것입니다. 그대가 참으로 기도한다면 그대는 신학자입니다." 에바그리우스에게 신학자란, 곧 신비가입니다.

자, 그렇다면 에바그리우스는 위험한 인물일까요? 에바그리우스는 극단주의자고, 그의 가르침에는 몇몇 위험이 숨어 있습니다.

먼저, 천사주의입니다. 기도의 순수성에 대한 그의 교리는 인간이 육신 없이, 정념 없이 깨끗한 영처럼 살 수 있고, 우리가 지향해야 하는 완덕은 초인간적인 것이라는 생각을 갖도록 사람들을 유혹할 수 있습니다. 말하자면 완전한 영성주의입니다. 그는 인간의 현실을 외면하는 걸까요? 하느님의 피조물을 깔보는 걸까요?

그의 가르침은 그리스도교보다 이교(플라톤주의)에 가까울까요? 분명 그의 가르침 안에는 여러 플라톤적 요소가 있고, 그리스도는 아주 드물게 보이거나 거의 보이지 않습니다. 그러나 성령이 중심적 역할을 하고 있습니다.

교만과 자만이라는 위험도 있습니다. 에바그리우스가 인간의 수행 능력을 과장하고 은총을 과소평가한다는 말이 완전히 맞지는 않습니다. 그것은 인간의 깨끗함과 완덕을 강조하는 하나의 영성입니다. 결국 에바그리우스는 지나치게 이상주의적이며, 인간이 가닿을 수 없는 계획을 제시하고 있습니다.

이 모든 비판 안에는 맞는 말도 있지만, 절대적으로 다 맞는 것은 아닙니다. 걸러서 받아들여야 합니다. 에바그리우스의 가르침은 대체로 모든 시대에, 또 교회 전체에 가치를 지니도록 해석될 수 있습니다. 그 가르침이란 아마도 복음에서는 말하지 않는 과장된 영적 완덕을 열망하는, 높은 차원의 관상적 이상일 것입니다. 어쨌든 에바그리우스의 이상은 카시아누스가 사막에서 만났던 것입니다. 우리가 『교부들의 금언집』에서 살펴보았듯이, 이 이상은 겸손한 사막 교부들의 단순함을 통해 좀 더 온건하게 다듬어졌습니다.

열세 번째 강의

요한 카시아누스, 영성 생활의 스승

요한 카시아누스는 위대한 수도승 저술가로, 수도승들을 위한 탁월한 영성 생활의 스승이며 서방 교회 모든 이를 위한 원천입니다. 그의 작품은 전통에 깊이 뿌리내린 고전입니다. 그는 동방 수도승 전통 전체 — 기본적으로 오리게네스의 교리를 바탕으로 하여, 에바그리우스가 수도승들에 맞게 적용한 — 의 완벽한 원천이며, 우리가 지금까지 교부학 사상에서 살펴본 모든 것을 다시 시작합니다.

카시아누스는 가령 팔라디우스와는 대조적으로, 기이한 내용은 피하면서 수도승생활의 본질을 잡아낸 점에서 주목할 만합니다. 그는 단순 편집자가 아니라 진정한 문학적 재능을 지녔고, 생각들을 체계화하여 누구에게나 유효한 독창적인 종합을 끌어내는 능력을 보여 주었습니다. 그는 서방에서 활동생활과 관상생활 교리를 설파했습니다. 재미있고 인간적이며, 좋은 관찰자이자 심리학자이고, 영성 생활의 지혜로운 스승입니다. 모름지기 수도승이라면 그를 속속들이 알아야 합니다.

그는 서방의 모든 초기 수도원 창설자에게 영향을 미쳤는데, 그 가운데는 레렝의 성 호노라투스, 성 카이사리우스가 있고, 히스파니아에서는 성 이시도루스와 성 프룩투오수스가 있습니다. 심지어 아일랜드의 초기 수도승들에게도 영향을 미쳤습니다. 동방에서는 성인으로 불리며 모든 이의 공경을 받고 있습니다. 그는 『필로칼리아』에 나오며, 성 요한 클리마쿠스는 그를 '위대한 카시아누스'라고 칭송합니다. 조금 더 후대로 내려오면, 성 토마스 아퀴나스에게 영향을 준 데 이어 성 이냐시오와 예수회원들, 드 랑세와 트라피스트회원들, 포르루아얄 수도원, 페넬롱에게도 깊은 영향을 주었습니다.

성 베네딕도는 카시아누스와 사막 교부들을 끝기도에 이상적인 읽을거리로 여깁니다. 끝기도 독서가 존재하는 것은 카시아누스 덕분이며, '콜라티오'라는 명칭도 그의 작품(『담화집』)에서 가져온 것입니다.[19] 성 베네딕도는 끝기도 독서가 양성에 특별히 중요하다고 봅니다. 낮의 다양한 소임을 마친 수도승들이 함께 모여, 밤에 쉬러 가기 전에 그들 성소의 본질적인 부분을 마주하도록

---

[19] 라틴어로 '모임, 토론, 대화' 등을 뜻하는 '콜라티오'collatio는 고대 수도승 전통에서 형제들이 함께 모여 영적 경험과 가르침을 나누며 영혼을 성장시키는 거룩한 담화의 시간을 말한다. 오늘날 수도원의 '영적 독서 후 나눔 시간' 또는 '형제 간의 영적 화합'으로 이어진다 ― 옮긴이.

이끌기 때문이지요. 끝기도 독서는 특히 명상과 교화를 위해 마련된 것입니다. 그래서 성 베네딕도는 카시아누스의 글이 수도승에게 이상적이라고 여겼습니다. 수도생활을 더욱 완전하게 살아갈 수 있도록, 세상을 버리면서까지 찾고자 하는 하느님을 만날 수 있도록 돕는다는 것이지요. 성 베네딕도는 『수도 규칙』 제73장에서 이 규칙서는 초보자들의 '활동생활'을 위한 지도라고 말하며, 자기 수도승들이 관상 안에서 발전해 나가기를 기대하면서 카시아누스를 다시 한번 추천합니다. 베네딕도는 수도승이 성소의 완성에 이르는 데 도움이 될 독서를 세 가지로 제시합니다.

1) "모든 장이 인간 생활의 가장 올바른 규범"인 성경
2) 우리 창조주께 '바른길로'(recto cursu) 나아갈 수 있게 하는 거룩한 가톨릭 교부들의 책
3) "교부들의 『담화집』과 『규정집』(곧, 카시아누스의 주요 저서 두 권), 그들의 전기 그리고 우리의 거룩한 사부이신 바실리우스의 『규칙서』"

그리고 이것들을 일러 "착하게 살고 순종하는 수도승의 덕을 닦기 위한 도구들"이라고 말합니다.

카시아누스에게서 가장 놀라운 점 가운데 하나는 사막 교부들의 모습을 살아 숨 쉬듯 묘사한다는 것입니다. 이들은 '본받을 만한 모범'으로 남아 있습니다. 그런데 어떤 의미에서 그들을 본

받아야 할까요? 본받을 점은 그들의 외적인 행동이 아닙니다. 그것은 우리에게는 불가능한 일이기도 하고, 전혀 우리 상황에 맞지도 않습니다. 그들의 태도도 아닙니다. 그들은 극단주의자였고, 더러는 상당히 그릇된 길로 빠지기도 했습니다. 우리가 그들에게서 본받을 점은 그들의 **신앙**, 그리스도에 대한 사랑, 수도승 신분에 대한 열정, 기도와 희생의 정신입니다. 사막 교부들을 읽으면서 우리는 내용을 식별하고 우리 상황에 맞게 적용해야 합니다. 성 베네딕도가 바로 그렇게 했습니다. 그는 뚜렷한 목적을 두고 신중하게 『수도 규칙』을 썼는데, 아마 어떤 사막 교부들은 이 규칙서를 보았다면 엄격하지 못하다고 비난했을 것입니다.

사제 카시아누스가 쓴 충실한 수도승 양성에 관한 작품을 열심히 읽고 자주 들어야 한다. 그는 우리 성소의 첫 단계에서 여덟 가지 주요 악덕을 피해야 한다고 지적한다. 그는 인간 영혼의 악한 움직임을 매우 솜씨 있게 묘사하며, 혼란 속에 있을 때는 그 정체를 몰랐던 잘못을 알아보고 피할 수 있게 도와준다. 그러나 성 프로스페루스가 자유의지에 관한 카시아누스의 오류를 비난한 것은 적절하기에, 카시아누스가 잘못 생각했던 이 문제에 관해서는 그를 주의 깊게 받아들이도록 권고한다(카시오도루스).

카시아누스는 준-펠라기우스주의에 빠졌지만, 이 오류는 한두 군데에서만 나타납니다. 그럼에도 카시아누스가 계속해서 모든 수도승의 표준 독서가 되어 왔다는 사실은 수행 영역에서 그의 위대한 권위를 한 번 더 입증할 뿐입니다. 그의 작품이 아주 훌륭한 가치와 중요성을 지니고 있으며 전반적으로 그 정통성이 흠을 뛰어넘는다고 확신하지 않았다면, 성 베네딕도 시대와 중세 시대의 성인들과 교부들은 이단으로 의심받는 인물의 작품을 절대 용납하지 않았을 것입니다. 에바그리우스의 경우와 비교해 보십시오. 에바그리우스의 작품은 다른 사람의 이름을 빌려 겨우 살아남았습니다. 그러나 카시아누스의 이름은 언제나 높이 존경받았습니다.

성 도미니코는 하느님의 성인이 되는 법을 배울 수 있는 적절한 도구로 카시아누스의 작품들을 선택했습니다. "그는 교부들의 『담화집』이라 불리는 책을 집어 들어 꼼꼼하게 읽었습니다. 그는 책에서 읽은 것을 머리로 이해하고 마음으로 느끼며 행동으로 실천하는 데 몰두했습니다. 이 책에서 그는 마음의 순결, 관상의 길, 모든 덕의 완성을 배웠습니다"(『성 도미니코의 생애』). 이는 카시아누스를 어떻게 읽어야 할지 우리에게도 시사해 줍니다.

카시아누스의 오류

카시아누스의 교리에 관해 공부하기 전에, 그의 오류들을 간단히 짚어 보겠습니다.

카시아누스에게 '준-펠라기우스주의'라는 용어를 사용하는 것은 오해의 소지가 있습니다. 그가 펠라기우스에게 동조하여 그의 이단 교리를 수정하여 수용했다고 잘못 생각하게 할 수 있기 때문입니다. 카시아누스는 펠라기우스보다는 아우구스티누스에 더 가깝습니다. 『규정집』 12장의 교만에 관한 내용은 펠라기우스주의를 겨냥하여 쓴 것으로 보이며, 네스토리우스파 반박 작품들에서는 펠라기우스가 그리스도의 구원을 부정한 것을 명시적으로 단죄하고 있습니다. 펠라기우스는 인간은 원죄 이후에도 스스로 구원을 얻을 능력이 있으며, 예수는 '영감'과 '덕행의 본보기'로 왔을 뿐이라고 주장했습니다. 카시아누스는 거룩함의 완성에 이르기 위해서는 은총이 필요하다고 가르치면서, 은총 없이도 우리는 성화의 **활동을 시작**할 수 있지만 완성할 수는 없다고 암시하는 듯합니다. 다시 말하면, 은총이 없어도 우리 영혼의 구원을 위해 **무언가는** 할 수 있다고 말하는 것입니다. 그러나 예수님께서 당신 스스로는 아무것도 하실 수 없다고 선언하셨으며, 그렇기에 더더욱 우리도 똑같이 그렇게 말해야 한다고 말하는 대목을 보면, 카시아누스는 이 오류에서 벗어날 수 있습니다.

예수님께서 말씀하시기를, 당신이 취하신 인성의 인격 안에서 당신은 스스로는 아무것도 하실 수 없다고 하십니다. 그런데 먼지이며 재에 불과한 우리는, 우리 구원에 관련된 일에 하느님의 도움이 필요하지 않다고 생각합니다!

준-펠라기우스주의에 관한 논쟁의 핵심은 믿음을 향해 나아가는 첫걸음인 '믿음의 시작'(initium fidei)에 관한 것입니다. 이단들은 인간이 은총 없이 이 첫걸음을 내디딜 수 있다고 주장했습니다. 그러나 카시아누스는 제3담화에서 '구원의 시작'(initium salutis)도 하느님의 선물과 은총이라고 분명히 말합니다(『담화집』 3,15). "바오로는 우리 회개와 신앙의 시작과 마찬가지로 고통에 대한 인내도 주님께서 주시는 선물이라고 단언하는 것이다"(『담화집』 3, 15; 필리 1,29 참조). 그는 하느님의 은총이 날마다 모든 순간에 필요하다고 단언합니다.

그러나 이 문제와 관련하여 가장 논쟁이 되는 본문은 성 아우구스티누스의 제자인 성 프로스페루스에게 비난받았던 제13담화입니다. 432년에 프로스페루스는 카시아누스를 직접 공격하는 글을 썼습니다. 카시아누스에 기대어 아우구스티누스의 은총론을 공격하는 이들에 맞서 아우구스티누스를 옹호하기 위해서였습니다. 프로스페루스는 카시아누스를 공격하면서도 그를 "누구보다도 더 훌륭한 사제"라고 부르며, 은총에 관한 교리도 카시아누스의 것이 아닌 그가 인용하고 있는 사막 교부(캐레몬)의 것이라고 말합니다. 그는 카시아누스가 "우리의 선한 행동뿐 아니라 우리의 좋은 생각도 모두 하느님에게서 유래하며" 그렇기에 인간은 모든 일에서 은총이 필요하다는 말로 제13담화를 시작하는 것을 칭찬합니다. 그러나 제13담화는 뒷부분으로 갈수록 오류가 섞여 있습니다. 카시아누스는 (캐레몬을 인용하여), "하느님의 섭리가 우리 안에서 선의의 시작을 보실 때 … 그때 우리에게 은총을 베풀기 시작하신다"라고 말합니다. 곧이어 그는 하느님께서 이 씨앗을 뿌리셨다고 말하지만, 그 씨앗은 우리 자신의 노력으로 뿌려진 것일 수도 있다는 여지를 남겨 두는 듯 보입니다. 하느님에게서 올 수도 있고 우리에게서 올 수도 있는 '선의의 시작'이라는 것입니다. 그러나 이는 양자택일의 문제가 아닙니다. 언제나 하느님에게서 오는 것이 틀림없습니다. 카시아누스는 제13담화에서 구원의 첫 시작이 때로는 하느님에게서, 또 때로는 인간에게서 온다는 캐레몬의 교리를 비판 없이 받아들입니다. 이 점에서 카시아누스의 오류는 단순히 모호한 용어의 문제가 아니라, 아우구스티누스와 펠라기우스 사이에서 '중도'를 찾으려 하다가 (성 아우구스티누스의) 참된 교리에서 실질적으로 벗어난 데 있습니다. 교의 신학자로서 카시아누스는 바로 이 지점에서 실패한 것입니다.

카시아누스의 생애와 배경

카시아누스의 출생지는 알려지지 않았는데, 남부 프랑스나 루마니아 등으로 추측합니다. 시리아는 아닌 듯합니다. 출생 연도는 360년 또는 365년쯤입니다. 어린 시절, 카시아누스는 베들레헴의 수도원에 들어갔습니다. 성 히에로니무스가 베들레헴에 가기 전입니다. 카시아누스는 이미 고전 교육을 완전히 마친 상태였습니다. 그런데 왜 베들레헴의 수도원을 택했을까요? 거룩한 유년기의 신비에 대한 공경, 그리고 수도승들을 위한 은총의 원천으로서 그 신비가 지니는 힘에 대한 믿음 때문이었습니다. 다시 말해, 그가 베들레헴을 고른 것은 단순히 우리 주님 때문에 유명한 곳이라서, 또는 그분의 기억을 떠오르게 하는 곳이라서가 아니었습니다. 그보다는, 무엇보다도 예수님의 어린 시절의 신비가 지닌 힘 때문이었습니다. 이집트 여행에 동행한 친구 게르마누스도 같은 시기에 수도원에 들어간 듯합니다.

수도승생활은 4세기 전반에 성 힐라리온에 의해 이집트에서 팔레스티나로 전해졌습니다(앞의 내용 참조). 순교자 공경 같은 전례 예식을 받아들인 최초의 수도승 고백자 가운데 하나인 성 힐라리온이 세상을 떠나고 몇 년 뒤에 카시아누스가 도착했습니다. 팔레스티나 수도원들은 '라우라'였는데, 공주 수도원과는 다소 차이가 있고, 성 안토니우스의 은수자 군락보다는 더 조밀한 형태였습니다. 카시아누스와 게르마누스는 같은 암자에서 함께 살았던 듯합니다. 팔레스티나 수도승생활은 이집트 수도승생활보다 외적 실천을 더 강조했습니다. 카시아누스는 완덕에 이른 팔레스티나 수도승들의 특징은 극기와 긴 기도, 특별한 고행이라고 자주 말합니다. 반면 이집트 수도승들은 완덕의 본질이 하느님과의 일치라는 것을 더 잘 이해하고 있었으나, 그러면서도 때론 팔레스티나 수도승들보다 더 엄격하게 극기했습니다. 카시아누스가 385년경 처음 이집트를 방문했을 때 사막 수도승들의 정신을 발견한 것은 그에게 하나의 계시로 다가왔습니다. 그 이후로 그는 팔레스티나로 영영 돌아갈 생각을 할 수 없었습니다. 그에게서 사막 교부들의 꺼지지 않는 영감을 찾아내는 것은 우리의 몫입니다.

385년 무렵, 카시아누스와 게르마누스는 이집트 방문을 허락받았습니다. 카시아누스가 스무 살쯤 되었을 때입니다. 체류 기간은 정해져 있지 않았지만, 반드시 돌아오겠다는 서약을 해야 했습니다. 그 서약은 주님 탄생 동굴에서 했습니다. 첫 이집트 체류는 칠 년 정도였고, 베들레헴으로 돌아왔다가 다시 이집트로 가 칠 년간 머무릅니다. 그들은 델타의 텐네수스에 도착해서 지역 주교를 만난 뒤, 인근 습지(파네피시스)에 살고 있는 은수자 세 명을 찾아갑니다. 캐레몬과 네스테로스와 요셉입니다. 이들이 『담화집』 두 번째 부분(제11담화에서 제17담화까지)의 내용을 이루며, 본성과 은총에 관한 오류를 담고 있는 제13담화도 이 가운데 있습니다.

제11담화 첫 부분에서 카시아누스는 델타에 도착했을 때를 이렇게 묘사합니다. "굽은 몸은 그들이 얼마나 오래 수행생활을 했는지 알려 주며, 그들의 얼굴에서는 성덕이 빛나 그들의 모습만 보아도 큰 교훈을 얻을 수 있을 원로 수도승들"(『담화집』 11,2) 가운데 온 것입니다. 그들은 소금물의 늪에 있는 외딴섬들에서 살아가는 은수자를 찾아갑니다. 캐레몬 압바는 이미 백 살쯤 되어 똑바로 걸어 다닐 수도 없었습니다. 자신이 더 이상 규칙을 엄격하게 지킬 수 없었기에, 그는 그들에게 수행을 가르치기를 거절합니다.

그러다 결국 캐레몬은 악덕을 물리치고 하느님을 닮은 모습으로 영혼을 회복시키며 사랑의 완성에 이르는 세 가지 길에 관해 이야기합니다(제11담화). 첫 다섯 장은 서론입니다. 이것이 카시아누스와 게르마누스가 이집트에서 들은 첫 담화입니다. 늪에 사는 겸손하고 지혜로운 원로인 캐레몬이 소개됩니다. 그들은 진보를 바라는 마음으로 배움을 얻으러 왔노라고 캐레몬에게 말합니다. 이것이 출발점입니다. 캐레몬은 완덕이란 악덕을 극복한다는 뜻이라는 전제에서 시작합니다. 카시아누스와 사막 교부들에게 이는 자명한 사실이었습니다. 그러나 '죄짓지 않는다'라는 단순한 사실 이외에도, 우리가 어떤 동기로, 또 어떤 방식으로 악을 피하고 선을 행하는가 하는 것이 영성 생활에서 더욱 깊은 완덕을 이룹니다. 죄짓지 않고 선을 행하려는 여러 동기는 다음과 같습니다.

1) 지옥에 대한 두려움이나 법을 어기는 것에 대한 두려움
2) 덕행의 결과로 누리게 될 유익이나 상급에 대한 희망
3) 선과 덕 그 자체에 대한 사랑

완덕을 이루는 것은 바로 이 세 번째입니다. 두려움이나 사심 섞인 동기 없이, 선 자체 또는 사랑 자체에 오롯이 집중하는 '완전

한 사랑'으로 선을 행하는 것입니다. 그것은 사랑을 위한 사랑, 곧 하느님을 위한 사랑입니다. 캐레몬은, 믿음은 두려움(종의 태도)에, 희망은 '삯꾼'의 태도에, 사랑은 완덕에 연결 짓습니다. [당연히 이는 성 베르나르도의 신비신학의 핵심이며 아가에 관한 설교의 정점입니다. '두려움을 내쫓는' 완전한 사랑은 지혜에 이르는 길이며, 그 안에서 우리는 오직 '선의 맛'(sapor boni)에 따라 움직이고 행동합니다. ─ 시토회 성무일도서, 제3저녁기도, 성 베르나르도 축일 참조] 이러한 사랑이 있을 때, 하느님을 온전히 닮게 됩니다. 하느님은 선인에게나 악인에게나 똑같이 아낌없이 모든 것을 주시고, 모욕에도 흔들리지 않으시며, 악과는 달리 자신을 내세우지 않는 완벽한 선 안에 머무르시는 분이지요.

초심자들(종servi)은 두려움을 출발점으로 삼아야 합니다. 진보하는 이들(삯꾼mercenarii)에게는 상급에 대한 희망이 동기가 됩니다. 아버지께 속한 모든 것은 자기 것임을 믿는 완전한 이들(자녀filii)은 하느님을 닮은 하느님 모습으로 완전해집니다. 이 경지에 오르면 우리는 하느님께서 우리를 사랑하신 것처럼 그분을 사랑합니다. 하느님께서 우리를 향한 순수한 사랑으로 우리를 구원하신 것처럼, 우리도 그분을 향한 순수한 사랑으로 그분의 은총을 받습니다. 그는 교부 신비신학의 기초가 되는 표현을 사용합니다. "불가분의 사랑의 은총을 통하여"(사랑으로 말미암아 하느님과 이루는 완전하고 깨지지 않는 일치를 암시합니다), "아버지를 닮은 아버지의 모습을 얻기 위하여"(모습과 닮음을 구분합니다. ─ 완전한 닮음, 완전한 일치, 완전한 사랑, 곧 여타의 동기가 섞이지 않은 순수한 사랑) 같은 표현입니다. 사랑을 위한 사랑이 완덕인 까닭은 다음과 같습니다.

1) 이 사랑은 다른 이의 의견이나 호의에 좌우되지 않습니다.
2) 이는 내면의 모든 악한 성향과 생각에서 마음을 정화합니다. 선 자체에 대한 완전한 사랑이 있을 때, 그것에 반대되는 모든 것을 '지극히 큰 공포로'(summo horrore) 혐오하게 됩니다. 이것은 벌을 두려워하거나 상급을 희망하기 때문이 아니라, 단지 악과 선의 대립 때문입니다.
3) 이럴 때 더 완전한 자유와 자발적 선이 있습니다. 외부의 힘이 아닌 선 자체가 동기가 되어 움직이며, 이를테면 선이 자기 존재의 일부가 됩니다.
4) 그러면 선이 안정적으로 자리 잡고, 평화가 옵니다.
5) 그러면 인간은 자기 자신에 대한 심판관이 됩니다. (더 이상 심판관이 필요치 않음을 암시합니다.) 사랑이신 하느님과 완전히 일치되었기에, 그는 자신을 판단하고 인도할 수 있습니다. "사랑하십시오, 그리고 그대 원하는 대로 하십시오"라고 성 아우구스티누스는 말했지요. 이 말을 올바르게 이해해야 합니다.

카시아누스는 이렇게 말합니다.

"자기 행동만이 아니라 자기 생각까지도 심판하는 양심을 언제 어디서나 지니고 다니기에 그는 속일 수도 회피할 수도 없는 그 심판에 자기를 맞추도록 더욱 열심히 노력할 것입니다."

"오직 하느님을 위해, 오로지 그분을 기쁘게 해 드리기 위해 선을 사랑하는 것, 이것이 완덕입니다. 그리고 사실 이것이 세세 대대로 이어져 오는 교회와 성인들의 전통적 가르침입니다."

제12담화는 정결에 관한 것입니다. 그 가운데에도 특히, 인간이 정결을 완벽하게 지켜서 육체적 욕정을 완전히 피하는 것이 가능한가 하는 문제를 다루고 있습니다. 캐레몬은 그것은 가능한 일이지만 우리 자신의 노력으로 되는 것이 아니라고 말하며, 이에 이르기 위한 고행을 처방하는데, 단식과 고독, 침묵, 밤샘 기도 등입니다. 이러한 내용은 제13담화에서 논의되는 자유의지와 은총의 문제로 이어집니다. 게르마누스는 인간이 그렇게 큰 노력을 기울여야 하는데 어째서 승리는 하느님 은총으로 돌려야 하는지 이해하지 못하기 때문입니다.

자유의지와 은총에 관한 오류가 이러한 맥락에서 나온다는 사실, 곧 사막 교부들이 고민했던 문제인 '완전한' 정결을 위한 투쟁과 관련한 것이라는 점에 주의하십시오. 여기서 우리는 그들의 극단주의를 피해야 한다는 가르침을 얻어야 합니다. 바오로 사도를 통해 우리는 하느님 은총이 넉넉하다는 것, 그리고 성덕은 우리에게 인간적 연약함을 받아들이고 인내로 기꺼이 시련에 직면하도록 요구한다는 것을 배워야 합니다. 이것이 현실적이고 겸손한 길입니다.

피누피우스 압바

피누피우스는 카시아누스와 게르마누스의 오랜 친구였습니다. 두 사람이 베들레헴에서 한 오두막에 살던 시절, 피누피우스가 이집트에서 도망쳐 왔습니다. 큰 공주 수도원의 수도원장으로 임명되고 서품된 다음, "그의 덕행에 대한 평판이 그 지방 전체에 널리 퍼져 있어서 사람들의 칭찬을 통해 이미 자기 노고의 보상을 받은 것 같다고 생각"했기 때문이었습니다. 영원한 상급을 잃을까 봐 두려웠던 그는 사막에서 홀로 지내는 것보다 큰 공동체 안에 숨는 것이 낫다고 여겨서 처음에는 타벤네시로 도망쳤습니다. 세속 옷을 입고 청원자 행세를 하며, 여러 날 동안 '눈물을 흘리면서' 문밖에서 노숙하며 모든 사람의 발치에 엎드려 기도를 청했습니다. 시험 삼아 입회 허락을 받은 그는 젊은 수도승 형제에게 순명하는 위치에 놓이게 되었습니다. 그는 이곳에서 엄청난 겸손과 순명 속에 삼 년을 보냈지만, 결국 신원이 드러났습니다. 피누피우스는 자신의 신원이 드러난 것을 악마의 짓이라 여겼고, 다시 도망쳐 이번에는 배를 타고 팔레스티나로 가서 카시아누스와 게르마누스와 함께 살았던 것입니다.

카시아누스는 『규정집』 제4권에서 피누피우스가 파네피시스의 수도원에서 서원하는 수련자에게 한 연설을 전하고 있습니다. 이 연설은 수도승 완덕의 길 전체를 집약합니다. 피누피우스는 무엇보다도 포기가 수도승 신분에 필수적임을 강조합니다. 수도승은 십자가의 표징 아래 살아갑니다. 수도승이 포기함으로써 그리스도께서 그 사람 안에서 살아가십니다. 수도생활은 끊임없이 십자가를 지는 일입니다. 수도승의 십자가는 영적인 십자가이며, 주님을 경외하여 자신의 욕망과 의지를 억누르는 것입니다. 핵심은 다음과 같습니다.

1) 구원과 지혜의 시작은 주님을 경외하는 것이다.
2) 이는 뉘우침을 가져온다.
3) 하느님에 대한 사랑을 제외한 모든 것을 벗어 버리게 된다.
4) 이는 다시 겸손을 가져온다.
5) 겸손해지면 자신의 의지를 억누르게 된다.
6) 악덕에서 자유로워지고 덕을 실천하게 된다.
7) 이것이 사랑의 완성인 깨끗한 마음으로 이끈다.

"사도적 사랑의 완성은 깨끗한 마음을 통해 얻어집니다."
    피누피우스를 방문한 두 사람은 이 모든 것 앞에서 매우 겸손해집니다. 그들은 자신들이 사다리 맨 아래 바닥에 있다고 여기면서, 첫 계단을 오르는 데 필요한 최소한의 참된 뉘우침은 무엇인지 알려 달라고 피누피우스에게 청합니다. 피누피우스는 그들의 겸손과 정진을 칭찬하며, 죄의 보속을 위해 얼마나 오래 참회해야 하는가에 관해 이야기합니다(제20담화). 그 대답은 요약하자면, "죄가 온전히 잊힐 때까지"입니다. 말하자면, 죄가 낳는 공상이나 유혹을 더 이상 겪지 않을 때까지입니다. 과거의 죄에 대한 부끄러움을 일부러 떠올려야 할까요? 그는 그렇다고 대답하면서도, 육신의 죄의 경우는 그렇지 않다고 덧붙입니다. "하수도 위에 서서 오물을 저어 보는 사람은 그 고약한 악취에 숨 막혀 죽을 수밖에 없"기 때문입니다.

스케티스 사막과 니트리아

나일강 서쪽, 강변 가까이 스케티스 사막과 니트리아 사이 고지대에는 '은수처'가 모인 사막이 있었는데, 독거 은수자들의 터전으로 유명했습니다. 팔라디우스에 따르면 니트리아산에는 수도승 약 오천 명이 있었는데, 어떤 이들은 홀로, 어떤 이들은 둘씩 짝지어 살았습니다. 모든 수도승은 큰 성당과 공동 식당을 이용했습니다. 니트리아는 마카리우스 압바의 첫 토대였습니다.

카시아누스는 '모든 완전한 삶의 터전'인 스케티스에 가고 싶은 마음이 간절했습니다. 그는 거기서 네 개의 성당을 발견했습니다. 각각 사제 한 명이 맡아 지도하는 은수자 네 무리를 찾았습니다. 스케티스는 가장 숙련되고 훈련된 은수자들, "가장 경험이 풍부한 교부들"의 고향이었습니다. 가장 학식 있고 깨우친 관상가들을 볼 수 있는 곳이기도 했습니다. "그들은 이집트의 모든 수도원에 사는 수도승들 가운데 완덕과 지식이 가장 뛰어났습니다"(『담화집』제10담화). 카시아누스는 이곳에서 첫 칠 년 대부분을 보냈고, 베들레헴을 방문한 다음 돌아와서 칠 년을 더 살았습니다. 『담화집』에서 가장 중요한 것들은 스케티스 사막 교부들의 가르침을 바탕으로 하고 있습니다.

스케티스는 수도승 지혜의 중심지였습니다. 성 안토니우스에서 아르세니우스에 이르기까지 위대한 사막 교부들의 금언을 모은 『교부들의 금언집』도 여기서 수집되고 저술되었습니다. 이 금언들은 하느님 영의 가르침을 받은 사람들의 말이었습니다. 이 책은 다음과 같이 구성됩니다.

가) 문장들 또는 '구원의 말씀들'(잠언)
나) 일화: 핵심을 찌르는 교부들의 이야기
다) 비유: 상징적 행적에 관한 이야기들 또는 우의적 금언들

이 모든 '말씀'의 큰 주제는 구원입니다. 사막 교부들이 서로 만날 때 하는 인사말은 '구원을 빕니다'(*sotheis*)였습니다. 그들은 세상으로부터의 도피에서 시작된 구원의 길을 함께 걸어갔습니다.

수도생활은 하느님의 활동이며, 세 가지로 구분됩니다. 고독과 노동과 기도입니다. 그들의 목적은 평화, 자유로운 영, 깨끗한

마음, 모든 욕망에서의 해방, 하느님과만 함께하는 삶이었습니다. "하늘의 새보다도 더 근심 없이 … 집도 없고, 어디로 가려는 마음도 없으며, … 책도 없이, 모든 육체적 욕망에서 완전히 자유로운 상태로, … 영원한 축복에 대한 희망만으로 살고, 오로지 자기 신앙의 굳건함에만 기대어 … 추위에 헐벗거나 뙤약볕에 그을려도 참고 떠돌아다니고, 헤매는 나그네처럼 골짜기에 잠시 머물거나 바다처럼 멀리 펼쳐진 사막을 돌아다니며" 살았던 베사리온처럼 말입니다. 사막 나그네에 대한 이러한 묘사는 얼핏 목가적으로 들리지만, 교부들의 이상을 제시하고 있습니다. (다만, 그들 대부분은 독방에서의 엄격한 정주를 더 선호했습니다!) 어떤 이들은 제자를 두었고, 어떤 이들은 엄격하게 혼자 살았습니다. 가장 가까운 독방에서도 50킬로미터나 떨어져 살았던 아르세니우스처럼 말입니다. 카시아누스가 스케티스를 찾았던 것과 비슷한 시기에, 또는 그보다 조금 뒤에 팔라디우스도 스케티스에 왔습니다. 그는 훗날 『라우수스에게 바친 수도승 이야기』를 저술했지요. 몇 년 뒤인 395년에는 예루살렘의 수도승 일곱 명이 남쪽에서 북쪽까지 이집트 전역을 방문했는데, 그 경험이 『이집트 수도승 이야기』에 담겨 있습니다.

스케티스의 은수처는 330년경 성 마카리우스가 세웠습니다. 그는 390년경 세상을 떠났으니, 카시아누스가 스케티스 사막에 왔을 때는 아직 살아 있었습니다. 카시아누스는 마카리우스를 '위인'이라고 일컫습니다. 카시아누스가 폰투스의 에바그리우스를 찾아간 것도 아마 스케티스 사막에서였을 것입니다. 카시아누스가 이 위인들의 가르침에 관해서 쓴 글은 없지만 다른 몇몇 이들에 관한 글은 남겼는데, 그들의 가르침이 카시아누스 『담화집』의 토대가 됩니다.

1. **'들소' 파프누티우스**: 파프누티우스는 스케티스의 사제였습니다. 카시아누스가 스케티스를 '우리 공동체'라고 부르는 걸로 봐서, 그가 그 수도원에서 한동안 수도승으로 받아들여졌음을 알 수 있습니다. 파프누티우스는 성당에서 8킬로미터 정도 떨어진 독방에 살았는데, 고령에도 더 가까운 곳으로 옮기지 않았습니다. 근처에 샘이 없어서 주일에 미사에 다녀올 때 일주일 동안 쓸 물을 지고 와야 했지만, 젊은 형제에게 이 수고를 대신시키지 않고 아흔 살까지도 직접 했습니다. 그는 공주 수도원에서 짧게 양성받은 다음, 관상에 대한 사랑 때문에 서둘러 사막으로 갔습니다. 그는 몸을 숨기는 법을 곧 터득해서 가장 노련한 이들도 그를 찾아낼 수 없을 정도였는데, 이렇게 야생에서 몸을 숨기는 법을 잘 아는 점이 닮았다고 '들소'라는 별명을 얻었습니다.

파프누티우스는 제3담화에서 '세 가지 포기'에 관해 말합니다. 먼저 '세 가지 성소'를 다루는데, 1) 성 안토니우스처럼 하느님께서 부르시는 경우, 2) 거룩한 사람들의 본보기나 가르침에 영감을 받은 경우, 3) 불가피한 상황에 의한 것으로, 예컨대 죽음이나 지옥살이에 대한 두려움, 사랑하는 사람들을 잃거나 재산을 잃는 것 등입니다. 이 세 번째 경우가 가장 약한 유형의 성소이기는 하지만, 이렇게 성소를 받은 사람들 가운데에도 위대한 성인들이 나왔습니다.

세 가지 성소를 다룬 다음, 그는 세 가지 포기에 관해 이야기합니다. 1) 우리의 모든 소유를 포기하는 것, 2) 과거에 우리에게 밴 습관과 삶의 방식을 포기하는 것, 3) 우리 마음이 현세적인 모든 것을 멀리하고 영원한 선을 위해 살아가는 것입니다.

2. **다니엘 압바**: 다니엘 압바는 육과 영의 투쟁에 관해 이야기합니다(제4담화). 그는 파프누티우스의 부제였습니다. 다니엘은 덕행에서는 다른 이들과 비슷했으나 누구보다도 겸손했고, 이 덕분에 부제로 뽑혔습니다. 파프누티우스는 다니엘을 자신의 후계자로 세워 스케티스의 사제로 삼을 생각이었습니다. 실제로 다니엘은 사제로 서품되었지만 파프누티우스가 살아 있는 동안 부제직을 수행한 것이 전부였습니다. 다니엘이 파프누티우스보다 일찍 세상을 떠나는 바람에 사제직을 수행하지 못한 것입니다. 육과 영의 갈등에 관한 담화는 실제로 내적 생활을 어렵게 만드는 시험과 분심에 관한 것입니다.

3. **세레누스 압바**: 이 사막 교부는 그들을 '잔치'("아주 푸짐한 식사 대접" — 제8담화)에 초대합니다. 세레누스 압바의 '잔치'는 소스에 찍은 빵, 소금, 올리브 세 개, 병아리콩 다섯 개로 마련되었습니다.

"사막에서는 이 양을 넘는 것을 죄로 여깁니다. (통상 식단은 하루에 빵 900그램이며 그나마도 일부는 손님들을 위해 따로 떼어 놓습니다.)" 세레누스 압바는 정결에서 뛰어났으며 잠잘 때도 전혀 육적 욕망에 흔들리지 않았습니다. 그는 이를 위해 밤낮으로 기도하고 단식과 밤샘에 열중했습니다.

그는 제7담화에서 분심과 악령의 유혹에 관해, 그리고 제8담화에서는 천사의 영의 여러 계급에 관해 이야기합니다. 제7담화는 생각을 다스리는 것의 중요성을 강조하는데, 이를 위해서는 노력과 "깊이 슬퍼하는 마음"이 필요하다고 말합니다. 우리에게는 모든 악한 생각을 뿌리칠 수 있도록 도우시는 하느님의 은총이 있습니다. 악마는 우리 의지의 내밀한 지성소에 힘을 미치지 못합니다. 단지 밖으로 드러나는 표지를 관찰함으로써 그들의 제안이 어떻게 받아들여지는지 알 수 있을 뿐입니다.

4. **테오나스 압바**: 부모의 뜻에 따라 아주 젊었을 때 혼인했고, 평신도 신분으로 요한 압바에게 봉헌물을 바쳤습니다. 요한 압바는 그에게 "그대가 재물로 십일조를 바치면 구약의 율법을 완성하는 것입니다. 그러나 복음적 완덕을 추구한다면 가진 것을 모두 바치고 그리스도를 따라야 합니다"라는 말로 강력히 권고했습니다. 테오나스는 아내에게 세속을 떠나도록 설득했으나, 아내가 거부하자 자신은 하느님의 영감을 받았다고 믿고 어쨌거나 사막으로 도망칩니다. 카시아누스는 이러한 일이 일반적인 원칙은 아

니지만, 이런 특별한 경우에는 합당하다고 덧붙여 말합니다. 테오나스는 그들과 세 번의 담화를 합니다. 첫 번째(제21담화)는 오순절 기간 단식의 이완에 관한 것입니다. 카시아누스는 시리아에서는 많은 이가 계속해서 단식하는데 왜 이집트 수도승들은 오순절 시기에는 단식하지 않는 관례를 철저하게 지키는지, 왜 이 시기에는 무릎을 꿇지 않고 서서 기도하는지 알고 싶어 합니다.

테오나스의 두 번째 담화는 밤의 환상에 관한 것입니다(제22담화). '단식하는 이들이 왜 덜 엄격하게 단식하는 이들보다 더 자주 육신의 욕망에 유혹받는가' 하는 물음에 대한 대답입니다. 그는 세 가지로 설명합니다. 1) 아마 과거의 폭식이 영향을 미쳤을 것이고, 2) 깨끗한 마음이 영혼을 이끌지 못했기 때문이며, 3) 열중하고자 노력하는 이들의 영혼을 악마가 시기하여 방해하려 하기 때문이라는 것입니다. 현대의 비평가라면 여기에 또 다른 대답을 덧붙일지도 모르겠습니다. 세 번째와 유사한 이유인데, 신경적·정신적 긴장에서 문제가 일어날 수도 있다는 것이지요. 지나치게 긴장해서 수행에 몰두하는 이들은 몸이 반발할 수도 있다는 것을 예상해야 합니다.

이는 '선한 원의와 악한 행실'에 관한 다음 담화(제23담화)로 이어집니다. 문제는 바오로 사도의 로마서 7장의 말씀에서 제기됩니다. "나는 내가 원하는 것은 실천하지 않고 도리어 내가 미워하는 것을 행하니 말입니다 …"(로마 7,15-25). 이 본문은 이단들이 자주 남용한 것입니다. 테오나스는 이 구절이 의도적 죄에 해당하지 않음을 분명히 밝히는 것으로 담화를 시작합니다. 이 말씀은 온갖 공덕으로 가득한 성인인 바오로 사도가 한 말씀입니다. 바오로가 바라고 자기 마음대로 할 수 없다고 하는 그 '선'은 분명 덕보다 더 높은 어떤 것입니다. 그것은 테오리아theoria, 곧 순결한 사랑과 관상에 속하는 완전히 깨끗한 마음입니다. 그가 바라는 선은 우리 안에 머무르시는 하느님의 선으로, 그 선에 비하면 우리의 덕행은 "개짐"(이사 64,5)과도 같습니다. 그가 바라는 깨끗함은 복음의 깨끗함으로, 그 깨끗함에 비하면 율법의 덕은 아무것도 아닙니다. 테오나스가 한탄하는 짐은, 원죄로 말미암아 거짓과 착각에 짓눌린 자아의 짐입니다. 종종 우리의 선한 지향에도 악이 가득 숨어 있을 때가 있지요. 가엾이 여겨야 할 이들은 이것을 느끼는 사람들이 아닙니다. 그것은 건강한 고통입니다. 오히려 이것을 느끼지 못하고 스스로 완벽하다고 생각하는 이들이 딱한 것입니다. 또한 우리는 절망이나 슬픔에 빠져서는 안 됩니다. 테오나스의 설명에 따르면, 이 구절에서 바오로는 자신의 모든 노력과 덕행에도 불구하고 언제나 깨끗한 마음으로 하느님을 관상하지는 못하며, 유혹과 시험과 의도치 않은 죄, 또는 얼마간 고의가 섞인 죄 때문에 자기 본성이 방해받고 괴로워한다는 사실을 한탄한 것입니다.

이 담화는 사실 분심, 고의가 아닌 잘못과 약함의 문제에 관한 것입니다. 테오나스가 일깨우듯이, 성인들은 죄에 대해 매우 예리한 감각을 지니고 있고 이러한 불완전함 때문에 무척 괴로워합니다. 그러나 그들이 바라보는 비참함이 그들 안에 진정한 겸손을 낳습니다. 성인들은 자신은 불가능한 일을 할 수 없으며, "이 죽음의 몸"(로마 7,24)에서 유일하게 그들을 구할 수 있는 하느님의 은총이 없다면 분명 죽는 날까지 허물과 죄와 함께 남겨질 것임을 알고 있습니다. 그렇기에 자기 잘못과 한계를 참으로 겸손하게 받아들이면서, 자신의 힘에 기대기보다는 겸손하게 기도하며 하느님 앞에 엎드립니다. 그래서 그들은 땀 흘리며 힘써 '영적 빵'(그리스도)을 받아 모십니다. 그렇게 인간의 공동 운명에 동참합니다. 그들은 분명 자신도 다른 여느 사람들처럼 죄인임을 진심으로 인정합니다. 담화를 마무리하는 성찬에 관한 아름다운 대목에서 테오나스는 가장 깨끗하고 완전한 성인들만 영성체할 수 있다고 여겨서 일 년에 한 번만 영성체하는 이들의 건방짐을 꾸짖습니다. 결국 그들은 일 년에 한 번은 스스로 합당하다고 여기는 셈이니까요. 그보다는 우리의 필요와 비참을 깨닫고, 연약한 우리에게 꼭 필요한 영약인 성체로 나아가 주일마다 주님을 받아 모시는 편이 훨씬 낫습니다. 여기서도 우리는 그가 겸손과 주님의 자비에 대한 신뢰 그리고 무엇보다도 성덕의 원천인 복된 성체성사에 대한 사랑을 크게 강조하는 것을 볼 수 있습니다. 이는 사막 교부들의 영성에서 간과되곤 하기 때문에 중요한 대목입니다.

    다른 구체적인 정보는 거의 알려 주지 않지만 카시아누스는 모세 압바, 이사악 압바, 극기에 관하여 이야기하는 아브라함 압바(제24담화) 그리고 니트리아와 스케티스 사이의 고원인 은수자들의 사막에서 살아가는 테오도루스 압바에 관해서도 이야기합니다. 테오도루스 압바는 유다 사막에서 사라센 강도들에게 피살된 팔레스티나 은수자들의 죽음의 문제에 관해 이야기를 나눕니다(제6담화). 그의 대답은 이러합니다. 우리가 신앙으로 살아가면서 선과 악에 관한 참된 생각을 지니고 있다면 문제가 없다는 것입니다. 죽음은 그리스도인에게는 악이 아니니, 그리스도께서 죽음을 극복하셨기 때문입니다. '좋은 것'은 하느님의 뜻을 행하는 것이고, '나쁜 것'은 하느님을 거역하는 것이며, '중간 것'은 그 자체로 절대적으로 선하지도 악하지도 않은 것으로서 그 가치는 우리가 그것을 어떻게 쓰는가에 달려 있습니다. 삶과 죽음은 중간 것에 속합니다. 이 담화(제6담화)에서는 정주, 유혹, 시련의 가치, 고통과 유혹을 잘 활용하는 법 같은 다른 문제들도 다룹니다.

오리게네스 논쟁

카시아누스가 이집트에 머물던 시기에 오리게네스 논쟁이 일어났습니다. 오리게네스 논쟁은 수도승 영성의 역사에 중요한 사건인데, 위대한 이집트 수도승생활의 끝을 알리기 때문입니다. 교회는 오리게네스주의를 단죄했는데, 주로 영혼의 선재와 만유회복(*apocatastasis*: 단죄받은 이들을 포함한 모든 이가 하느님께로 회복되는 최종 화해)에 관한 가르침에서 비롯된 오류들과 삼위일체론에 관한 오류들이었습니다. 393년에 팔레스티나 수도승들 — 엄격한 이들 — 은 오리게네스를 맹렬하게 공격하기 시작합니다. 그들은 성 히에로니무스를 찾아가서 오리게네스를 단죄할 것을 요구합니다. 성 히에로니무스는 오리게네스에 대한 큰 존경심은 유지하면서도 자신의 저술에서 오리게네스 가르침의 흔적을 모두 지웠습니다. 반면 히에로니무스의 친구인 루피누스는 오리게네스를 공격하는 이들에게 동조하지 않았습니다. 살라미스의 에피파니우스는 예루살렘을 방문했다가 예루살렘 주교의 말에서 오리게네스주의의 견해가 엿보인다고 여겨 주교와 격렬한 논쟁을 벌이고는, 이미 예루살렘 주교와 절연한 성 히에로니무스에게 갔습니다. 반면, 히에로니무스의 친구인 루피누스는 예루살렘 주교의 편에 섰습니다. 이로써 루피누스와 히에로니무스 사이에도 깊은 골이 생기기 시작했습니다.

이 싸움은 이집트까지 번졌는데, 그때까지 이집트에서는 학자들이 오리게네스의 오류는 묵인한 채 그에게 배운 진리만 강조했습니다. 그 가운데에는 성 아타나시우스도 있었습니다. 그러나 갈등이 불거지자 분열이 생겼습니다. 관상주의자들, 곧 폰투스의 에바그리우스를 비롯한 성경을 공부하는 이들은 당연히 오리게네스를 사랑했습니다. 그 대척점에는 활동주의자들이 있었습니다. 자신들이 이해할 수 없는 고상한 교리를 신뢰하지 않고, 관상주의자들을 단죄할 기회를 노리던 이들이었습니다. 카시아누스가 만난 수도승들 가운데도 이 부류에 속한 이들이 있었는데, 특히 아브라함 압바는 성경 독서는 별로 가치가 없다고 생각했습니다. 그러나 활동주의자들은 다른 이단에 빠지고 마는데, 하느님은 육화뿐만 아니라 그 존재 자체로도 인간의 형상을 지닌다고 믿는 신인동형설이었습니다.

399년에 에바그리우스가 세상을 떠난 뒤, 오리게네스파이며 사막에 대한 통제권을 손에 쥐고자 했던 알렉산드리아의 테오필루스 대주교는 부활 서한을 보내면서(부활 축일 날짜를 선포하는 공문. 오늘날 참사회 회의장에서의 부활절 선포 참조) 오리게네스파를 만족시키기 위해 신인동형설을 단죄하는 내용도 포함했습니다. 그러자 스케티스 사막의 성당 세 곳에서 테오필루스를 이단으로 선언하고 부활 서한 읽기를 거부했습니다. 파프누티우스 사제만 빼고는 모두 그랬습니다. 원로 세라피온의 이야기를 보십시오. 이단을 포기하지 못하던 그는 카파도키아에서 온 학식이 뛰어난 손님을 통해 마침내 설득되기는 했으나 기도하다가 이렇게 흐느끼고 맙니다. "그들이 나의 하느님을 빼앗아 갔구나!"(제10담화).

알렉산드리아에서 들고일어난 수도승들은 테오필루스에게 오리게네스를 단죄하도록 압박했습니다. 테오필루스가 수도승들을 만나, "여러분을 보면 하느님의 얼굴을 봅니다"라고 말하자 수도승들은 이렇게 대답합니다. "그걸 믿으신다면 오리게네스를 단죄하십시오." 그러고는 그들은 조금 마음이 풀렸습니다. 테오필루스는 입장을 완전히 바꾸어, 이제는 활동주의자들의 지지를 업고 사막의 오리게네스파를 박해하기 시작합니다. 오리게네스파는 쫓겨나든 혹은 자의로 떠나든, 이집트를 떠나기 시작합니다. (팔라디우스에 따르면 오리게네스 지지자였던) 테오필루스는 군대를 보내 니트리아를 공격하고, 은수처 세 곳과 책들을 불태웠습니다. 그러고는 오리게네스파가 자신의 '순방'을 막기 위해 니트리아를 요새화했다고 말했습니다. 이시도루스와 '키다리 수도승들'(오리게네스주의 지도자 네 명)은 오리게네스주의 망명자 300명을 팔레스티나로 이끌고, 자신들은 성 요한 크리소스토무스에게 도움을 청하기 위해 콘스탄티노폴리스까지 갑니다.

카시아누스는 오리게네스 논쟁에 개입했을까요? 카시아누스가 자신의 역할에 관해 직접적으로 말하는 내용은 전혀 없습니다. 카시아누스에게서 오리게네스 이단을 찾아볼 수는 없지만, 그는 정통 오리게네스주의의 수덕 교리에서 에바그리우스를 따릅니다. 카시아누스는 아마 에바그리우스를 알고 있었을 겁니다. (파프누티우스를 비롯한) 카시아누스의 친구들은 니트리아의 오리게네스주의자들이었습니다. 또한 카시아누스는 이 무렵 이집트를 떠나 콘스탄티노폴리스로 가고, 거기서 402년 무렵에 서품됩니다.

아마도 카시아누스와 게르마누스는 오리게네스주의자들과 함께 이집트를 떠났거나, 또는 그 싸움의 여파로 떠났던 듯합니다. 그들은 아마도 오리게네스주의 신학자들과 얽혀 있었고, 니트리아에서 테오필루스와 콥트교도들이 못마땅한 시선으로 바라보고 공격했던 '외지인'에 속했던 것 같습니다. (이는 물론 정치적 기회주의 때문이었습니다.) 5세기가 시작되고 카시아누스가 이집트를 떠나자 이집트 수도승생활의 황금기도 막을 내렸습니다. 이제 수도승 운동은 서방에서, 특히 남부 프랑스에서 확고한 발판을 얻게 될 것입니다.

콘스탄티노폴리스와 갈리아

오리게네스주의자들은 요한 크리소스토무스에게로 피신했습니다. 크리소스토무스는 타협을 모르는 열렬한 진리의 수호자였으니까요. 정치가나 기회주의자가 아니었습니다. 실제로 그는 어떤 이들에게는 외교적 자질이 부족하다는 평가를 받았습니다. 지나치게 직설적이고 인간적 존중이 부족했으며 사소한 다툼에 휘말리지 않았으니까요. 그는 거룩하고 객관적인 사상가였습니다. 카시아누스는 크리소스토무스를 매우 존경했고, 그에게 부제품을 받았습니다.

성 요한 크리소스토무스는 374년 안티오키아에서 태어났습니다. 안티오키아의 위대한 설교가로서 가난한 이들을 위해 호소했지요. 398년, 콘스탄티노폴리스의 대주교로 축성된 그는 악습을 거침없이 단죄하며 개혁에 대한 열정을 보여 줍니다. 카시아누스는 그를 이상적인 주교이자 위대한 성인으로 여겼고, 스승으로 의지했습니다. 그러나 카시아누스 안에서 크리소스토무스의 실질적인 영향력은 거의 찾아볼 수 없습니다. (카시아누스는 크리소스토무스를 딱 한 번 인용하는데, 심지어 그 문장은 크리소스토무스의 저술 어디서도 찾아볼 수가 없습니다!)

카시아누스는 콘스탄티노폴리스에서 로마로 갔고, 거기서 아직 교황이 되기 전인 대 레오 성인을 만나 친구가 되었습니다. (어떤 이들은 그가 이 시기에 로마에서 펠라기우스를 만났다고 봅니다.) 전해지는 말로는, 성 레오는 카시아누스와 어울리면서 자기도 세상에서 물러나 은수자가 되고 싶어 했지만, 교황 인노켄티우스 1세가 이를 막았다고 합니다. 410년에 알라리크가 이끄는 고트족이 이탈리아를 침략했습니다. 카시아누스는 이 무렵 로마를 떠나 마르세유로 가는데, 그곳의 주교는 성 히에로니무스와 성 호노라투스의 친구이자 수도승 운동의 후원자였습니다. 카시아누스는 인노켄티우스 1세 교황에게, 혹은 마르세유의 주교인 프로쿨루스에게 사제품을 받았습니다.

이방인들이 북부와 이탈리아로 쳐들어오면서 프로방스는 로마 그리스도교 문명의 마지막 피신처가 되었습니다. 프랑스와 이탈리아에서 난민들이 건너왔고, 이들 가운데 많은 이들은 세상에 환멸을 느껴 수도승이 되었습니다. 412년에 서고트족이 프로방스를 가로질러 들어왔고, 점령에는 실패했으나 마르세유를 포위했습니다. 아를이 갈리아의 수도가 되었습니다. 갈리아에도 수도승생활이 존재하기는 했으나(성 마르티누스, 성 호노라투스 등), 아직 그리스도인들에게도 온전히 받아들여지지 못한 상태였습니다. 주교들은 수도승들을 박해했고, 군중은 그들을 조롱하고 공격했습니다. 여러 곳에서 수도승들은 이단으로 비난받았고, 마르세유의 주교 프로쿨루스는 수도승들에게 호의적이라는 이유로 곤란을 겪었습니다. 프로쿨루스의 적대자들은 이를 그를 공격하는 무기로 삼았습니다. 갈리아 수도승생활 자체도 여전히 내부적으로 허약했습니다.

카시아누스는 수도승 교리를 집대성하고 동방 전통을 서방에 적용할 수 있는 적임자였습니다.

1) 그 자신이 숙련된 수도승이었고,
2) 당대 가장 위대한 수도승들을 직접 만나고 함께 살았으며,
3) 수도승생활의 주요 거점들을 꿰뚫고 있었고,
4) 공주 수도승과 독거 수도승을 두루 알았으며,
5) 수도승 교리에 정통했고,
6) 스스로 높은 수도승 이상을 지니고 있었으며,
7) 이를 통합해 낼 만한 재능도 있었기 때문입니다.

카시아누스는 410년경에 마르세유에 도착했습니다. 레랭섬의 수도원이 막 지어졌을 때입니다. 그는 마르세유에서 만이 내려다보이는 곳에 성 빅토르 수도원을 세우는데, 이곳이 남부 프랑스 수도생활의 중심지가 됩니다. (다시 산으로 들어간) 압트의 주교 카스토르가 수도승생활에 관한 글을 써 달라고 요청해 오자 카시아누스는 『규정집』을 씁니다(420년경). 동방의 전통을 바탕으로

일관된 규칙의 토대를 제공하려는 생각이었습니다. 『담화집』은 425년에서 428년 사이에 쓰였습니다. 그의 저술은 레랭 지방에 널리 영향을 미쳤고, 곧 프랑스의 주요 교구를 맡아 다스리게 될 주교들이 이곳에서 양성되었습니다. 이러한 영향력은 이탈리아와 히스파니아, 아프리카까지 널리 뻗어 나갑니다. 카시아누스는 성 베네딕도에게도 영향을 미쳤고, 덕분에 베네딕도는 서방 수도승생활에서 지속적인 영향력을 지니게 되었습니다. 카시아누스는 433년경, 준-펠라기우스주의라고 공격받은 지 얼마 되지 않아 세상을 떠났습니다. 그에 대한 지역적 공경이 시작되었고 — 마르세유에서는 7월 23일을 축일로 지냅니다 — 교황 우르바누스 5세는 은으로 된 그의 유해함에 '성 카시아누스'라는 문구를 새겼습니다. 동방교회는 지금도 2월 29일에 그의 축일을 지냅니다. 『필로칼리아』에는 그의 이름이 '로마의 성 카시아누스'로 기록되어 있습니다.

열네 번째 강의

카시아누스의 『담화집』

카시아누스의 『담화집』에는 총 24편의 담화가 들어 있는데 크게 세 부분으로 나뉩니다. 제1부는 스케티스 은수자들의 담화 열 편입니다. 수도생활의 본질과 분별에 관한 모세 압바의 담화 두 편, 세 가지 포기에 관한 파프누티우스 압바의 담화, 육과 영의 갈등과 욕정에 관한 다니엘 압바의 담화, 여덟 가지 주된 악습에 관한 세라피온 압바의 담화(『규정집』 참조), 왜 하느님께서는 성인들이 피살되도록 허락하시는가에 관한 테오도루스 압바의 담화, 정신의 변덕과 악령들, 유혹에 관한 세레누스 압바의 담화 두 편, 기도에 관한 이사악 압바의 담화 두 편으로 구성됩니다. 제1부는 가장 뛰어나고 중요한 담화들을 담고 있기에, 우리는 이 부분에 집중하는 것이 좋겠습니다.

　제1부의 서언은 레온티우스 주교와 '헬라디우스'(갈리아의 은수자)에게 보내는 것입니다. 카시아누스는 은퇴하여 자신의 수도

원("침묵이라는 항구")에서 글을 쓰는데, "광대한 바다"처럼 펼쳐진 스케티스 교부들의 가르침을 들여다보면서 공주 수도승들의 은둔을 훨씬 뛰어넘는 위대한 독거 수도승들과 관상 수도승들의 지혜가 여기 있다는 사실에 놀라워합니다. (공주 수도승들을 위한) 『규정집』과 (은수자들을 위한) 『담화집』의 차이는, 『규정집』이 규칙 준수와 전례와 수행을 다루고 있다면, 『담화집』은 "눈으로 볼 수 없는 인간의 내적 태도(habitus)"(『담화집』 제1-10담화 서언)와 지속적인 기도와 관상을 다루고 있다는 점입니다. 카시아누스는 독자들에게 여기서 제시하는 이상이 너무 고결하고 어렵다고 당황하지 말고, (공주 수도승이라면) 자신의 신분이나 성소를 기준으로 평가하지도 말라고 경고합니다. 올바른 판단을 내릴 수단이 그에게는 없기 때문입니다. 사막의 절대적 고독과 묵직한 공허 속에서 홀로 지내며 정신의 깨달음을 경험하지 않고는 이러한 교리를 온전히 이해할 수 없다고 카시아누스는 말합니다.

의심할 바 없이, 처음 두 담화는 카시아누스의 모든 저술 가운데 가장 중요합니다. 이 담화들은 모든 것의 바탕으로서, 마음의 순결과 분별에 관한 그의 교리를 모르고서는 참된 수도승의 태도를 이해할 수 없고, 수도생활의 전체 목적도 간과하게 될 것입니다. 이는 우리에게 관상이 고독과 침묵과 포기로만 이루어지지 않으며, 이들은 결국 마음의 순결을 위한 수단일 뿐임을 보여줍니다. '더욱 완전한 삶'을 향한 열망은 곧 더 큰 내적 완덕을 추구하려는 영감이라고 해석해야 합니다.

제1담화: 수도승의 목적과 목표

수도생활의 목적과 목표는 무엇인가? 이것은 우리가 언제나 돌아가야 할 지극히 중요하고 커다란 물음입니다. 왜 우리는 세속을 떠났는가? 스케티스의 은수자인 모세 압바의 대답은 이러합니다. "우리가 사막에 온 것은 하느님 나라를 찾기 위해서이고, 하느님 나라에 들어가는 길은 마음의 순결을 얻는 것이다." 우선 카시아누스는 모세 압바의 겸손함과 그가 영적 담화를 시작하기 전 주저하는 모습을 있는 그대로 우리에게 보여 줍니다. 사막 교부들은 참된 침묵의 정신 속에 살았고 말을 아꼈으며 영적인 일에 관해서도 마찬가지였습니다. 그렇기에 그들은 "눈물을 흘리며" 모세 압바에게 말씀을 청해야 했습니다. 호기심 많은 이들이나 무관심한 이들에게 영적 생활의 비밀을 누설하는 것은 그릇된 일이 될 수도 있습니다.

수도생활의 목적은 무엇일까요? 직접 '목표'(*skopos*)와 궁극 '목적'(*telos*)이 있습니다. 먼저 이 둘을 구분해야 합니다. 수도생활도 하나의 '기술'로서, 서로 구분되는 두 종류의 목표가 있습니다. 하나는 직접 목표이고, 다른 하나는 궁극 목적입니다. 농부가 잡초를 뽑고 땅을 쟁기로 가는 것은 씨를 뿌리기 위해 준비하는 것이지요. 이러한 준비가 '목표'입니다. 최종 '목적'은 수확입니다. 수도생활에도 목표와 목적이 있고, 이를 위해서 우리는 온갖 수고와 어려움을 겪는 것입니다. 우리는 우리가 무엇을 추구하는지 알고 있습니다. 이것만으로도 모든 희생을 가치 있게 만들기에 충분합니다. 자신이 무엇을 좇고 있는지 모른다면 추구에 매진하기는 훨씬 더 어렵고 사실상 거의 불가능합니다.

모세 압바는 그들에게 왜 사막에서의 긴 여정과 체류를 시작했는지 묻습니다. 그들은 "하늘 나라 때문"이라고 대답합니다. 압바는 이것이 올바른 대답이라고 합니다. 이것이 '목적'입니다. 그렇다면 직접 목표는 무엇일까요? 이것의 실제적 중요성에 주목하십시오. 분별력 있게 행동하기 위해서는 일반적이고 보편적인 것만이 아니라 실제적이고 구체적인 것도 고려해야 합니다. 큰 틀에서 전반적으로 '선'을 행해야 할 뿐만 아니라, 지금 여기서 행해야 할 구체적인 선도 있습니다. 그것을 알지 못하면 올바르게 행동할 수 없습니다. 그러므로 작은 일에도 분명한 직접 목표를 세우는 것이 중요합니다. 큰 보편적 목적에만 우리 자신을 가두지 말고, 당장 지금 내가 무엇을 하고 있는지 아는 것입니다. 어떤 경우에는 보편적 목적이 우리를 움직이는 힘은 매우 약할 수 있습니다. 예컨대, 묵상의 경우가 그러합니다. 묵상에서는 단순히 '하느님과의 일치'가 아니라, 세밀한 목표를 세우는 편이 더 낫습니다.

카시아누스와 게르마누스는 수도생활의 직접적 목표는 모르겠다고 고백합니다. 오늘날 수많은 수도승도 똑같은 어려움을 겪고 있지요. 그러자 모세 압바는 단호하게 말합니다. "모든 기술과 학문에는 먼저 어떤 목표, 곧 마음이 향하는 방향과 정신이 꾸준히 갖는 지향이 있어야 한다. 누가 지극히 근면과 인내로써 이것을 그 무엇보다 앞세우지 않는다면 자기가 목적하는 바에 도달하지 못하고 원하는 것을 얻지 못할 것이다." 직접적 목표가 먼저이며, 그렇기에 중요합니다.

목표를 인내심 있게, 주의 깊게 바라보고 마음에 새겨야 합니다. 목표는 "정신이 꾸준히 간직하는 지향"으로서 우리 행위의 내용과 방식과 이유입니다. 그것이 없다면 우리의 행위는 온데간데없이 흩어져 사라집니다. "정처 없이 여행하는 사람은 고생만 하고 전진하지는 못"합니다.

직접적 목표는 마음의 순결입니다. "그런데 그 직접 목표는 마음의 순결이다. 그것 없이는 아무도 저 궁극 목적에 도달할 수 없다." 그러므로 수도생활을 잘하려면 마음의 순결을 얻는 데 모든 관심과 노력을 쏟아야 합니다. 마음의 순결이란 깨끗한 마음으로 하느님을 사랑하고, 오직 사랑을 위해서 사심 없이 그분의 뜻을 행할 수 있는 능력입니다. 이 단순하고 사소해 보이는 원칙, 누구나 들어 보았고 당연한 것으로 받아들이는 이 원칙이 모든 수도승 영성에 지대한 영향을 미쳐 왔습니다. 성 베네딕도의 토대가 여기에 있고, 성 베르나르도의 신비신학도 이를 주춧돌로 삼았습니다.

이제 또 다른 중요한 실제적 원리가 나옵니다. "그렇다면 우리는 이 목표, 곧 마음의 순결로 우리를 이끌어 갈 수 있는 것이라면 무엇이든지 온 힘을 다하여 따라야 한다. 반면, 방해되는 것이라면 무엇이든지 위태롭고 해로운 것으로 알아 피해야 한다." 우리에게 좋은 것은 무엇입니까? 마음의 순결을 얻는 데 도움이 되는 모든 것입니다. 우리에게 나쁜 것은 무엇입니까? 마음을 깨끗하게 하지 못하도록 방해하는 모든 것입니다. "이것을 위해 우리는 무엇이든지 행하고 무엇이든지 견디며, 우리 부모와 조국, 명예, 부, 이 세상의 즐거움, 온갖 쾌락을 경시한다."

마음의 순결을 적용하는 예시들이 나옵니다.

1) 세상에 엄청난 재물을 버리고 왔어도 사막에서 펜이나 바늘 하나에 집착한다면 아무 소용이 없습니다. 마음이 깨끗하지 않은 것입니다. 그 수도승은 자신의 목표를 놓쳤기 때문입니다. 그의 눈은 초점 없이 떠돌고 하찮은 소유욕에 사로잡혔습니다. (이제 이 소유욕이 그의 목표가 됩니다.) 자기 책에 지나치게 집착한 나머지 남이 그것을 보거나 건드리지 못하게 하는 사람들에 관해서도 이야기합니다. 우리는 초기 아일랜드 수도승들 사이에서 일어난 갈등은 시편집 한 권 때문이었다는 것을 알고 있습니다.

2) 마음의 순결은 완전한 사랑과 동일시됩니다. "또 내 모든 재산을 희사하고 … 내게 사랑이 없다면 내게는 조금도 이로울 것이 없습니다"(1코린 13,3 참조). 그러므로 마음의 순결은 단순한 외적 포기나 물질적 비움이 아닙니다. 마음에서 피조물에 대한 사랑을 비워 내고 그 마음을 오롯이 하느님에 대한

사랑을 향해 열어야 합니다. 여기서 중요한 세부 사항이 더 나옵니다. 깨끗한 마음이란 시기하지 않고 허세를 부리지 않으며 교만하지 않고, 무례하지 않고 성을 내지 않으며 자기 이익을 추구하지 않고, 남들에게 닥친 악을 기뻐하지 않으며 앙심을 품지 않는 것입니다. 이 모든 것이 하느님께 깨끗한 마음을 봉헌하는 것입니다. 이것이 '활동생활'의 화관이라 할 수 있는 아파테이아(정념에서 해방된 상태)의 이상입니다.

3) 우리가 수도생활에서 하는 모든 일은 마음의 순결을 위한 것입니다. 단식, 침묵, 독서, 노동 등의 모든 수도승 규율은 마음을 악덕과 자기애로부터 깨끗이 하고 정념에서 벗어나게 하며 우리를 사랑의 완덕으로 들어 올리는 것이 본연의 역할입니다. "그런 것들을 통해 우리는 우리 마음이 모든 사악한 욕정에서 해를 입지 않도록 지킬 수 있고 이런 단계들을 따라 사랑의 완덕에 오르게" 됩니다.

4) 다른 한편, 우리가 더 중요한 일을 위하여 규율 가운데 하나를 지킬 수 없게 되었을 때 (예를 들어 손님을 환대하기 위해 단식을 포기해야 할 때) 슬퍼하거나 불안해한다면, 그것은 그 규율이 본래의 목표에 도움이 되지 못하고 있다는 뜻입니다. 이러한 규율들의 본래 목표는 바로 분노나 슬픔이나 그 밖의 다른 악에서 우리 영혼을 깨끗하게 하는 것이기 때문입니다.

5) 규율이 마음의 순결에 도움이 되지 않는다면 (다시 말해,

우리가 자기애 때문에 규율에 집착한다면), 오히려 마음의 순결을 방해하는 것임을 알아야 합니다. "단식을 하여 얻은 이득은 성을 내는 데서 오는 손실보다 적고 성경 읽기를 통해 맺는 열매는 형제를 경멸하는 데서 오는 해악보다 적다."

그는 목적과 수단을 뚜렷하게 구분합니다. 단식과 밤샘 등은 수단, 곧 도구입니다. 사랑이 목적입니다. 완덕은 도구에 있지 않고 그것들을 통해 이르는 목적에 있습니다. 수도생활의 바탕이 되는 이 중요한 원리를 잊어서는 안 됩니다. 이를 마음에 새긴다면 마땅히 기꺼운 마음으로 온전히 도구들을 활용하여 우리의 목적에 이를 것입니다. 그러나 이를 잊는다면 우리의 수고는 헛수고로 돌아가고 수도생활은 좌절되어 어쩌면 순전한 환상으로 끝날 수도 있습니다. "도구들을 통해 추구해야 할 목적에 도달하기 위하여 애쓰지 않고, 마치 이것들이 최고의 선인 듯이 이것들에 만족하고 거기에 마음의 지향을 두는 사람은 그것들을 수행하더라도 헛수고일 뿐"입니다.

    평화, 평정, 완전한 사랑 안에서의 마음의 순결, 이것이 수도생활의 정점입니다. 수도승이 오롯이 하느님과 누릴 수 있는 관상생활입니다. 여기서 카시아누스는 앞서 했던 말을 다시 강조하며, 지상에서의 관상적 삶이야말로 우리가 활동 수덕 생활을 통해 추구해야 할 목표(*skopos*)임을 분명히 밝힙니다.

그러니 우리 노력의 일차적인 목표는 우리 마음의 확고부동한 지향으로 갈망해야 하는 것, 곧 정신이 항상 천상적인 것들과 하느님에게서 떠나지 않게 하는 것이다.

그리고 이렇게 덧붙입니다. "아무리 훌륭한 것이라도 이에 어울리지 않는 것은 무엇이든 이차적인 것이나 보잘것없는 것, 심지어 해로운 것으로 판단해야 한다." 그런 다음에는 복음서에 나오는 마르타와 마리아에 관해 이야기합니다(루카 10장). 그가 풀이하는 이 말씀에서 마르타는 수덕 실천의 전통적 의미에서 '활동생활'을 상징하며, 이는 아파테이아를 거쳐 테오리아(관상)에 이릅니다. 그는 봉쇄 생활에 대조되는 사도 생활이나 선포에 관해서는 전혀 언급하지 않습니다. 우리를 덕의 삶으로 양성시키는 규율을 따르고 덕을 실천하는 마르타의 활동은 사실 '하찮은 일'(vile opus)이 아니라 '칭송할 만한 직무'(laudabile ministerium)입니다.

한편, 그릇된 '활동생활' 또는 활동주의도 있다는 것을 사막 교부들은 지적합니다. 이 유혹에 빠진 수도승은 하느님 앞에 홀로 있는 것을 피하려고 (거짓 구실로 만들어 낸) 불필요한 활동에 몰두합니다.

제2담화: **분별에 관하여**

모세 압바는 첫째 담화 끝부분에서 이제 마음의 순결에서 분별이라는 새로운 주제로 자연스럽게 넘어왔다고 합니다. 그러나 그들은 이미 밤늦도록 이야기했으니, 담화를 잠시 끊고 육신과 정신이 새로운 원기를 얻도록 잠시 눈을 붙인 다음, 분별에 관해서는 다음 날 이야기하겠다고 합니다. 먼저 그들이 말의 절도와 필요한 휴식을 통해 몸소 분별을 실천한 다음에 말이지요. 모세 압바는 분별의 주제는 매우 중요하다고 말합니다. 그는 분별이 덕 가운데 첫째 자리를 차지한다고 봅니다. [이는 성 토마스가, 현명(prudentia)은 각 도덕적 덕의 고유한 목적에 이르는 데 쓸 수 있도록 수단들을 배치하며, 그 수단들을 적절하게 배치함으로써 우리가 양극단 사이에서 합당한 중용을 찾도록 돕는데, 이것이 모든 도덕적 덕에 필수적이라고 한(『신학대전』 II-II, 제47문, 제6-7절) 의미로 받아들일 수 있습니다. 현명이 없으면 다른 도덕적 덕은 적절히 기능할 수 없으며, 이런 의미에서 현명은 가장 중요한 덕입니다.] 카시아누스가 말하는 분별은 현명의 한 특별한 측면입니다. 행위의 참된 동기에 관해 알게 되고, 이러한 앎에 비추어 수단들을 목적에 맞게 배치한다는 의미에서 현명인 것입니다. 그러나 분별은 현명을 넘어, 식견의 은사의 활동이기도 합니다.

 제1장: 모세 압바는 분별의 필요성은 분별력이 부족하여 구렁에 빠진 여러 사막 교부의 예시에서 알 수 있다는 말로 담화를 시작합니다. 정말 맞는 말입니다. 그래서 그는 우선 분별의 필요성에 집중하고, 그런 다음 분별력을 얻고 실천하는 방법을 이야기합니다.

모세는 분별은 "보통의 미덕이 아니라" 영웅적 덕이라고 선언합니다. 또 분별은 분명 초자연적이고 참된 은사로서 "하느님 은총의 선물과 결합하지 않는다면 인간이 노력한다고 아무 때나 얻을 수 있는 것이 아니"라고 합니다. 여기서 그는 분명, 주입된 덕인 현명뿐만 아니라 성령의 은사인 영의 식별에 관해서도 말하고 있습니다. 스콜라 신학은 이를 더욱 세밀하게 구분하려고 하겠으나, 우리로서는 카시아누스가 말하는 대로 받아들이고 너무 전문적으로 구분하지는 않아도 되겠습니다. "분별의 은사는 지상의 작은 능력이 아니다. … 수도승은 힘을 다하여 이 덕행을 얻어야 한다." 그가 분별이란 "우리 안에서 움직이는 영들"을 확실히 아는 것이라고 설명하는 것에 주목하십시오. "그러지 못한다면 그는 어두운 밤에 앞을 못 보는 사람처럼 헤맬 것이다. 그런 이는 위험한 구덩이에 빠지거나 낭떠러지에서 떨어질 뿐 아니라 평탄하고 곧은 길을 가다가도 종종 부딪칠 것이다."

사막 교부 전통, 특히 성 안토니우스에게서 그 증거를 찾기 위해, 성 안토니우스와 그 제자들의 토론 이야기가 나옵니다. 그때 모세 압바는 젊은 수도승으로 테바이스 지방에 살고 있었습니다. 어떤 덕행이 (또는 수도승의 완덕에 이르기 위한 어떤 수단이) 가장 중요한가 하는 물음이 제기됩니다. 어떤 이들은 단식과 밤샘을, 다른 이들은 포기와 은둔을, 또 다른 이들은 형제적 사랑의 실천을 꼽았습니다. 안토니우스는 그들의 말을 다 듣고는 이렇게 말했습니다. "모두 필요하고 유익한 것들입니다. 그러나 많은 이가 이것들을 실천했음에도 결국 망하고 말았습니다. 그러니 이것들은 그 자체로는 수도승을 거룩함으로 이끌지 못합니다. 다른 무언가가 있어야 합니다." 그러면서 그는 수행과 은둔을 훌륭히 실천했음에도 멸망한 이들을 살펴보고 그들에게 무엇이 부족했는지 알아낸다면, 아마도 참된 완덕의 진정한 열쇠, "하느님께 나아가게 하는 가장 중요한 덕행"을 밝힐 수 있으리라고 덧붙입니다. 그들이 구렁에 빠진 이유는 덕행의 실천에서 그 정도가 지나쳤기 때문이고, 그것은 수도승 완덕의 방법을 옳게 배우지 못해서 분별력이 부족했기 때문입니다. 분별력이 없으면 다른 덕행은 아무것도 아니게 되고 아무 열매도 맺지 못합니다. 분별은 상반되는 양극단을 피하면서 하느님께 이르는 왕도를 가르쳐 줍니다. 이 분별을 복음서에서는 이렇게 일컬었습니다. "몸의 등불은 눈입니다. 그러므로 … 당신의 눈이 흐리면 당신의 온몸이 어두울 것입니다"(마태 6,22-23). 분별은 열정에 휩쓸리거나 열성의 때에 들뜨지 않으며, 시련의 때에도 우울해하거나 낙담하지 않습니다. 무슨 일이든 지혜와 식견으로 행해야 함을 이야기하는 성경 말씀들을 풀이한 다음, 모세 압바는 "어떤 덕행도 분별의 은사 없이는 완전하게 얻거나 보존할 수 없다"라고 결론짓습니다. 분별은 우리를 안전하게 하느님께 이끕니다. 분별은 우리가 더욱 수월하게 가장 높은 완덕의 정상에 이르게 합니다. 분별이 없으면 대부분의 사람은 아예 이 정상에 이를 수가 없습니다. 한마디로 분별은 합리적인 판단을 내릴 수 있게 하는데, 이것은 은둔에 절대적으로 필요한 것입니다. 분별은 수도승 성소를 탄탄하고 항구하게 하며, "수도승이 방해받지 않고 차근차근 단계별로 하느님께 나아가도록 이끕니다."

분별력이 부족했던 이들의 예시가 이어집니다. 원로 헤론은 수도승 전통을 따르기보다 자기 뜻과 판단에 따라서 부활 축일 예식에 참석하기를 거부하고 악마에게 홀려 깊은 우물에 뛰어들었습니다. 사막의 두 형제 가운데 하나는 기적으로 배를 채우기만 기다리다가 자만심 때문에 굶어 죽었습니다. 여러 차례의 거짓 환시에 속아 넘어간 끝에 자기 아들을 하느님께 희생 제물로 바치려고까지 한 수도승도 있었는데, 다행히 그 아들이 아버지가 칼을 가는 것을 보고는 도망쳤습니다. 어떤 수도승은 거짓 계시에 속아서 스스로 할례를 받고 유다교에 빠졌습니다. 이 모든 사례에서 우리는 자만심과 독단, 자기 나름의 내적 빛에 대한 의존으로 인해 현실감각을 완전히 잃어버리고 심각한 오류에 빠져 영적 멸망에 이른 자들을 볼 수 있습니다.

게르마누스는 이러한 이야기들을 통해 분별이 꼭 필요하고 다른 모든 덕행도 분별에 의존하고 있음을 충분히 이해하고는, 이제 모세 압바에게 어떻게 하면 분별을 얻을 수 있는지, 또 어떻게 참된 분별과 그릇된 분별을 구별할 수 있는지 묻습니다. 모세 압바는 분별은 전적으로 겸손에 달려 있다고 대답합니다. (그러므로 성 베네딕도가 겸손을 자신의 수행과 규칙서의 핵심으로 삼은 것은 매우 현명했습니다.)

참된 겸손을 알아볼 수 있는 징후는 다음과 같습니다.

가) 겸손의 첫째 징후는 자기 행동뿐 아니라 생각에 관해서도 원로(영적 아버지)의 판단에 따르는 것입니다. 그러므로 겸손은 온순과 순명과 나란히 갑니다. 그것은 자신의 판단을 건강하게 불신하는 것이며, 앞서 그들의 선배들에게 순종했던 이들에게 마찬가지로 순종하는 것입니다. 이 기준은 실제적인 수도원과 영적 아버지들에게 적용될 때만 효과가 있습니다. 단순히 승인받은 책을 가지고 자신을 인도하는 문제가 아니라, 자신이 속한 집단의 관습과 전통을 따르는 문제입니다. 이러한 관습과 전통이 나에게는 맞지 않는다는 것이 확실하다면, 다른 곳으로 가십시오.

나) 분별을 얻기 위해 순명과 더불어 또 하나 필요한 자세는 영적 아버지를 향한 열린 마음입니다. "자기 마음속에 일어나는 모든 생각을 위험한 수치심 때문에 감추지 않고 오히려 그것을 해야 하는지 하지 말아야 하는지를 선배들의 성숙한 심사에 맡기는" 사람은 원수가 속일 수 없습니다. 이렇게 함으로써 우리는 자신의 무지나 미숙함에서 보호받을 수 있습니다. 악한 생각이나 무분별한 생각은 그것을 드러내기로 결심하는 순간 바로 그 독침을 잃어버리는 경우가 많습니다.

날마다 여분의 빵을 숨겨 두었다가 밤에 몰래 먹던 제자의 예를 생각해 보십시오. 그가 자기 잘못을 영적 아버지에게 고백하자마자 악마가 그에게서 떠나갔습니다. 결론은, 악마는 자기 나름의 판단만 믿고 자기 행동과 생각을 영적 아버지에게 숨기는 이들만 멸망시킬 수 있다는 것입니다.

그러나 영적 아버지들의 훌륭함이 다 같지는 않지요. 카시아누스는 양심을 드러내는 것이 만병통치약이라고 맹신하지는 않습니다. 영적 아버지 자신이 분별력이 없을 수도 있으니까요. 그러므로 어느 원로에게 자신을 맡길 것인지 지혜롭게 선택해야 합니다. 머리가 허옇게 센 나이 든 수도승이라고 무작정 그의 가르침을 받아들이거나 그의 본보기를 따라야 하는 것은 아닙니다. 자기 뜻과 의견에만 매달리지 않고 참된 수도승 전통에 충실하며 오랜 덕행의 삶을 살아온 것이 입증된, 참된 분별력을 지닌 영적 아버지를 선택해야 합니다. 현명한 영적 아버지는 인간적 약함을 이해하고 공감할 줄 아는 사람입니다. 무엇보다 그는, 성인을 만드는 것은 하느님의 은총임을 알고 있어야 합니다.

제2담화는 게르마누스와 카시아누스가 줄곧 관심을 두었던 중요한 문제, 곧 어떻게 분심을 극복하고 지속적인 기도 상태에서 살아갈 수 있는가 하는 물음에 대답하는 것으로 마무리됩니다. 이 주제는 이사악 압바의 제9담화와 제10담화에서 다시 다루어질 것입니다. 또한 유혹에 관한 다니엘 압바의 제4담화와 '정신의 변덕과 악령들'에 관한 세레누스 압바의 제7담화에서도 다루고 있습니다.

제4담화: **육과 영의 욕정에 관한 다니엘 압바의 담화**

물음은 이것입니다. 왜 우리의 생각과 기분은 그토록 변덕스럽고 불안정한가? 영적 위로와 영적 메마름 — 기도의 열의와 기도할 수 없는 상태 — 가 뚜렷한 이유 없이 오락가락합니다.

이 복된 다니엘에게 우리는 다음 문제에 대해 물어보았다. "가끔 우리가 독방에 앉아서 말할 수 없는 기쁨과 넘쳐흐르는 거룩한 감격으로 마음이 지극히 활기찰 때가 있습니다. 그런 기쁨은 말로 표현할 수도 생각으로 걷잡을 수도 없습니다. 그럴 때, 우리의 기도는 깨끗하고 즉흥적으로 나오며, 영적 열매로 가득 찬 마음으로 우리는 잠자는 동안에도 쉼 없는 간청이 효과적이고 가볍게 하느님께 올라간다는 것을 느낄 수 있습니다. 하지만 어떤 때엔 갑자기 불안과 이유 없는 슬픔이 우리를 짓눌러서 저런 체험들의 샘이 말라 버립니다. 그뿐만 아니라 독방에 있기 싫어지고, 성경 읽기의 맛이 없어지며, 기도 자체도 방향을 잃고, 술 취한 사람처럼 왔다 갔다 합니다. 탄식하면서 우리 정신을 본래의 방향으로 돌려 보아도 헛일입니다. 하느님을 바라보려고 노력하면 할수록 마음은 더욱 급하게 미끄러져 정처 없이 돌아다닙니다. 영적 열매를 전혀 낼 수 없는 이 상태에서는 천국에 대한 열망도 지옥에 대한 두려움도 영혼을 이 치명적인 잠에서 깨우지 못합니다."

세 가지 원인이 있습니다. "그런 상태는 우리의 게으름에 기인할 수도 있고, 마귀의 공격 때문일 수도 있으며, 하느님께서 우리를 시험하시기 위하여 당신 안배로 허락하신 것일 수도 있다." 다니엘 압바는 이렇게 말문을 엽니다.

하느님께서 당신 안배로 우리를 시험하시어 무미건조함과 영적 메마름을 느끼게 하시는 까닭은 다음과 같습니다.

1) 우리에게 겸손함과 자기 이해, 자기 불신, 은총에 의존하고 있다는 인식을 일깨우시고,
2) 우리의 항구심과 하느님을 섬기려는 의지의 확고함을 시험하시며, 우리가 더욱 노력하도록 북돋우기 위해서입니다.

우리는 은총 없이는 아무것도 할 수 없습니다. 사실 은총은 우리가 은총에 합당한 일을 전혀 하지 않았을 때도 자주 우리를 찾아와서 우리를 게으름에서 깨워 줍니다.

이런 사정은 우리 안의 좋은 것은 모두 하느님의 은총과 자비의 결과라는 것을 명백하게 증명하고 있다. 하느님의 은총이 떠난다면 우리가 아무리 노력해도 소용이 없다. 우리가 아주 부지런히 애를 쓰더라도 그분의 도움 없이는 예전의 상태를 회복할 수 없다. 이와 같이 "그것은 인간이 원한다고 해서 되는 일도 아니요 노력한다고 해서 되는 일도 아닙니다. 그것은 오로지 불쌍히 여

기시는 하느님께 달려 있습니다"(로마 9,16)라는 말씀이 우리 안에서 이루어진다. 우리가 생각하는 것과 달리 하느님의 은총은 우리가 소홀히 하고 게으르게 지낼 때도 가끔 그대들이 말하는 거룩한 감명과 풍요로운 영적 생각을 베풀어 준다. 이처럼 은총은 자격 없는 이들에게 영감을 주고, 잠자는 이들을 깨워 주며, 무지로 눈먼 이들에게 빛을 준다. 하느님은 은총을 우리 마음에 부어 주셔서 우리를 인자하게 책망하시고, 고쳐 주시고, 이렇게 해서라도 참회의 자극에 의해 우리를 게으른 잠에서 일어나게 하신다. 나아가 이렇게 방문하실 때 그분은 가끔 사람이 아무리 해도 만들어 낼 수 없는 향기로 우리를 채우시어, 우리 마음은 그 낙으로 녹고 황홀 상태에 들어가 자신이 육체 안에 머무르고 있다는 사실조차 잊어버릴 때가 있다.

시련과 유혹의 가치는 구약과 신약 성경 말씀들에서 찾아볼 수 있습니다. 육과 영의 싸움은 건강한 것이며, 거짓 안정과 안주하는 자기만족에 빠지지 않게 하시려고 하느님께서 우리를 위해 뜻하신 것입니다.

유혹과 갈등의 심리학이 나옵니다. 그는 의지적 억제의 한계와 본의 아닌 욕정의 활동을 살펴보면서, '육의 욕구'와 '영의 욕구' 사이에는 '의지'가 있다고 봅니다. 영의 욕구란 단식이나 기도에 대한 갈망이나 기호를 뜻합니다. 본성상 의지는 육을 포기하지 않으면서도 영의 열매는 바라는 타협의 경향을 보입니다. 그렇기에 의지는 미온적입니다. 그러나 다른 측면도 있습니다. 의지는 중도로 기우는 경향이 있으며 단식이나 고행 같은 영적 수단의 사용에서도 과도함에 빠지지 않으려 합니다. 이렇게 하여 육과 영의 싸움은 '중용을 통한 균형'을 이루어 냅니다. 육의 욕구는 하느님께 도움을 청하도록 의지를 일깨웁니다. 지나친 고행은 탈진 상태를 야기하고, 그러면 의지는 적절한 평형을 유지하기 위해 육에 필요한 휴식으로 돌아갈 것입니다. 이렇게 엎치락뒤치락 싸움을 계속해 나가면서 마음의 순결을 얻습니다. 그리하여 그리스도의 군사는 중용이라는 '왕도'를 따르도록 배웁니다. 악마들은 어느 한쪽 욕구를 지나치게 짓누름으로써 물질적인 것에서나 영적 실천에서 과도함에 빠지게 하는 방식으로 이 균형을 깨뜨리려고 합니다.

제9담화와 제10담화: 기도에 관한 이사악 압바의 담화

이 두 담화는 제1담화의 논리적 연장선에 있으며 제1담화와 더불어 카시아누스 담화집에서 가장 중요한 대목으로서 관상 수도승들이 가장 관심 있게 볼만한 부분이고, 베네딕도회 기도의 견고한 토대를 이룹니다.

마음의 순결에 관한 모세 압바의 제1담화 뒷부분에서 분심과 끊임없는 기도에 관한 물음이 나왔고, 이것이 제2담화의 주제인 분별로 이어졌습니다. 그러나 이는 그저 잠시 옆길로 새는 정도였습니다. 제9담화에 이르러 비로소 카시아누스는 무질서한 욕정에 대한 집착에서 정화된 평온한 수도승의 마음에서 끊임없이 우러나오는 깨끗한 기도라는 문제에 본격적으로 들어갑니다. 제9담화는 제1담화에서 다룬 생각들을 요약하는 것으로 시작하여, 깨끗한 기도라는 주제로 연결됩니다. 깨끗한 기도의 자질을 다룬 다음, 여러 종류의 기도와 그 활용법에 관하여 이야기합니다. 그런 다음 주님의 기도에 관한 짧은 주해가 이어지고, 신비주의 기도와 눈물의 은총에 관해 이야기한 다음, 홀로 기도하기 위한 외적 조건들로 돌아갑니다.

제10담화는 주제에서 잠시 벗어나 이집트의 부활 축일 날짜와 신인동형설 이단을 짧게 다루는 것으로 시작해서, 주님의 인성과 우리의 기도 문제로 이어집니다. 담화의 나머지 부분은 지속적 기도와 분심을 피하는 방법으로 채워집니다. 이미 제1담화에서 분심과 연관 지어 이 문제를 다룬 바 있지요. 이제 두 담화 가운데 더 중요한 제9담화로 들어가 봅시다.

마음의 순결과 깨끗한 기도

이사악 압바는 모세 압바가 다루었던 마음의 순결이라는 주제를 다시 꺼냅니다. 왜 그럴까요? 수도승은 본질적으로, 그리고 무엇보다도, 기도의 사람이기 때문입니다. 수도승은 기도와 관상을 통해 현세 삶에서도 가능한 한 끊임없이 하느님과 일치하기 위하여 자신의 마음을 정화합니다. 이사악 압바에 따르면 끊임없는 기도는 우리가 세상에서 물러난 이유이며, 통상 마음의 순결과 동행합니다. 이 둘은 함께 갑니다. 수도생활의 모든 것이 마음의 순결을 낳는 데 이바지하는 것처럼, 수도생활의 모든 것은 또한 끊임없이 항구한 기도와 흔들림 없이 고요한 정신, 완전한 마음의 순결을 북돋우는 데 이바지합니다. 한결같은 기도에는 어려움이 따릅니다. 영적 위로가 한결같지 않고, 기도 후의 감정이 한결같지 않으며, 덕이며 습관인 기도는 전체 덕행의 한 부분이라는 점입니다. 수도승의 모든 덕은 이 기도의 정점에 이바지하지만, 만약 이 정점에 이르지 못하면 그 덕들 자체도 안정적으로 유지될 수 없습니다. 모든 수도승 규율은 우리가 끊임없이 기도하는 데 이바지해야 합니다. 예컨대, 육체적 활동과 영적 활동 사이의 균형도 참된 기도를 증진하기 위한 것입니다.

사막 교부들의 지혜를 살펴보십시오. 그런 글을 겉핥기식으로 읽으면, 중요한 것은 끊임없이 기도에 집중하는 것이며 이는 정신을 항상 기도에 쏟아야 한다는 뜻이라고 막연히 생각할지도 모릅니다. 그러나 사실 이것은 기도 생활에 치명적입니다. 우리는 지혜를 발휘하여 육체적 활동과 영적 활동을 건강하게 번갈아 함으로써, 우리의 능력과 힘을 다른 방식으로 다시 기도에 쏟을 수 있어야 합니다. 하나가 일할 때 다른 하나는 쉬게 해야 합니다.

기도는 덕스러운 삶의 영혼이며, 덕행이라는 건물의 꼭대기입니다. 기도가 없는 덕행은 불완전하며, 관상이 (어떤 의미로든) 빠져 있다면 덕스러운 삶에 가장 중요한 것이 결핍된 것입니다. 이사악 압바는 더 나아가, 덕행의 완성인 기도로 숨을 불어넣고 묶어 놓지 않으면 덕행이라는 유기체는 생명을 잃고 허물어질 것이라고 덧붙입니다. "이 모든 것이 기도라는 꼭대기로 묶여 있지 않으면 건물은 단단하게 서 있지 못한다." 정점에 오른 기도는 완덕을 "단단히 고정"합니다. 또한 기도(관상)는 모든 덕행을 실천하지 않고서는 얻을 수 없습니다. 영성 생활에서 기도와 모든 덕행 사이에 꼭 필요한 본질적인 관계가 여기서 비롯합니다. (덕행은 힘입니다.) 기도 생활은 덕의 기초 위에 세워지기에, 기도의 토대가 되는 덕을 염두에 두지 않는다면 기도에 관한 온갖 이야기도 아무 소용이 없습니다. 이것은 또 다른 방식으로 기도와 마음의 순결을 연결합니다. 모든 덕의 기능은 우리 마음을 깨끗하게 하는 것이기 때문입니다. 덕은 마음을 차분히 모아 하느님께만 오롯이 매이는 것을 어렵게 하거나 불가능하게 막는 장애물을 치워 줍니다.

 단순, 겸손, 고행, 그리고 (복음에 대한) 믿음이 기도 생활에 특별히 중요한 덕목들로 지목됩니다. 이 네 개의 주춧돌을 건물 기초에 쌓아 놓으면 정욕이나 원수의 공격에도 흔들릴 리가 없습니다. 그러나 주의하십시오. 공격은 반드시 있을 것입니다. "성심을 다해 순결한 기도를 드리기 위해서는" 수행에서 다음과 같은 준비를 해야 합니다.

가) 세속 일과 물질적인 것에 대한 염려를 모두 떨쳐 버려야 합니다. 분심거리, 말하자면 피할 수 있는 모든 일을 깨끗이 치워 버려야 합니다. 가능하다면 세속적·물질적 일에 관한 모든 관심을 완전히 포기해야 합니다.

나) 온갖 쓸데없는 수다와 마음을 흩어 놓는 것들과 한가한 농담을 기억에서 깨끗이 씻어 내고, 이런 것들이 나올 만한 대화를 아예 피하십시오. 그리고 침묵을 진지하게 실천하십시오.

다) 분노와 슬픔과 육욕의 유혹을 없애십시오. 무엇보다도 세상으로부터 떨어져 나와 고독해짐으로써 그리하십시오.

라) 영혼 깊숙한 곳에 겸손의 기초("깊은 겸손의 단단한 기초")를 놓으십시오.

마) 그런 다음 겸손 위에 다른 모든 덕행을 쌓으십시오.

바) 우리가 기도에 분심을 끌고 들어가지 않도록, 기도 시간이 아닐 때도 우리 머릿속에 떠오르는 기억에 특별히 신경을 쓰십시오. 여기서 흥미로운 표현이 나옵니다. "평화를 바라며 엎드린다", 곧 "기도하기" 위해 또는 "기도에 깊이 들어가기" 위해 엎드린다는 말입니다. '평화'가 기도의 동의어로 쓰였습니다. 여기서 교훈은, 기도는 하느님에 대한 복종과 겸손에 달려 있으며 그 안에 참된 평화가 있다는 것입니다.

영혼은 솜털에 비길 수 있습니다. 솜털은 바싹 말라 있으면 지극히 가벼운 바람결에도 높이 날아오르지만, 물에 젖으면 땅바닥에 떨어집니다. 우리 영혼도 하느님의 일이 아닌 다른 일들에 관한 온갖 염려를 깨끗이 털어 내고 바싹 "말리면" 본성상 하느님 은총으로 하느님께 드높이 날아오릅니다. 이는 우리 영혼에 대한 낙관적 관점을 내포하고 있습니다. 카시아누스에 따르면, 영혼은 장애물이 없어지면 자연히 하느님께로 향하는 경향이 있습니다. 그는 수덕 실천은 영혼의 "자연스러운 움직임"을 회복하는 것이며, 이를 통해 영혼이 하느님을 찾게 된다고 말합니다. 이것이 꼭 펠라기우스주의는 아닙니다. 그는 아마도 은총을 염두에 두고 말한 듯합니다. 그는 본성과 은총을 명확히 구분했던 시대에 살지는 않았으니까요.

분심의 원천

복음에서 주님께서는 우리 마음이 짓눌리지 않도록 경계해야 할 대상은 독성죄나 살인죄 같은 명백하고 끔찍한 죄들이 아니라, 방탕과 만취와 일상의 근심 같은 것들이라고 말씀하십니다(루카 21,34 참조). 이사악 압바는 수도승은 과음하고 과식할 위험에서는 멀리 있지만, 그럼에도 경계해야 할 영적 탐욕과 만취가 있다고 경고합니다. 이것은 "술 아닌 것으로" 취하는 것, 마치 "용들의 분노"(신명 32,33 칠십인역 참조)처럼 활동주의에서 비롯한 사악한 만취입니다. 한마디로 이사악 압바는, 수도승은 과식하고 과음할 일은 별로 없지만 세상일에 지나치게 마음을 뺏겨 완전히 세속에 빠져들 위험이 있다고 말하는 것입니다. 수도승의 기도 생활에서 가장 큰 위험은 자기 활동에 너무 집착하는 것입니다. 이러한 집착을 피하기 위해서는 활동에 반드시 분명한 한계를 두어야 합니다. 수도승은 일과 시간을 넘겨서까지 일하거나 불필요한 사업들을 떠맡고 싶은 본능을 억제해야 하며, 자기 일이 사방으로 뻗어 나가지 않도록 살펴야 합니다. 기본 원칙은 이것입니다. 수도승이 하루에 천 원어치의 일을 해서 살아갈 수 있다면, 이천 원을 벌기 위해 일하지 말아야 한다는 것입니다. 잠잠히 있지 못하는 영혼은 끊임없이 해야 할 새로운 일들이 더 있다고 상상하며 기도 생활을 망칩니다. 이 모든 것은 "세속 욕심"입니다.

반대의 극단에는 전혀 일하지 않거나 공동 작업에 열의를 보이지 않는 수도승들이 있습니다. 이들은 수도원을 위한 일은 하지 않으면서 종종 자기 나름의 사업에 지나치게 열중합니다. 그러나 '기도하기' 위해 공동 활동에서 면제될 수 있다고 착각하는 것은 위선일 뿐입니다. 이 두 경우는 모두 똑같은 병입니다. 하느님과 홀로 있으며 그분 앞에서 우리의 보잘것없음을 견뎌 내는 영적 수고를 감당할 수 없을 때, 쓸데없이 일하고 생산하고 싶어서 근질대는 우리 인간 의지의 욕구입니다.

기도를 방해하는 "영혼의 병"의 예는 다음과 같습니다.

1) 어느 은수자가 스스로 '필요하다'고 확신하는 일로 매우 바쁘게 움직입니다. 그는 자기 은수처에 쓸데없는 공간을 더 만

들고, 안 해도 되는 수리를 하고 있습니다.

2) 사실 그는 벌겋게 달아오른 불채찍으로 그를 괴롭히는 악령의 횡포에 휘둘려서 이런 일을 하고 있습니다. 말하자면, 강렬하고 강박적인 노동 욕구가 그를 기도하지 못하게 붙잡아 둔 것입니다. 그는 자기 자신과 하느님에게서 도망치고 있고, 과도한 노동은 그가 도망칠 수 있는 도구가 되어 줍니다.

3) 이 '악령'의 영향력이 너무나 강력하기에, 그는 자연스러운 피로에도 잠시도 앉아 쉬지 못합니다. 분명 이것은 매우 중요한 문제입니다. 이런 병에 걸린 사람들은 자신의 증상을 '열정'이나 '헌신'으로 받아들이기 때문입니다. 그러나 그들이 자기 양심의 소리에 귀를 기울이고 분별력으로 자신을 돌아본다면, 이것은 참된 열정이나 헌신과는 다름을 쉽게 알 수 있습니다. 참된 열정이나 헌신에는 평화와 자기 비움이 따라오며, 참된 순명으로 행복해집니다. 주의할 것은, 공주 수도승은 자신이 집착하는 쓸데없는 일들을 하기 위한 허가나 명령을 언제든 받아 낼 수 있다는 점입니다. 그러나 마음 깊은 곳에서는 이것이 참된 순명이 아니라는 것을 알고 있을 것입니다.

4) 악령의 이러한 활동은 인간 안에 있는 하느님 모상에 대한 조롱이며 "잔인한 장난"입니다.

카시아누스는 이렇게 결론짓습니다. 이 세속적 활동주의, 외적 성취의 환상 때문에 영혼의 내적 고독을 회피하고자 하는 이러한 '야심'은 단순히 수도승 신분에 어울리지 않는 사업을 벌이는 문제만은 아닙니다. 중요한 것은, 바로 우리 눈앞에서 꼭 필요한 일인 양 우리를 유혹하는 일에 대한 과도한 욕구를 억누르는 데 관심을 기울이는 것입니다. 관상생활에 대한 헌신과 참된 기도의 열정은 유용하고 꼭 필요한 일인 양 당장 우리를 유혹하는 활동들에 뛰어들고 싶은 본능적 충동을 꺾으라고 촉구합니다. 꼭 필요한 일과 순명해야 하는 일로만 우리의 활동을 제한하고, 그것을 넘어서면 기도를 우선으로 여기는 법을 배워야 합니다.

카시아누스는 수도승 신분에 어울리는 활동들도 삶에서 너무 큰 부분을 차지하게 되면 마음을 흩어 놓고 과도한 것이 되어 버리며, 기도를 등한시하게 만들 수 있다고 지적합니다. 실제로 그것들은 사도직이나 세속 활동에 속하는 더 크고 야심 찬 사업들 만큼이나 우리 마음을 흩어 놓을 수 있습니다. 순전히 오락을 위한 활동도 당연히 멀리해야 합니다. 모든 사람은 노동과 더불어 적당한 정신의 휴식이 필요하지만, 무질서함을 피하기 위해서는 순명만을 따라야 합니다. 쓸데없는 사업들은 참된 마음의 순결을 방해하고, 수도승이 하느님 안에 쉬지 못하게 막으며, 영혼이 자신의 생명이며, 기쁨은 하느님이심을 잊고 다른 즐거움을 주는 것들에 의지하게 합니다. 이것은 사실상 영적 죽음입니다. 우리 영혼이 언제나 은총의 초대에 민감하게 깨어 있으면서 순응하고 응답하도록 주의를 기울여야 하며, 그러려면 영혼의 영적 감수성을 무디게 하는 계획과 활동에 휩쓸리지 않도록 조심해야 합니다. 적정한 노동은 영혼을 새롭게 하고 기도에도 도움이 되지만, 노동이 자기애의 발로가 되어 버리면 즉시 마음의 순결을 망쳐 놓습니다. 이러한 쓸데없는 활동에 대한 욕구를 통제하고 억제하는 데 소홀했던 것이 우리 수도원들 안에서 관상가가 될 수 있었던 많은 이의 패착이 되었습니다. 그러나 우리 마음이 참으로 깨끗해지면 우리는 천사들 가운데 살아가게 되고, 우리가 무엇을 하든, 노동을 하든 기도를 하든, 모든 것이 순결한 기도로 변모됩니다.

기도의 종류

이사악 압바는 기도의 종류에 관한 담화를 매우 겸손하게 시작합니다. 기도를 이론상 매우 명쾌하고 단순한 문제로 다루는 흔한 설명서의 저자나 독자들과는 달리, 이사악 압바는 기도란 영혼이 홀로 하느님과 맺는 신비롭고 은밀한 활동이며 기도에 관해 번지르르하게 말하는 것은 경솔한 처사라는 사실을 일깨웁니다. 실제로 "통회하는 마음과 깨끗한 정신으로 성령의 빛을 얻지 않고서는 기도의 모든 종류를 이해할 수 없기" 때문입니다.

'기도의 종류'를 설명할 때 가장 먼저 부딪히는 어려움은 실제로 기도의 종류가 거의 무한할 정도로 많다는 것입니다. 기도는 계속 바뀝니다. 기도는 살아 있는 실재이며, 서로 다른 모든 인간 영혼 안에 생길 수 있는 다양한 영적 상태의 수만큼이나 다양합니다. 제9담화 제8장 후반부는 특히나 지혜롭습니다. 이사악 압바는 우리는 여러 다른 상황에서 그때그때 다르게 기도하며, 기도를 '분류하기' 위해서는 이러한 차이와 변화 가능성을 잊어서는 안 된다고 상기시킵니다. 다시 말해, 우리는 언제나 똑같은 방식으로 기도하는 데에 매여 있거나, 우리의 기도가 언제나 똑같은 형태로 이루어질 것이라고 기대해서는 안 됩니다. 기도 생활을 엄격한 계획의 틀 안에 두거나 우리 나름의 추상적 이론에 맞추려고 애써서도 안 되며, 오히려 기도가 살아 있게 해야 하고, 기도가 하느님과의 일치 안에서 우리의 삶 저 너머까지 자라나도록 해야 합니다. 이렇게 주의를 준 다음 이사악 압바는 바오로 사도를 따라 기도를 네 종류로 구분하는 것을 조심스럽게 제안합니다. 이것이 기도의 모든 가능한 영역을 포괄할 수도 있고, 그러지 못할 수도 있지만 말입니다. 기도의 네 가지 종류는 간구와 기도와 전구와 감사(1티모 2,1)입니다.

간구(obsecratio): 간구는 죄의 용서를 위해 진정으로 뉘우치는 마음에서 우러나는 기도입니다.

기도(orationes): 기도는 하느님께 무엇을 바치거나 약속하거나 서원하는 기도입니다. 기도할 때 우리 마음의 지향은 어떤 선한 것을 결심하고, 그것을 완수하겠다고 약속하면서 그렇게 해낼 수 있는 은총을 청하고 이러한 봉헌으로 하느님께서 기뻐하시기를 바랍니다. "이 세상을 포기하고 세상의 모든 행동과 생활 방식에 대해 죽으면서 온전한 마음으로 주님을 섬기겠다고 서약하는 것도 기도입니다 …". 이 기도의 가치는 우리의 선한 결심을 실천하려는 의향이 얼마나 진실한가에 달려 있습니다.

전구(postulationes): 전구는 우리가 열정으로 남을 위하여 바치는 기도입니다. 우리의 친구나 친지를 위해서, 또는 세계 평화나 전체 교회의 유익을 위해서 바칠 수 있습니다. 여기서 카시아누스는 수도승의 역할을 다른 이들을 위하여 전구하는 사람, 곧 "모든 사람을 위해, 왕들과 높은 지위에 있는 모든 이를 위해"(1티모 2,1-2 참조) 전구하는 사람으로 여깁니다. 여기서 수도승의 기도의 사도직, 곧 죄 많은 세상에 자신의 전구로 은총을 가져오는 사람인 수도승의 역할을 알 수 있습니다. 이것은 그저 틀에 박힌 말이 아닙니다!

감사(gratiarum actio): 감사 기도는 지난날에 받은 하느님의 은총을 기억하고, 현재에 그분의 선하심과 자비를 바라보며, 미래에 그분의 약속이 이루어지리라 기대하는 마음에서 솟아나는 기도입니다. 감사는 이러한 좋은 것들을 그저 무덤덤하게 형식적으로 인정하는 것이 아니라, "마음이 표현할 수 없는 황홀로" 기도하는 깊고 뜨거운 사랑의 표현입니다. 이런 기도는 그 본성상 말과 분명한 개념을 훌쩍 뛰어넘어 높이 날아오릅니다. 이 기도는 한없는 기쁨과 수동성("우리 영이 끓어오릅니다")으로 (믿음과 희망과 사랑의) 커다란 순결이라는 특징을 지닙니다. 감사 기도는 **불타는** 기도입니다.

기도의 네 가지 종류는 한 사람 안에서도 번갈아 가며 나타날 수 있지만, 대개는 영성 생활의 여러 단계에서 어느 하나가 두드러지게 나타납니다. 간구는 아직 자기 죄를 다 씻어 내지 못한 초심자에게 더욱 적절합니다. 기도는 확신과 믿음으로 덕행에서 진보하는 단계에 있는 이들에게 해당합니다. 전구는 넘쳐흐르는 사랑으로 다른 이들을 위해 기도해 줄 수 있는 완전한 이들에게 해당합니다. 감사는 (아마도 신비가의) 정화된 영혼에 적합합니다. 이 영혼들은 "지극히 깨끗하고 열렬한 마음으로 불타는 기도, 사람의 입으로 포착할 수도, 표현할 수도 없는 기도에 휩쓸려 들어갑니다." 이제 이 교리의 독창성에 주목하십시오. 어떤 상태 또는 어느 단계에 있는 사람이라도 때로는 깨끗하고 격렬한 기도, 언제나 이 네 가지 기도가 모두 합쳐진 기도를 바칠 수 있습니다. 중요한 점은, 이 네 기도 모두에서 더 높은 상태, 곧 오롯한 하느님 관상과 불처럼 타오르는 사랑이 나온다는 것입니다.

 그런데 카시아누스는 관상가의 "불타는 기도" 안에서 기도의 모든 종류는 "포착할 수 없고 모든 것을 살라 버리는 불꽃처럼" 한데 합쳐진다고 말합니다. 이 기도 안에서 성령은 "말로 다할 수 없는 탄식으로"(로마 8,26) 우리 안에서 기도하시고, 큰 힘을 얻은 영혼은 혼자라면 오랜 시간에 걸쳐서도 품을 수 없는 무수한 지향과 생각을 한번에 품고 하느님께 올라갑니다! 그런데 그는 뒤에서 이것이 순수한 관상은 아니라고 말합니다. 불타는 기도는 가장 높은 단계의 관상보다는 '자연 관상'과 연관됩니다. 또한 가장 낮은 형태의 기도(통회)에서도 때로 영혼은 하느님의 자비를 봄으로써 이러한 불타는 기도의 높이까지 올라갈 수 있습니다. 더 높은 수준의 기도를 향해 우리는 바닥에서부터 시작하여 참을성 있게 차근차근 위로 올라가야 합니다. 영성 생활에서 성급하게 은총을 앞질러 가는 것은 커다란 실수입니다. 나는 지금 어딘가로 가고 있다고 잠깐은 자신을 속일 수 있을지 모르지만, 결국에는 다시 돌아와서 성급하게 건너뛰었던 바닥을 더 고생스럽고 힘들게 다시 걸어야 할 것입니다.

예수님께서는 이 모든 형태의 기도를 사용하셨습니다. 카시아누스는 이제 주님의 기도에 대한 분석으로 넘어갑니다. 기도에 관한 모든 초기 그리스도교 논문에서 꼭 다루는 주제이지요. 그 이유는 분명 주님의 기도가 모든 그리스도교 기도의 본보기이기 때문일 것입니다. 우리는 절대 앵무새처럼 주님의 기도를 바쳐서는 안 됩니다. 카시아누스가 말하기를, 주님의 기도를 여는 첫 단어들은 아담으로 말미암아 잃어버린 '파레시아'*parrhesia*(친근한 말, 자녀로서 누리는 자유)를 추구하는 것이 하느님의 뜻임을 암시합니다. 하느님께서는 우리 아버지이시고, 그분께서는 무엇보다도 우리가 사랑과 관상 앞에서 당신께 일치되기를 바라신다는 것입니다. 여기서 카시아누스는 교부들의 일관된 전통을 요약합니다.

그는 완전한 관상은 지금까지 말한 네 가지 기도에 포함되는 그 어떤 것보다 더 고상한 상태라고 말합니다. 이 가장 높은 차원의 기도에는 다음과 같은 요소가 있습니다.

1) 관상과 하느님에 대한 오롯한 사랑. [이것은 피조물 안에서 하느님을 관상하는 것이 아니라, 삼위일체에 대한 순수한 관상입니다.]
2) 하느님에 대한 순결한 사랑으로 말미암아, 마음은 자신을 잊어버리고 버려둔 채 가장 친밀하고 친근한 일치에 자신을 내맡깁니다.
3) 그러면 영혼은 매우 특별한 사랑으로 하느님과 (말로써가 아닌) "대화"를 나눕니다.

주님의 기도는 완전한 관상에 이릅니다. 아빌라의 성 데레사처럼(『완덕의 길』 제25장), 카시아누스는 우리가 주님의 기도를 제대로 바치면 그것은 우리를 더 높은 단계의 기도, 특히 앞에서 말한 불타는 기도로 이끌 수 있다고 확언합니다. "이 기도는 … 이 기도를 바치는 이들을 더 높은 단계로 들어 올린다. 이 단계에 대하여 상술한 바 있지만 이 상태는 불타는 기도라는 것으로서 극소수의 사람들만이 체험하게 된다. 형언할 길 없는 이 기도는 인간의 모든 생각을 초월하며 …."

우리는 기도가 성장할 수 있는 아주 작은 기회도 감사해야 하며, 이를 위해 하느님께서 우리에게 베푸시는 소박하고 평범한 기회들을 하찮게 여겨서는 안 됩니다. 우리를 관성에서 깨우는 이러한 특별한 순간과 은총의 손길을 맞을 준비가 되어 있어야 합니다. 카시아누스가 말하는 몇 가지 예들을 살펴봅시다.

1) 시편을 노래하다가 어떤 한 구절이 "불타는 기도의 계기"가 될 수 있습니다. 우리가 노래하는 시편에 담긴 의미들은 공동 기도에서 중요하고 진지한 빛의 원천입니다. 그래서 베네딕도는 이렇게 충고합니다. "시편을 외울 때는 우리의 마음이 우리 목소리와 조화되도록 할 것이다"(『수도 규칙』 19장). 시편의 원리는 시편들을 우리 안에 깊이 받아들여서 마치 우리가 직접 쓴 시인 것처럼 체험하게 하는 것입니다. 그러기 위해서는 시간을 들여 시편 구절을 인내심 있게 곱씹어 묵상하며, 우리 안에 온전히 스며들 때까지 한 구절에 머물러야 합니다.

2) 성가대에서 노래하는 형제들의 열성이 뼈저리게 뉘우치는 마음과 기도에 관한 관심을 불러일으킬 수 있습니다. 특히 시편을 독송하는 사람의 똑똑한 발성과 박력이 도움이 됩니다. (한 수도승이 시편을 독송하면 다른 이들이 경청하는 이집트 성무일도를 염두에 둔 듯합니다.) 우리에게는 그레고리오 성가가 비슷한 효과를 가져올 수 있습니다.

3) 교부들의 영적 담화와 훈시도 있습니다.

4) 소중한 사람의 죽음이 뉘우치는 마음과 기억을 불러일으키고, 기도에서 한 걸음 더 앞으로 나아가도록 도울 수 있습니다. 사랑하는 이의 죽음은 우리에게 종말에 관한 일들을 상기시키고, 죽어서 자신의 상급을 받으러 간 형제와 함께, 또는 그를 위해 기도하려는 마음을 일으키며, 주님 안에서 그의 승리에 동참하게 합니다.

5) 우리 자신의 미지근하고 게으른 생활을 반성함으로써 기도에 대한 유익한 열의가 생겨날 수 있습니다.

한마디로, 카시아누스는 우리가 계속해서 잘 기도할 수 있도록 하느님께서 우리 마음을 뒤흔드시어 우리를 무기력에서 깨우는 방법은 무수히 많다고 말합니다.

열성은 다시 통회와 동일시됩니다. 거룩한 은수자들이 "참을 수 없는 기쁨"에 사로잡혀 자신의 독방에서 소리 높여 외치면 멀리서도 그 소리가 들릴 정도입니다! 그런가 하면 은총에 압도된 영혼이 완전히 말문이 막혀서 한 마디도 내뱉을 수 없을 때도 있습니다. 깊은 내적 침묵에 빠진 것이지요. 그가 이러한 은총을 어떤 언어로 묘사하는지 찬찬히 살펴보면 유익합니다. 그는 '침묵', 숨겨짐, 내면성을 뜻하는 단어들을 반복합니다. 인간의 가장 내밀한 부분인 정신(mens)이 "깊은 침묵의 비밀 속에 숨어들어" 모든 말소리를 침묵시킬 수도 있고, 영이 형언할 수 없는 열망을 쏟아 낼 수도 있습니다. 때로는 눈물을 쏟지 않고서는 달리 해소할 길이 없기도 합니다. 이는 초심자들이 겪는 단순한 형태의 관상 기도에 해당합니다. 게르마누스는 자신이 이런 경험이 익숙하다고 선뜻 인정합니다. 그는 이보다 더 숭고한 것은 없다고 생각하지만, 자기 뜻대로 이런 상태에 이를 수는 없다고 불평합니다. 이것이 가능할까요?

이 물음에 대한 대답으로, 이사악 압바는 시편의 여러 구절을 통해 '눈물'의 다양한 이유를 설명합니다. 어떤 눈물은 우리의 죄악에 대한 기억에서 나오고, 또 어떤 눈물은 영원한 상급에 대한 관상과 하느님에 대한 목마름, 천상에 대한 열망에서 터져 나오며, 또 어떤 눈물은 지옥과 최후의 심판에 대한 두려움에서 나옵니다. 다른 이의 죄악 때문에, 또는 현세 삶의 비참에 대한 슬픔 때문에 눈물 흘릴 수도 있습니다. 마지막으로, "마른 눈에서" 억지로 짜내는 눈물도 있습니다. 카시아누스는 이런 눈물도 공로가 전혀 없지는 않다고 기꺼이 인정하면서도, 하느님을 전혀 알지 못하거나 잘 알지 못하는 완고한 죄인의 경우에만 그렇다고 덧붙입니다. 영성 생활에서 조금이라도 진보를 이루어 덕에 맛 들인 이들은 "절대로" 눈물을 억지로 짜내서는 안 됩니다. 억지 눈물은 저절로 흐르는 눈물의 은총에 이르지 못하도록 방해하기 때문에 매우 해롭습니다. 이제 이사악 압바는 존경을 담아, 고대 교부들에게 기도의 탁월한 모범이며 박사인 대 안토니우스의 이름을 불러냅니다. 안토니우스는 자기 밖으로 빠져나가는 "탈혼 상태에" 들어가 밤새도록 기도할 수 있었습니다. 완전한 기도에 관한 안토니우스의 설명을 이사악 압바는 "인간적이라기보다 천상적 차원의 발언"(다시 말해, 하느님께 영감을 받은 것)이라고 평가합니다. "복된 안토니우스는 이런 발언을 했다. '수도승이 자기 자신, 또는 자기가 기도하는 것을 이해하는 경우는 아직도 완전한 기도가 아니다.'"[20] 이사악 압바가 생각하기에, 이것이야말로 더 보탤 말이 없는 기도에 관한 최종 결론입니다.

---

20   이러한 원리는 다른 종교 전통에도 존재하는데, 예컨대 마르틴 부버가 엮은 초기 하시디즘 대가들에 관한 이야기들에서도 볼 수 있다.

열다섯 번째 강의

마부그의 필록세누스

마부그의 단성설파 주교인 마르*Mar*[21] 필록세누스는 야코부스파와 콥트교, 에티오피아 교회에서 성인이자 교회 박사로 존경받는 인물입니다. 마부그(히에라폴리스, 오늘날 시리아의 만비즈)는 안티오키아와 유프라테스강 사이에 있습니다. 그는 페르시아에서 태어나 에데사에서 공부하고, 485년에 (단성설파인 안티오키아의 총대주교에 의해) 주교가 되었다가, 519년에 (단성설파 때문에) 추방당했고, 523년에 강그라에서 세상을 떠났습니다.

필록세누스의 중요성은 그가 아프라하트와 에프렘의 시리아 전통을 에바그리우스와 오리게네스의 그리스-이집트 철학 사상과 결합했다는 데 있습니다. 수도승들에게 선포되거나 낭독된 그

21　머튼은 이 강좌에서 이미 몇 차례 '마르'라는 존칭을 사용했다. '마르'*Mar* 또는 '모르'*Mor*는 존경의 뜻을 담은 시리아어 호칭으로, '사부'를 뜻한다. 여성형은 '마르트'*Mart* 또는 '모르트'*Mort*이다.

의 설교들에는 단성설의 흔적이 보이지 않습니다. 그는 그리스도는 하느님이시며 인간이시라고 자주 말하긴 했지만, 본성과 위격을 동일한 것으로 받아들였다는 점에서 단성설파로 분류됩니다. 그는 칼케돈공의회가 단죄한 단성설파보다는 오히려 그 공의회의 입장에 더 가까웠습니다. 그는 네스토리우스주의에 매우 반대하였기에 '두 본성'이라는 용어를 꺼렸습니다.

필록세누스는 영성 생활을 어떻게 세 단계로 구분할까요? 그 구분은 우리가 흔히 알고 있는 '초심자, 진보하는 이, 완전한 이'가 될 수도 있고, 위-디오니시우스가 말한 세 가지 단계인 정화, 조명, 일치일 수도 있으며, 오리게네스-에바그리우스가 말한 실천/수덕(*praxis/ascesis*), 자연 관상(*theoria physika*), 신적 관상(*theologia*)일 수도 있고, 성 베르나르도가 말한 노예, 충실한 종(삯꾼, 용병), 자녀가 될 수도 있습니다. 필록세누스는 생 티에리의 윌리엄처럼 성경의 (바오로의) 구분을 따라, 죄에 맞서 싸우는 육적 인간(*somatikoi*), 생각과 악령에 맞서 싸우는 이성적 인간(*psychikoi*), 영적 선물을 받아들인 영적 인간(*pneumatikoi*)으로 나눕니다. 이러한 구분은 특히 그리스와 차별되는 시리아적 특징입니다.

필록세누스에게 영성 생활의 첫 단계는 공주 수도생활의 수행과 같습니다(홍해를 건넌 다음 수도원에 들어오는 단계). 두 번째 단계는 독방에서의 고독한 삶으로 들어가는 것(요르단강을 건너 약속된 땅에 들어가 '일곱 민족'과 싸우는 것)과 비슷하고, 세 번째 단계는 고독 속에서 관상의 정점에 이른 것과 같습니다.

영성 생활의 토대 (「설교」 1)

기본 사상은 영성 생활의 질서입니다. 훈련은 출발점에서 시작하여 거기서 계속 나아가는 것으로 이루어집니다. 도입부는 이러합니다. 시작하는 것과 일할 필요를 깨닫는 것, 아무것도 하지 않고 그저 '말씀을 듣기만 하는 사람'이 되지 않는 것의 중요성이 강조됩니다. 말씀을 읽기만 하고 실제 행동으로 응답하지 않는 사람은 천 개의 나팔 소리 아래 죽어 있는 사람과도 같습니다. 그는 꼼짝도 하지 않습니다. 하느님 말씀에 행동으로 응답하지 못하는 것은 의지가 죽었다는 표시입니다. 도제 제도와 교육에서 스승은 제자들이 가장 작은 임무를 수행하는 것부터 시작하도록 시킵니다. 씨름 선수나 격투기 선수들은 우선 '경계'하는 기본자세부터 배운 다음, 상대를 붙잡는 법을 배웁니다. 그런 다음에야 씨름에 들어가지요. 궁에서도 새로 들어온 신하들은 연륜 있는 선배들에게 걸음걸이나 임금 앞에서의 몸가짐과 말투부터 배웁니다.

영성 생활의 기본은 정념에 맞서는 투쟁입니다. 수련자들은 육체의 정념이 어떻게 작용하는지, 어떤 유혹을 예상할 수 있는지, 그 유혹들에 어떻게 직면할 것인지를 배워야 하며, 그런 다음에는 영혼의 정념에 맞서는 더 어려운 투쟁을 배워야 합니다(카시아누스 편 참조). 이는 선한 활동의 결과로도 어떤 정념들이 생길 수 있는지 배운다는 의미이기도 합니다. 어떤 정념들은 단식이나 시편 기도, 밤샘의 결과로 생기기도 하니까요.

우리는 육신의 단식, 금욕, 성가대의 시편 노래, 침묵 기도, 재산의 포기와 내핍한 옷차림의 결과로 영혼에서 어떤 정념이 생겨나는지 알아야 합니다. 우리의 규칙이 우리 형제의 규칙보다 더 나을 때는 어떤 정념이 생기는지, 사유 지식에서는 어떤 정념이 생기는지, 배 속에서 느끼는 음식에 대한 욕구를 극복할 때는 어떤 정념에 빠지는지, 간음에 맞서는 전쟁에서 마침내 승리했을 때는 어떤 다른 정념이 고개를 드는지 알아야 하는 것입니다. 또한 주교에게 순명했을 때는 어떤 정념이 생기는지, 모든 이에게 순명할 때는 어떤 정념이 생기는지, 순명에 반기를 들 때는 어떤 생각들이 우리 안에 있는지, 스승에게 순종하지 않으려는 생각은 어떤 가르침으로 극복되는지, 자기 나름의 지식에 기대는 건방진 마음은 어떤 생각으로 피할 수 있는지 등을 알아야 합니다.

이는 미묘한 심리에 관한 연구이기도 할 것입니다. 한 정념이 또 다른 정념을 거슬러 작용할 수도 있습니다. 초심자의 경우, 그들에게 특별히 중요한 계명에 집중하고, 스승들에게 순명하면서 그들의 허물에는 관심을 두지 않으며, 그들이 행하는 선에서 유익함을 끌어내는 법을 배워야 합니다. 형제들의 독방에서 처신하는 법을 배우며, 육신의 단식, 영혼의 단식, 영의 단식 등 단식의 척도를 알고, 다른 수도승들에 대한 반감을 극복하는 법과 침묵 시간에 분심을 쫓는 법을 알아야 합니다. 또한 영혼 안에 하느님에 대한 열정과 순수한 기도에 대한 갈망을 꺼뜨리지 않고 간직하는 법, 경험을 통해 불필요한 인간관계나 대화가 끼치는 폐해를 알아차리는 법을 알아야 합니다. 이런 것들을 알 때만 초심자는 자기 성소의 길에 확신을 품고 나아갈 수 있습니다.

그러므로 초심자를 위한 모든 규칙 가운데 첫째는, 자신이 제자라는 인식, 자신은 이런 것들을 모른다는 자각과 그렇기에 배워야 한다는 깨달음입니다.

초심자는 도제가 자기 스승에게 훈련받듯이 이런 것들에 대한 지식을 스승에게 받을 준비를 해야 합니다. 다른 이유도 있습니다. 이 지식은 초자연적인 새로운 지식이기에 하느님께서 임명하신 사람을 통해 받아들여야 합니다. 자기 나름의 자연적 지식에 집착하는 사람은 초자연적 지식을 받아들일 수 없습니다. 뉘우치고 겸손하게 눈물을 흘릴 때 자기 나름의 지식과 판단에서 벗어날 수 있습니다. "그때 비로소 그는 잔치에 들어가기 위해 요구되는 영적 옷을 입고 하느님 신비의 잔치에 다가갈 것입니다."

스승의 임무는 이러합니다. 스승은 "자신을 천상 임금의 자녀들을 맡은 개인 교사로 여겨야 합니다. 그들의 아버지는 임금이고, 형제는 군주이며, 어머니는 왕비입니다. 세상 임금의 자녀들을 교육할 임무를 맡은 사람이 그들을 양성하는 데 무한한 정성을 쏟고 그 자녀들을 통해 그들의 부모를 기쁘게 해 드리려고 노력하듯이 … 스승은 제자들에게 큰 관심을 기울이고 그들을 돌보고 진보시키는 데 공을 들여야 합니다". 우리는 모두 서로의 건강을 돌볼 책임을 맡은 의사들입니다. 모든 질병의 치료제는 하느님의 말씀 안에 있습니다. 하느님의 말씀 안에서 우리는 질병에 맞서는 적절한 치료제를 찾습니다. 예컨대, 의심에 맞서는 약은 믿음입니다. 그다음에는 선행의 도구들이 실제로 열거됩니다. 이 모든 활동을 요약하면, 영적 열망이 영혼 안에 생겨나기 전에 먼저 육체적 욕망이 죽어야 한다는 것입니다. 질병이 있는 곳이 어디든 그 가까이에 자연 치료제가 있다는 것이 원리입니다. 치료제는 손 닿는 곳에 있으나, 우리가 먼저 우리 질병을 알고 치료제를 갈망해야 합니다.

단순함이란 무엇인가? (「설교」 4)

    1) 참된 단순함은 오직 사막에서만 얻을 수 있습니다.
    2) 오직 단순함만이 하느님을 기쁘게 해 드릴 수 있습니다.

인간은 본성상 단순하게 만들어졌습니다. 인간은 하느님의 손에서 단순하게 태어납니다. 사회가 인간에게 교활함과 이중성을 부여한 것입니다. 사회적 영향을 전혀 받지 않고 사막에 산다면 사람은 단순해질 것입니다. 단순함의 특징은 아무것도 자신의 것으로 돌리지 않고 모든 것이 하느님에게서 온다고 여기는 것입니다. 수도원에서도 언제나 완전한 단순함을 찾아볼 수 있는 것은 아닙니다(「설교」 5). '거래 · 사고팔기 · 장사', 상호 이익을 흥정하는 분위기 속에 계략과 술수가 존재합니다. 심지어 수도원 안에서도 그릇된 길로 이끌거나 속이려는 의도를 지닌 말들이 오고 가고, 이와 더불어 참된 단순함을 조롱하는 분위기가 퍼져 있을 수도 있습니다. 그러나 단순한 수도승은 자신의 순진함과 정직함을 부끄러워해서는 안 됩니다. 하느님 나라에는 단순한 이들이 꼭 필요하기 때문입니다.

일치는 오롯한 마음에서 찾을 수 있습니다. 그것은 "하느님의 말씀을 비판 없이 듣고, 질문 없이 받아들이는" 마음입니다. 아브라함은 하느님의 말씀을 들었고, 듣자마자 그 말씀이 전적으로 참되다고 여겼으며, 두 번 생각할 것도 없이 순종했습니다. "아브라함은 아이가 아버지에게 달려가듯 하느님 말씀으로 달려갔으며, 하느님의 말씀을 듣자마자 그의 눈에는 모든 것이 하찮아 보였습니다."

사도들은 긴 가르침이 필요치 않았습니다. 믿음의 말씀을 듣기만 하면 됐습니다. 그들의 믿음이 살아 있었기에, 살아 있는 목소리를 듣자마자 생명의 목소리에 따랐습니다. 그들은 곧바로 그리스도를 따라 달려갔고, 지체하지 않고 그분을 따랐습니다. 이를 보면, 그들은 부름을 받기 전에도 이미 제자였음이 분명합니다.

단순한 믿음은 논쟁이 필요치 않으며, 건강한 눈이 빛에 즉각 반응하듯이 살아 있는 하느님 말씀에 곧바로 반응합니다(성 안셀무스 『프로슬로기온』 참조). 이는 세상에 순응함으로써 생긴 생각의 나쁜 버릇과 사회적 편견의 횡포에서 자유로운 정신을 의미합니다.

"사도들은 살아 있는 사람들처럼 순종했고 홀가분하게 나아갔습니다. 세상의 어떤 것도 그들을 짓눌러 방해할 수 없었기 때문입니다. 어떤 것도 하느님을 알게 된 영혼을 붙잡거나 가로막을 수 없습니다. 그 영혼은 열려 있고 준비되어 있기에, 하느님 목소리의 빛이 언제 나타나든 기꺼이 받아들일 준비가 되어 있습니다."

준비되어 있음이 중요합니다. 자캐오는 "부르심을 받기 전에도 예수님을 뵙고 그분의 제자가 되기를 희망했습니다". 그는 다른 사람들이 전하는 말을 이미 믿고 있었습니다. 이것이 단순함입니다(성 대 그레고리우스의 「자캐오에 관한 설교」 참조). 아담의 유혹은, 순명의 단순함이 유혹으로 말미암아 '두 개의 의향'으로 갈라진 것입니다. 이 이중성이 아담을 감히 하느님의 명령을 판단하는 위치에 올려놓습니다. 그러나 아담은 진정한 자율성을 보여 주지 못했습니다. 그는 하느님 뜻의 단순함이 아닌 원수의 속임수에 따랐으니까요. 이것이 바로 자유에 관한 그릇된 개념입니다. 현실을 판단하고 그것에 따르지 않기로 결심하는 것이 자유라고 여기는 건방진 생각 말입니다! 사도들을 일부러 단순한 이들로 뽑은 것은, 세상의 지혜롭다는 자들을 당혹스럽게 하기 위해서였습니다.

현자가 어디 있습니까? 율사가 어디 있습니까? 이 세상의 논객이 어디 있습니까? 하느님은 세상의 지혜를 어리석게 만들지 않으셨습니까?(1코린 1,20).

아담과 하와는 타락 전에는 '세상일'을 전혀 몰랐습니다. 세상일은 그들의 상태에 아무런 의미가 없었습니다. 하느님께서 언제나 그들과 함께 계셨고, 그들이 어디를 가든 그들을 데리고 가셨습니다. 하느님께서는 마치 한 인간처럼 가까이에서 모든 것을 그들에게 보여 주셨습니다. 그들의 영 안에는 그분에 관한 생각도 전혀 없었습니다. 그들은 이렇게 묻지 않았습니다. 이 모든 것을 우리에게 보여 주시는 분은 어디에 사시는가? 그분은 얼마나 오래전부터 계셨는가? 그분께서 다른 모든 것을 창조하셨다면, 그분도 창조되셨는가? 그런데 우리는, 그분께서 우리는 왜 창조하셨는가? 왜 그분은 우리를 이 낙원에 두셨는가? 왜 그분은 우리에게 이런 법을 주셨는가? 그들의 마음은 이런 생각들과는 거리가 멀었습니다. 단순함은 그런 것을 생각하지 않고, 들리는 것에 귀 기울이는 데만 온전히 집중하기 때문입니다. 단순한 이의 모든 생각은 말씀하시는 분의 말씀과 뒤섞여 어우러집니다. 어린아이가 자기에게 말하는 사람에게 빠져드는 것처럼 말입니다. 이렇게 하느님께서는 우리 인류를 처음 이끈 이들에게 단순함을 주셨고, 첫 번째 계명도 단순하게 주셨습니다.

나중에 필록세누스는 다른 이야기를 하다가 이렇게 덧붙입니다. "하느님께서 선택하신 순진한 사람들은, 그분의 말씀을 듣게 되었을 때 그것을 **자신들의** 말이라고 여기지 않고, 누가 그 말씀을 하셨는지 알고 그분께 감사드릴 줄 아는 이들이었습니다."

처음 태어났을 때 우리 안에서는 단순함이 교활함보다 먼저

작용합니다. 아이들은 세상에서 자랄 때, 행동하고 성장하면서 속임수를 배웁니다. [필록세누스는 이렇게 가르칩니다.] 사람이 아무도 살지 않고 이 세상 것들을 사용하지 않으며 인간의 활동을 전혀 볼 수 없는 사막에 한 살배기 아이를 데려가서 키운다면, 그 아이는 어른이 되어서도 본성의 단순함을 고스란히 간직하고, 하느님의 환시와 영적인 생각을 아주 쉽게 인식하며, 하느님의 지혜를 받아들이는 그릇이 될 것이라고 말입니다. 여기서 중국 사상(맹자)이 말하는 인간의 타고난 단순함에 관한 생각[22]을 비교해 보십시오.

"속임수와 사악함이 세상에서 교육을 통해 습득되는 것이라면, 확실히 단순함과 순진함은 훈련과 침묵으로 습득되며, 침묵 가운데 더 오래 머물수록 인간은 더 단순해집니다"(필록세누스). 단순함에 관한 시편 본문들을 인용하여 풀이하기도 합니다. 그는 심지어 야곱을 단순함의 본보기라고 부르는 데에도 주저함이 없습니다. 아버지 이사악을 속이는 일에서 어머니의 말을 고분고분 들었다는 이유로 말입니다! (이는 실제로 구약성경의 야훼계 저

---

[22] 자신의 에세이 「전통 중국 사상」Classic Chinese Thought 끝부분에서 머튼이 번역해 놓은 맹자의 '우산지목'牛山之木 비유를 참조하라[Thomas Merton, *Mystics and Zen Masters* (New York: Farrar, Straus and Giroux 1967) 65-68]. 또한 이 본문을 풀이한 내용도 참조하라[*Conjectures of a Guilty Bystander* (Garden City, NY: Doubleday 1966) 123]. 그는 "밤의 영과 새벽의 숨결, 침묵, 수동성, 휴식이 없으면 인간의 본성은 그 자신이 될 수 없다. 그 메마름으로 말미암아 더 이상 본성이라 할 수 없다. 거기서는 아무것도 자라지 않고, 아무것도 생겨나지 않는다"라고 결론 내린다 ― 패트릭 오코넬.

자의 마음과도 크게 다르지 않은데, 야곱은 자신이 들은 바를 행했고 주님께서는 그를 돌보아 주셨습니다.) "그러니 제자여, 그대 영의 깨끗함을 지키십시오. 그대의 삶을 어떻게 이끄실 것인지는 주님께서 아시며, 주님께서는 그대에게 가장 좋도록 그대를 이끄실 것입니다"[라고 필록세누스는 강론에서 말합니다]. '마음의 순결'이라는 특별한 대목에 주목하십시오. 이 모든 일과 시련에서 가장 중요한 것은 언제나 신뢰와 단순함으로 하느님께 시선을 고정하고, 우리 나름의 계획에 마음을 쏟지 않는 것입니다.

희망은 단순함이 주는 안정감으로 드러납니다.

그대가 들은 모든 것에 관해 단순함을 유지하며, 그대에 관해 말하는 사람들 때문에 그대가 달라지거나 그들처럼 되는 일이 없게 하십시오. 이 모든 것은 원수가 가지고 오는 것입니다. 원수는 그대의 영을 온유함에서 멀어지게 하고, 그대 마음의 순결을 방해하고 흔들어 놓으며, 그대의 단순함을 거짓되게 만듭니다. 그대가 그대에 맞서 싸우는 사람들처럼 되게 하고, 그들처럼 화로 가득 차게 하며, 부당함의 옷을 입고 그들처럼 분노의 그릇이 되게 하기 위해서입니다.

"단순함은 하느님의 계시를 받아들이는 그릇입니다." 필록세누스가 말하는 단순함은 카시아누스가 말하는 마음의 순결과 같은 역할을 합니다.

개종한 유다인에게 보낸 편지

이 편지는 수도생활에서 하느님과의 일치를 찾고 있는 어느 개종한 유다인에게 보낸 격려와 충고입니다. 침묵과 고독 안에서 '새로운 인간'의 완전한 발전이라는 이 편지의 주제는 필록세누스만의 고유한 특징입니다. 그리스도께서는 그리스도인을 보호하시고 그가 완전히 무르익어 하느님을 체험하고 영적 기쁨을 느끼게 하시려고 그를 고독의 길로 이끄십니다.

편지는 이렇게 시작됩니다. "잘 시작하셨습니다. 그대는 지식의 길을 따르고 있으니, 그대가 지혜에 이르기를 희망합니다."

두 가지 길이 나옵니다. 수행의 길과 지식의 길입니다. 육체적 수행은 말이나 책에서 얻을 수 없는 참된 지식에 필요한 활동들로 이루어집니다. "말은 말만 낳을 뿐이며, 말로써 그리스도를 찾아 나선다면 그분 앞에 있는 말들만 보게 될 것입니다." "그러나 어떤 이가 수고와 고행으로써 지식을 추구한다면, 이 몸소 얻은 지식은 그가 손으로 만질 수 있을 정도로 그 사람 앞에 드러나고, 그를 가장 높은 단계의 지식으로 이끌 것입니다."

그 단계는 다음과 같습니다.

가) 덕에 이르기 위해 쾌락에서 멀어집니다.
나) 지식에 이르기 위해 세상에서 멀어집니다. 침묵이 그 길입니다. 지식에 이르는 길인 침묵의 중요성에 주목하십시오.

침묵은 활동적 수행에서 내적 초탈과 영적 인식으로 옮겨 가는 전환점입니다. "그대가 침묵을 사랑한다면, 그대는 이미 그리스도를 몸소 체험한 것입니다. 지혜로운 사람의 말을 이해하지 못하는 사람은 그와 함께 살아가는 것을 좋아하지 않습니다. 그리스도의 힘을 먼저 체험하지 못한 사람은 우리를 그분께 가까이 데려가는 침묵을 사랑하지 않습니다."

침묵을 선택하는 이유는 두 가지입니다.

가) 스승의 말씀이 지닌 힘을 체험했기에 스승과 더불어 살아갈 수 있고, 순결한 마음을 지니고 하느님을 체험했기에 침묵을 선택할 수 있습니다.
나) 또는 스승의 명성 때문에 그를 따르고, 침묵이 좋은 것이라고 배웠기에 침묵을 사랑할 수도 있습니다.

"물리적 침묵은 우리를 영적 침묵으로 이끌고, 영적 침묵은 인간을 하느님 안의 삶으로 드높입니다. 그러나 인간이 침묵 속에 살기를 그만두면 더 이상 하느님과 대화하지 못합니다. 그러므로 정신이 세상의 온갖 두려움과 불안을 침묵시키지 못한다면, 하느님과의 대화에서 입도 떼지 못할 것입니다."

필록세누스는 내적 침묵의 중요성을 강조합니다. 진지하게 기도하기 전에 자신을 차분히 가라앉히는 것입니다. 새로운 인간은 '침묵의 인간'입니다. 침묵과 기쁨 사이에는 관계가 있습니다. 그러나 여기에도 두 가지 단계가 있습니다. (성사의) 은총으로 새로운 사람을 입지만 침묵을 체험하지 못하는 단계가 있고, 기쁨의 실천으로 영의 침묵까지 체험하는 단계가 있습니다. 이는 포기를 통해 낡은 인간을 벗고, 하느님을 닮도록 만들어진 새로운 인간을 입는 것을 뜻합니다. 그리스도 안에서 자신을 완전히 새롭게 하지 않는다면, 낡은 인간은 "새로운 인간이 묻히는 무덤"이 될 뿐입니다. (수도생활의 여러 갈등도 이것 때문입니다!)

수행은 침묵 안에서 완전해집니다. 육신의 순결은 욕망을 뿌리치지만, 하느님을 뵙지는 못합니다. 그러나 마음의 순결은 육신의 가장 은밀한 생각까지도 뿌리치며, 하느님을 뵙습니다. 우리는 언제나 그리스도를 우리 곁에 두기를 갈망해야 합니다. 그분은 완벽한 모범이십니다. 영적 인간은 자신의 한쪽 옆에는 그리스도가, 다른 한쪽에는 사탄이 있는 것을 보아야 하며, 언제나 그리스도의 힘에 의지해야 합니다.

어느 초심자에게 보낸 편지

초심자가 다음과 같을 때 진보의 희망이 보입니다.

  가) "교리의 토양에 깊이 뿌리 박고 있을 때"
  나) "힘을 주는 희망으로 위로받을 때"입니다. 이것은 자기 나

름의 힘에 기대는 희망이 아니라 하느님께 두는 희망입니다. 이 희망은 세상에서 자기 나름의 생각들에 빠져 살던 삶을 기억하고, 세상 밖으로 불러내 준 은총에 감사하며, 우리는 이 은총으로 빚지게 되었기에 그리스도께서 당신 사랑으로 우리에게 주신 지식에 충실함으로써 그분께 빚을 갚아야 함을 깨닫는 데서 비롯합니다.

초심자는 세상 것들을 따랐을 때의 그 열정과 활력으로 수도생활을 실천해야 합니다. 항구함은 하느님의 것들에 '맛 들이는' 토대 위에 세워집니다. "그대를 부르신 그리스도에 맛 들이십시오. 이러한 미각은 이해 안에 들어 있습니다. 남몰래 거룩한 잔을 맛보십시오. 각각의 것을 그 고유한 자리에서, 그것과 관련된 것들을 통하여 맛보십시오. 육체의 감각은 세상의 욕망을 맛보지만, 영혼의 이해는 그리스도의 달콤함을 맛봅니다." 초심자는 롯의 아내를 기억하면서, 절대 뒤돌아보지 말아야 합니다.

다른 도움이 되는 방법들은 다음과 같습니다.

가) 언제나 하느님의 현존을 생각한다.
나) 방종한 수도승들과 어울리지 않는다.
다) 엄격한 규율과 금욕을 실천한다.
라) 그리스도께서 당신 제자들에게 봉사하셨던 그 겸손함으로, 수도원을 위하여 낮은 임무를 기꺼이 맡아서 한다.

마) 기도: 그리스도의 신비, 특히 십자가에 못 박히심의 신비를 깨닫는다.

바) 시편 기도: "그대가 배울 시편에 마음을 쏟고 성무일도 구절에 정신을 가둔다면, 그대는 예수님의 수난에서 부족한 부분을 메우게 될 것입니다."

사) 필요한 경우에는 후배 수도승에게도 순명한다.

아) 침묵: 소식들을 애써 찾아 듣지 않는다.

자) 절대 누구도 조롱하지 않는다.

차) 작은 일에 숙련되지 않은 채로 큰일을 시작하지 말고, 자기 힘을 넘어서까지 수덕 실천을 늘리지 않는다.

카) 정주: "지금 있는 곳에서 고행 활동에 방해받고 있다는 생각이 들더라도 한 수도원에서 다른 곳으로 옮기지 마십시오. 그보다는 지금 있는 곳에서 어려움을 직면하십시오."

타) 독서.

우리의 실질적 허물을 극복해 가는 과정에서 용기와 겸손이 생깁니다. "크든 작든 어떤 잘못을 했을 때, 기죽지 않고 영혼의 영웅적 힘을 보여 주는 것보다 이 세상에서 더 위대한 일은 없습니다." (허물을 통해 진실을 직면한다는 것에 주목하십시오. 생각을 다스리는 것이 중요합니다.)

초심자에게는 겸손과 순명이 매우 중요하다는 데도 주목하십시오. 겸손과 순명이 없으면 수행은 그 토대를 잃어버립니다. 「수도생활에 대한 편지」도 참조하십시오. "수도복을 받는 이들이 지녀야 할 첫 번째 덕은 분명 겸손이며, 여기서 영의 열매인 순명이 생겨나고 … 순명에서 모든 선행이 생겨납니다." 그런 다음 성경을 인용합니다. "자신을 낮추시어, 죽음, 곧 십자가의 죽음에 이르기까지 순종하셨도다"(필리 2,8). 아담의 불순종이 세상에 온갖 악을 끌어들인 것처럼, "참된 순명은 그것을 지닌 이에게 성령의 모든 위로와 기쁨을 마련해 줍니다".

순명의 특징은 이렇게 설명할 수 있습니다.

순명은 자기 마음대로 하는 데 있지 않고 … 자신의 모든 뜻을 잘라내 버리고 자신이 영원히 복종한 분의 뜻을 행하는 데 있습니다. 자기 안에 여전히 남아 있는 육적 욕망 때문에 이것이 마음에 내키지 않더라도 말입니다. 자기가 좋아하는 것만 하고 힘든 일은 하지 않는다면, 그것은 그가 순명하지 않고 자기 뜻만 챙긴다는 증거입니다.

여호수아와 칼렙이 순명의 본보기로 제시됩니다(민수 14장 참조). 반면에 다른 모든 이는 순명하지 않다가 광야에서 멸망했습니다. 그러므로 독방('약속된 땅'으로 상징되는)에 들어가 살고자 하는 공주 수도승은 먼저 자신이 공동체 안에서 온전히 순종적인지부터 입증해야 합니다.

반면, 고집스러운 불순종은 모든 악덕의 근원입니다. 탈출기

32장과 관련하여 이런 모습이 묘사됩니다. 순종하시는 그리스도의 "뱀"에 눈길을 고정하면(민수 21장 참조), 사막에서 너무나 자주 맞닥뜨리게 되는 중상과 부당한 비난의 뱀을 비껴갈 수 있습니다. 다른 모든 시련도 마찬가지입니다. "예수님께서는 당신의 십자가 죽음을 통해, 구리 뱀이 유다인 곁에 있던 것보다 더 가까이 그대 곁에 계십니다. 그분께서는 그대의 마음 안에 사시기 때문입니다. 그대 영혼의 은밀한 구석에도 그분의 영광스러운 얼굴의 광채가 빛을 비추고 있습니다."

사막 성소 (「설교」 9)

광야로 나아가시는 그리스도께서는 모든 것을 포기하는 수도승의 모범이십니다. 수도승은 그리스도처럼 영적 원수와 전투를 벌이기 위해 사막으로 들어갑니다. 그는 세상의 것은 아무것도 가지고 가서는 안 됩니다. 그는 세상을 떠나 '요르단강'이나 '홍해'를 건너 사막으로 들어갑니다. 성령께서는 사막으로 들어가는 이들을 동행하십니다. 단, 그들이 다른 힘에 의지하지 않을 때만 그렇습니다. "세상과 함께하기를 포기하는 제자들은 즉시 성령의 도움을 받습니다. 인간적 도움을 무시하면 천상의 도움을 얻으며, 육체적 힘을 뿌리치면 즉시 영적 힘이 주어집니다." (여기서 말하는 세상은 그 자체가 목적으로 여겨지는, 개인의 생존을 돌보는 폐쇄적인 체제입니다.)

예수님께서는 세례 전과 후가 달라지십니다. 세례를 받으시기 전에 예수님께서는 율법에 따르시지만, 세례 후에 그분께는 율법이 아닌 성령과 아버지의 뜻이 있습니다. "세상의 법에서 그리스도의 법으로 건너갈 때, 소유물의 주인 노릇에서 하느님께서 그에게 요구하시는 포기로 넘어갈 때, 사람은 이 세상에서 다른 세상으로 다시 태어납니다. 사람이 세상에 있을 때는 세상의 온갖 일을 하도록 요구하는 법에 따릅니다. 예수님을 좇아 세상 밖으로 나가면 그가 다다른 곳의 질서에 따라 영적인 법을 성실히 따르도록 요구받습니다." 마지막 구절은 성문화된 법이나 전통 법이 아니라, 사막이 본성상 지시하는 삶의 방식을 가리킵니다. 진정 세상 밖으로 나간다는 것은 모든 재산을 가난한 이들에게 나누어 주고 "태에서 나왔을 때처럼 발가벗은 채 나온다"라는 뜻입니다.

그는 사막으로 들어간다는 것은 실로 새로운 탄생이라고 강조합니다. 이는 수도 서원을 두 번째 세례로 보는 전통 교리를 이해하는 데 도움을 줍니다.[23] 서원은 죽음이며 새로운 생명으로의 부활이라는 점에서 그렇습니다. 단순히 세속적 습관을 또 다른 세속적 습관으로 바꾸는 것만으로는 충분하지 않습니다. (필록세누스의 개념이 모호하다는 데 주의하십시오. 그는 "세상 안에서의" 그리스도인 삶은 충분치 않다고 여깁니다. 그런데 이것이

---

23 여덟 번째 강의 성 히에로니무스 편에서 언급된 바 있다.

성경적 개념이라고 할 수 있을까요?) 새로운 삶에는 "자기 나름의 생각과 오류와 무지를 버리는 것"이 포함됩니다. 여기서 말하는 무지란 무엇일까요?

세상이라는 태중에 있는 아이입니다. 세상 안의 그리스도인은 세례받고 "구원받았으나" 태중의 아이가 살아가듯이 살아갈 뿐입니다. 그는 살아 있지만 자기 감각들을 쓰지 못합니다. 그렇기에 영적으로는 눈멀고 무기력합니다.

> 태중의 아이처럼 세상의 법에 갇힌 사람은 근심과 … 인간적 집착의 어둠 속에 식별력이 묻혀 있습니다. 그는 그리스도의 법의 풍요로움을 맛볼 수 없고 영적인 것을 볼 수 없습니다. …
> 영적 태아는 마치 태중에서처럼 세상의 모든 법의 의로움을 성취한 다음, 새로운 탄생을 통해 세상 밖으로 나갑니다. … 세상 속에 있는 의로움의 육신이 아니라 그리스도의 충만함에 다다를 영적인 사람으로서 … 새롭게 성장해 나가고 완전해집니다.

영적 성숙이라는 개념의 정립에 주목하십시오. 세상에서의 선행은 결코 완덕을 이룰 수 없습니다. 그것은 무지의 태중에 있는 태아의 생명이며 성장일 뿐입니다. "태아는 태중에서는 사람이 될 수 없고, 사람은 세상에서는 완전해질 수 없습니다. 태중의 태아가 아무리 자란다 해도, 자신을 둘러싸고 있는 자궁의 한계를 넘어서 자랄 수는 없습니다. 그리스도인의 의로움은 자신을 에워싼 세상이라는 자궁의 한계에 제한되어 있습니다."

영적 탄생의 트라우마가 있습니다. 우리는 세상에서 성사와 믿음을 통해 영적 삶으로 태어납니다. 말하자면 단지 "들음으로써", 곧 그리스도의 신비와 그분께 동참하는 우리의 신비에 관해 들음으로써 영적 삶으로 태어납니다. 그러나 이제는 우리 삶에서 그리스도의 고통과 죽음을 실제로 체험해야 합니다. "이제는 낡은 인간을 떠날 결심을 할 때가 왔습니다. 우리의 수고와 고단함, 단순히 믿음의 경청이 아닌 체험과 고통과 눈물, 하느님에 대한 사랑과 깨끗한 기도, 지속적인 간청, 하느님의 위엄에 대한 관상과 경이로움, 주님을 향한 숨은 인간의 급속한 진보를 통해, 그 낡은 인간을 떠난다는 사실을 체험할 때가 왔습니다." 그리스도인의 진정한 성숙은 하느님에 대한 지식, 사막에서만 얻을 수 있는 그 지식 안에 있습니다. 믿음과 세례를 통한 그리스도인의 의화는 실제적이지만, 직접 체험이 아니라 전해 들은 말에 의한 것입니다. 정념과 욕망에서 해방되는 데서 오는 새로운 생명을 체험해야 합니다. 오류와 무지는 욕망과 밀접히 얽혀 있습니다. 그것들은 "즐거움으로 마음이 완고해졌을 때" "욕망의 작용"으로 생겨납니다. 자신의 욕망에 충실히 살기 위해서는 삶의 의미에 대해 자기중심적이고 거짓된 개념을 유지할 수밖에 없습니다.

어떤 균형을 유지해야 할까요? 인간은 육신과 영혼으로 이루어집니다. 그러나 필록세누스에 따르면, 그렇다고 우리가 육신과 영혼을 동등하게 다루어야 한다고 말한다면 그것은 틀린 말입니다. 자연적 덕의 '척도' 또는 '중용'만으로는 충분하지 않습니다. 우선은 육신을 영혼에 완전히 종속시켜야 합니다. 이는 육신이 합당히 요구하는 것보다도 육신에 덜 주어야 함을 의미합니다. 그는 이를 훗날 『탐욕 반박』에서 다룹니다. 이 세상에서 합당하게 살기 위해서도, 부를 축적하는 것은 (불의를 통한 것이 아니라 하더라도) 피곤하고 허무한 삶입니다(코헬렛 참조).

쉬려고 할 때 피곤한 것보다 더 고통스러운 피로가 있겠습니까? 인간적 풍요로움의 길은 세상에서는 끝이 보이지 않는 길입니다. 앞으로 가면 갈수록, 더 멀리 가야 합니다. 끝은 없고 죽음뿐입니다. 쉬기 위해 부를 축적한다면, 그 쉼마저 피곤이 됩니다. 세상의 즐거움조차도 무거운 수고와 부담이 된다면, 세상의 노동은 무엇이라고 불러야겠습니까? … 세상의 좋은 것들을 추구하는 이들은 무거운 짐을 집니다. 그들은 결국 상실을 찾아 헤매느라 지쳐 떨어질 것입니다.

그러나 "참된 부자는 많은 것을 가진 사람이 아니라 아무것도 필요치 않은 사람입니다 …". "부자가 자신을 풍족하게 하면 할수록, 그는 점점 더 가난해집니다. … 부자는 존재하지 않는 것에 대한 사랑에 매혹됩니다." 이 세상의 좋은 것들이 짐스럽게 느껴지는 권태라는 이 주제는 익숙한 것입니다(니사의 그레고리우스 『코헬렛 강해』 참조). 그러므로 부자이면서도 여전히 '의인'일 수는 있지만, 포기로써만 얻을 수 있는 하느님에 대한 지식과 완덕에는 이를 수 없습니다.

요르단강이 나옵니다. "요르단강에서 그리스도께서는 율법의 길을 마치시고 완덕의 길을 시작하셨고, 당신 수난을 통해 당신을 사랑하는 이들에게 이 길을 보여 주셨습니다. … 그분께 요르단강은 한 세계에서 다른 세계로 건너가는 것, 육신의 세계에서 영의 세계로 건너가는 것이었습니다." 요르단강 이후에,

가) 예수님께서는 그 누구도 아닌 오직 아버지의 뜻만을 행하십니다.

나) 세상의 법, 인간의 규칙이나 척도 등 세상 것은 아무것도 지니지 않으십니다. "그분께서는 아무도 도와주는 이 없이, 함께할 이나 돌보아 줄 친구도 없이, 귀중품이나 재산이나 소유물, 옷가지, 장신구 없이 홀로 나가셨습니다. 세상 것은 아무것도 없이, 오직 성령의 동행 안에서 홀로 가셨습니다. 그러니 이렇게 나아가시는 스승님의 모습을 그대의 모범으로 삼으십시오. 세상 것은 아무것도 지니지 않고 나아가면, 성령께서 그대와 함께 가실 것입니다."

다) 아무것도 짊어지지 않고 떠나야 하는 까닭은, 세상은 사막까지 쫓아와서 우리를 되찾아 가려 하기 때문입니다. 세상에 속한 것을 우리 안에 하나라도 간직하고 있으면 세상이 우리에 대한 권리를 주장합니다. "세상과 싸우기 위해 세상의

짐을 벗어 버리십시오." 무엇보다 이 말은, 떠나는 것에 내포된 육체적 포기뿐 아니라, 세속적 생각과 욕망의 포기, 욕망을 섬기며 자기만 돌보고 보호하는 근본적 잘못의 포기를 뜻합니다. 우리가 고스란히, 의식적으로 포기한다면 우리의 염려는 이집트인들처럼 '홍해'에 남겨질 것입니다. "요르단강이 아닌 지식의 강에서 그대의 몸을 씻고, 씻은 다음에는 성령의 통치 속에서 나아가십시오." 그러므로 두 가지의 세례가 있고, 두 번째 세례가 우리를 사막으로 이끕니다.

사막에서 항구할 수 있는 조건들이 있습니다. 이것은 깨끗한 찬미의 삶, 인간의 나라가 아닌 하느님 나라의 삶입니다. 사막에는 평온과 영적 휴식뿐이며, 사막에 사는 모든 이는 거룩한 본질을 찬미하며 트리스하기온(삼성송)을 노래합니다. 알 수 있는 것은 내가 기쁘다는 사실뿐이지만, 그 기쁨이 어디에서 오는지는 설명할 길이 없습니다. 사람들과 대화하는 대신 예수 그리스도와 대화하며, 노동하면서도 지치지 않습니다. 그리스도를 앎으로써 피곤함을 모르게 되며, 하느님 안에서 정신이 황홀해져서 육체적인 것을 느낄 수 없기 때문입니다. 그대의 영적 이해 안에는, 거룩한 지식의 영적 표징들이 상징이 아닌 실재로 쌓여 있습니다. 지식이 지식과 매개 없이 맞닿아 있기 때문입니다. "여기에는 향을 피워 올리는 금으로 된 제단이 아니라 모든 합당하고 좋은 생각을 바치는 영의 제단이 있습니다."

중요한 점은, 하느님 백성이 집단으로 사용했던 모든 표징과 상징과 예식 등이 여기서는 영적 개인 안에서 실현된다는 것입니다. 고독 속에서 영적 인간의 예배는 집단 예배에 쓰이는 이 모든 표징의 완성이 됩니다. 하느님께서는 여기서 하느님께 바치는 희생을 외적 전례의 희생제보다 더 마음에 들어 하십니다. "여기에는 그리스도라는 살아 있는 식탁이 있습니다. … 대사제이신 그리스도께서는 살아 있는 합당한 실체를 성부 앞에서 축성하십니다." 그러므로 이 나라에 머물기 위한 조건은 "이곳의 정의에 따라 이곳에 합당하게 활동하는 것", 말하자면, 외적 활동과 표징 안에서 세상의 규칙에 따라 사는 것이 아니라 영과 관상 안에 머무르는 것입니다. "육신의 법칙"과 "죽은 생각"을 모두 벗어 버려야 합니다. "우리의 시민권은 하늘에 있"(필리 3,20)기에, 영의 법칙에 따라 살아야 합니다.

사막 생활의 외적 행동(고독, 침묵 등)을 실천할 뿐만 아니라, 지금 머무르는 영적 세계에 관한 생각을 해야 합니다. 우리의 모든 생각에서 세상을 확실히 포기해야 합니다. 아주 작은 생각과 욕망으로라도 세상에 아직 닿아 있으면 안 됩니다. (여기서 그는 '실 한 올에 걸린 새'라는 잘 알려진 이미지를 사용합니다.) 주목하십시오. (『가르멜의 산길』에서) 십자가의 성 요한이 그랬듯이, 필록세누스도 환시를 비롯한 비범한 심리적 체험을 불신합니다. "바오로 사도는 혀가 육체적 존재의 영역에서 관상에 대해 표현할 수 있는 모든 것은 정신이 하는 생각의 환영에 지나지 않으며 은총의 효과가 아니라고 말합니다. 그러니 그대는 이를 명심하고, 깊은 생각들의 환영(무의식적 심상)을 경계하십시오"(「파트리키우스에게 보낸 편지」 중에서). 관상적 체험에 대한 과도한 열망을 꾸짖는 말씀입니다.

하늘 나라에 대해서는 이렇게 말합니다. 세상 것들을 확고한 실제라고 상상하는 무지에 더 이상 "얽매여" 있지 않을 때 참된 학문이 옵니다. 이는 세상 것들에 관한 걱정과 불안에서 자유로운 상태를 뜻합니다. 걱정에서 자유로운 사람에게 오는 지식은 두 가지입니다.

1) 초심자일 때는 "영적 규칙"을 알게 되고,
2) 진보하거나 완전함에 이른 사람은 하느님 나라를 보고 그 안에서 살아가게 됩니다.

(지혜로운 이들은 지상에서도 누리는) 하늘 나라는 환상에서 자유롭기에 모든 걱정에서도 자유롭습니다. 필록세누스는 이렇게 말합니다. "하늘 나라는 정념이 무엇인지 알면서도 정념에서 자유로운 영혼입니다." 정념은 걱정을 불러옵니다. 정념은 상실에 대한 두려움과 불신과 불안을 불러오기 때문입니다. 세상 것들과 지상 목숨에 관한 걱정을 떨치면, 불안이 발붙일 자리가 없습니다. 기쁨과 희망만 남습니다. 이 기쁨은 천상 기쁨을 미리 맛보는 것입니다. 그러므로 지상의 하늘 나라는 완전한 신뢰, 천상에서

그리스도와 이룰 완전한 일치를 미리 맛보는 성찬의 일치, 천상에서 성령과 이룰 완벽하게 알려진 일치를 예고하는 믿음 안의 일치를 통해 우리에게 주어지는 선취로써 미래의 삶을 시작하는 것으로 이루어집니다.

그러므로 "하늘 나라"로 가는 길인 "완덕의 규칙"을 공부하는 것이 중요합니다. 그는 완덕의 규칙의 살아 있는 모범들을 언급합니다. 세례자 요한은 은수자들의 모범입니다. 그는 죄를 짓지 않았고, 어머니의 태중에서부터 성령을 소유하고 있었습니다. "그는 어머니의 배 속에서도 성령을 받았고 세상 밖에서 성장하였습니다. 그리하여 그는 계명을 어기기 이전의 첫 인간의 깨끗함을 간직할 수 있었고, 깨끗한 영혼 덕분에 하느님의 신비를 알게 되었습니다." 그러므로 완덕의 규칙은 고독한 가운데 자유롭게 지내며, 사람들에게서 멀어져 모든 인간적 대화를 피하는 것입니다. 이것이 루카 복음 14장 26절("누가 내게로 오면서, 제 아버지와 어머니, 아내와 자녀, 형제와 자매, 심지어 제 목숨까지도 미워하지 않는다면 내 제자가 될 수 없습니다")과 9장 60절("죽은 자들이 자기네 죽은 자들의 장사를 지내도록 내버려두시오.")에서 그리스도께서 요구하시는 완전한 포기입니다. 루카 복음 9장 60절 강해에서 필록세누스는 이 구절을 이렇게 바꾸어 말합니다.

너는 율법을 지키지 않아도 된다. 내가 그것을 지켜 왔고 느슨하게 풀어 놓았기 때문이다. 너는 낳아 준 부모를 섬기지 않아도 된다. 내가 그들을 섬겨 왔기 때문이다. 너는 자연법의 멍에를 벗고 온전히 자유로워졌으니, 세상이 너에게 그것을 섬기도록 강요할 수 없다. 그 법은 너에게 죽었고, 너는 그 법에 죽었기 때문이다. 송장을 섬길 수는 없으니 … 송장들이 서로 묻어 주게 하여라.

뒤를 돌아다보지 않는 것에 관하여(루카 9,61 참조), 그는 그리스도께서 이렇게 말씀하신다고 말합니다. "나는 아들이 아버지와 갈라서게 하려고 왔다. … 나는 칼을 주러 왔는데 너는 가족들에게 작별 인사를 하려고 하느냐? … 너는 내가 세상에서 찢어 놓은 구멍을 너의 어리석음으로 꿰매러 달려가는구나. … 내가 이 합의의 망토를 찢어 버린 것은 그것이 완전히 잘못 짜였기 때문이다. 대신 그 자리에 나는 천상 구원의 망토를 짜 놓았다." 수도복이나 삭발 같은 외적 초탈의 표징에 부합하도록, 생각에서도 완전한 내적 초탈이 필요합니다.

간음에 관하여 (「설교」 12)

왜 (혼인의) 자연적 욕망이 수행에도 집요하게 따라올까요? 수행자의 유익을 위해, 그에게 영적 사랑의 힘을 가르치기 위해서입니다. 제자는 뜨거운 자연적 욕망을 체험함으로써 성령에 대한 강렬하고 뜨거운 열망을 체험해야 합니다.

지체에 합당하지 않은 뜨거운 불이 붙을 때, 그들은 예수님께서 그들 안에 놓아두신 타오르는 불길도 체험합니다. 그러면 부자연스러운 쾌락 대신 우리 참된 본성의 기쁨을 체험하게 됩니다. 시작하자마자 끝나 버리는 음욕의 움직임 대신, 제자는 살아 있는 움직임의 기쁨을 맛봅니다. 그 움직임은 그리스도의 아름다움을 보고자 하는 열망에서 시작되어, 그것의 합당한 거처가 될 수 있도록 깨끗해진 영혼 안에 끝없이 머무릅니다.

그러므로 우리가 할 일은 유혹 때문에 멸망하지 않고 유혹을 통해서도 영적으로 성장할 수 있도록 유혹을 잘 활용하는 것입니다. 또한 영의 기쁨과 빛을 체험한 사람은 음란한 생각과 타협했을 때 더 많이 슬퍼하고 더 많이 부끄러워해야 합니다. 이는 그들에게 생각에서 늘 깨어 있어야 함을 가르치고, 음욕으로 말미암은 행동들을 피하는 것만으로는 충분하지 않음을 깨닫게 해 줄 수 있습니다. 만약 육체적 아름다움을 생각하고 있는 자신을 본다면, 그것은 하느님의 아름다움을 보지 못하기 때문임을 깨달아야 합니다. "그대가 아름다움을 갈망하는 까닭은 아름다움이 부족하기 때문입니다." (적어도 무의식적으로라도) 우리가 욕망이 점점 강해져서 우리 눈을 멀게 하도록 허락하지 않는다면, 그것은 우리에게 실질적인 힘을 미치지 못할 것입니다. 우리는 "영혼이 육신이라는 집에서 고독하게 살도록 가르쳐야" 합니다. 말하자면, 영혼이 육신이나 육신의 욕망과 완벽히 일치하지 않는다는 점을 인식해야 합니다.

육신 안에 머물기는 하지만 깨끗한 영혼은 육신의 정념에 동참하지 않습니다. 영혼은 사랑의 신비를 사랑에 맞갖지 않은 것과 결합하지 않으며, 크신 하느님의 영광을 우러러보고 따로 고독하게 살면서 침묵의 집 안에 머무릅니다.

고독한 정신은 육신 안에 살지만 육신의 모든 욕망과 쾌락에서 멀리 떨어져 있는 이방인이며, 자기 홀로 있습니다.

영혼은 육신 안에 "고독하게" 살면서, 자연의 기운을 불러 모아 정념에 맞서는 데 씁니다. (또는 정념에 쓰이던 기운을 오히려 빼냅니다.)

욕망의 동맹들이 있습니다. 육신 혼자서는 영혼을 이길 힘이 없습니다. 그러나 육신은 먹고 마시는 즐거움을 통해 영혼의 기운을 꾀어냅니다. 온갖 쾌락과 오락, '놀이', 좋은 옷, 쾌락과 욕망과 음욕으로 옮겨 가는 대화들, 얼굴이나 몸을 바라보는 것, 꿈, 기억 등을 통해서 말이지요. 욕망과 싸우기 위해서는, "연료를 없애면 불길이 꺼질 것입니다". 그는 앞에서 말한 것들에 끌리는 아주 작은 성향에 대해서도 "격분"하라고 조언합니다. (주의하십시오. 도를 넘는 노력과 불안은 약이 되기보다는 독이 됩니다. 평화롭고 긍정적인 마음을 유지하며 외면하는 편이 더 효과적입니다.) 그는 분명 분노 또한 악이지만, 처음에는 정념으로 정념에 맞서 싸우라고 말합니다. 또 그는 이른바 '영적 우정'이라고 하는 것에 숨어 있는 특별한 위험을 지적합니다.

하느님 현존을 인식하는 것이 중요합니다. 죄스러운 욕망에 굴복하기 위해 영혼은 어둠을 찾고 하느님을 잊으려 합니다. 하느님을 인식하면 죄에 굴복할 수 없기 때문이지요. 그러니 인식의 빛이 항상 타오르게 하십시오. 그러면 유혹에 넘어가지 않을 것입니다.

오직 하느님 현존의 빛만이 영혼을 육신의 죄에 빠지지 않게 말릴 수 있습니다. 그러므로 영혼은 이 빛을 자기 안에 간직하여 거기서 항상 빛나게 해야 합니다. 영혼은 하느님에 대한 기억이 떠나가게 해서는 안 되며, 하느님과 나누는 대화의 기쁨에 사로잡혀 있어야 합니다. 하느님과 대화하는 한, 영혼은 자신을 낮추어 욕망과 대화하지 않을 것입니다. 하느님의 빛이 영혼 안에서 빛나는 한, 어둠은 제집 드나들듯이 이 빛의 공간에 들어오지 못할 것입니다. 영혼의 열망이 성령의 열망과 어우러지는 한, 영혼의 생각들은 육신의 욕망과 뒤섞이지 못할 것입니다.

그러나 분명, 육신은 영혼이 용납하지 않는 욕망을 따로 품을 수도 있습니다. 사랑 안에서 영혼이 하느님과 일치하더라도 모든 육신의 감정을 배제하지는 않으니까요. 오히려 수도승의 투쟁은 욕망이 맹렬히 날뛰더라도 영혼이 동요하지 않고 초연하도록 유지하는 데 있습니다. 필록세누스는 어쩔 수 없는 욕망들에서도 영적 유익을 끌어내려고 노력해야 한다고 조언합니다. 놀라거나 두려워하지 말고 그 욕망들을 객관적으로 바라보고, 원인을 알아내려고 노력하면서 말입니다. 필록세누스에 따르면, 수도승은 심지어 욕망이 어떻게 작용하는지 관찰하기 위해서 욕망이 점점 뜨거워지도록 놔둘 수도 있습니다. 그러나 제가 한마디 덧붙이자면, 이것은 위험한 일입니다. 예를 들어, 필록세누스는 금욕하는 이는 음란한 욕망을 불러일으켰다가 의지의 행위로 그것을 다시 잠재울 수도 있어야 한다고 제안합니다. 지력은 냉철하고 객관적이며 초연하고 욕망에 눈멀지 않을 것이라고 여기는 듯합니다. 그러나 위험은, 정신은 자신이 냉철하고 초연하다고 생각하지만 이미 속임수에 넘어가 눈이 멀었을 수도 있다는 데 있습니다.

> 정신의 힘을 확신한다면 그대의 지체들 안에서 일어나는 욕망의 움직임에 깜짝 놀라지 마십시오. 그대가 지식을 가지고 있고 이 시험에서 상실이 아닌 유익을 끌어낼 능력이 있다면, 이는 그대에게 매우 유익한 기회가 될 수도 있습니다.

그러나 일단 "생각이 욕망의 달콤함에 사로잡히면" 이 방법은 듣지 않는다고 그도 인정합니다. 생각이 전혀 아무 영향도 받지 않아야 합니다. "유익을 끌어낼" 수 있는 조건은, 육신이 지닌 음욕의 열정보다 하느님에 대한 열망을 더 크고 뜨겁게 만들기 위해 용감하게 싸워야 한다는 것입니다.

뒤에서 필록세누스는, 정신이 욕망에서 자유로운지 확신할 수 없을 때는 싸움을 피해서 달아나는 편이 나으며, 정념이 생겨나는 것을 차분히 지켜봄으로써 무언가를 알아내려고 노력하지 말아야 한다고 말합니다. 이 실천에는 눈에 보이는 것에 영향을 받지 않으면서 지켜볼 수 있는 냉철하고 객관적인 힘이 필요합니다. 이것이 하나의 전략으로 권고되어서는 안 됩니다. 특히 초심자들에게는 더욱 그렇습니다. 거짓 확신에 쉽게 속아 넘어갈 수 있으며, 성공하더라도 교만만 더욱 굳어질 수도 있습니다. 필록세누스도 이를 인정합니다. 자만심으로 이룬 승리는 아무 소용이 없습니다. 승리는 하느님에게서 와야 합니다. 실질적인 치료제는 "정신력"에 대한 확신이 아니라 은총에 대한 신뢰입니다. 그러나 차분함과 객관성을 유지하며 쓸데없는 두려움에 맞서는 것은 전혀 해롭지 않습니다. 단식은 여전히 매우 중요합니다. 푸짐한 음식은 (음욕이라는) 불에 기름을 붓는 격이기 때문입니다.

결론은 이렇습니다.

1) 금욕하는 이가 간음에 맞서 싸우기 위해 도망치거나 직접 공격하는 이러한 대처법을 이해하려면, 필록세누스의 일반적인 견해를 기억해야 합니다. "밖에서 우리에게 오는 모든 가르침은 언어라는 매개체를 통해 우리 안에 쌓입니다. 그러나 우리가 정념을 극복하여 얻는 가르침은 사실 체험 그 자체를 통해 우리 안에 지혜를 일굽니다. 그러한 지식은 믿을 수 있고 참으로 확실합니다. 영혼이 이 지혜를 발견하면, 밖에서 오는 가르침보다 이것을 더 마음에 들어 합니다. 이 지혜는 우

리 안에서 나온 것이고, 영혼은 그 안에서 쉴 수 있으며, 그 기쁨은 밖에서가 아니라 안에서 비롯한 것이기 때문입니다."

"그러므로 그대의 정념을 지식의 식별로 관찰하고, 그대의 인격과 그대의 정념을 각각 이해하고 구별하여, 서둘러 그대 인격의 순결을 추구하도록 하십시오."

2) 정념으로 정념에 맞서 이기는 것은 단지 출발점일 뿐입니다. 그것은 실제 승리가 아니라 정념을 잠시 가두어 두는 '봉쇄'일 뿐입니다. 여기서 자기 이해에 대한 열망은 그저 또 하나의 정념으로 여겨지며 그것이 거둔 승리는 안전하지 않습니다. 다른 정념이 돌아와서 이길지도 모릅니다. 참된 승리는 육신의 음욕을 이기는 성령에 대한 사랑에서 비롯합니다. 이것이야말로 '거룩한 승리', 유일한 참된 승리입니다. 그러므로 위대한 일은, 정념을 갖고 실험하여 지식을 얻는 것이 아니라, 성령께 온전히 내어 맡기고 그분께 인도받음으로써 우리의 모든 행위가 영적인 것이 되도록 하는 것입니다.

그룹 토의 주제와 질문,
추가 자료 모음

첫 번째 강의

영국의 신학자 사라 코클리는 최근에 자신의 책 『새로운 수덕 생활』에서 이렇게 말했다. "우리는 고대 수덕 생활의 열정에서 지적 자극을 받지만, 대개 별생각 없이 근대 이후의 방종에 익숙해져 있다. 수덕 생활은 연구 대상이기는 하지만 실제로 **행하지는** 않는 어떤 것, 몰래 엿봄으로써 만족을 얻는 '관음증'적인 것이 되어 버렸다"(18). 이 지적이 이 책이나 비슷한 책을 읽는 오늘날 독자에게도 해당한다고 생각하는가? 본래 머튼 강의의 청중이었던 젊은 트라피스트 수도승 지원자들은 어떤 차이가 있을까?

순교자의 행위에 관한 테르툴리아누스와 성 키프리아누스의 인용문들과 '순교의 신비'에 주목해 보자. 이러한 생각들은 정신이 번쩍 들게 한다. 이런 생각은 타 종교 전통의 근본주의자들만 지니는 것이라고 여기는 시대에는 더욱 그러하다.

두 번째 강의

이 강의에서 다루는 여러 '일탈' 가운데 하나는 몬타누스주의이다. 머튼은 그 오류의 여러 측면 가운데 하나인 황홀경에 관해 짧게 말한다. 몬타누스는 황홀경 상태의 예언과 무아경으로 유명했다. 그의 사례는 신비가의 신화, 곧 세상에는 알아내야 할 비밀들이 있고, 그러한 신비를 알아내는 것은 특별한 체험에서 시작돼야 한다는 생각의 핵심이다. 백여 년 전, 퀘이커교도 학자 루퍼스 존스는 자신의 책 『신비 전통 연구』(1909)에서 이렇게 설명했다.

> 몬타누스주의는 새로운 교리를 도입한 것이 아니다. 하느님이나 세상, 구원에 관한 새로운 생각을 도입한 것도 아니다. 그보다는 인간을 진리로 이끌고 그분께서 하신 것보다 **더 큰 일**을 할 능력을 주시기 위해 보호자께서 오셔야 한다는 그리스도의 약속을 교회 안에서 실현하려던 시도였다(39).

세 번째 강의

알렉산드리아의 클레멘스는 『양탄자』에서 기도를 단순히 하느님과 대화하는 것 그 이상으로 이해하는 그리스도교 전통을 열어젖힌다. 이는 사막 전통의 본질을 이루는 한 부분이며, 기도가 친구들과 나누는 대화와 다를 바 없다고 흔히 배우는 오늘날 그리스도인들을 바로잡는 데도 필요하다.

> 기도는 … 하느님과 대화하는 것입니다. 속삭이듯이 … 입술을 열지 않고 침묵 가운데 말하지만, 우리는 속으로는 웁니다. 하느님께서는 모든 내면의 대화를 끊임없이 들으시기 때문입니다. 그래서 지적 본질을 향한 정신의 열망을 좇아서 … 우리는 머리를 들고 팔을 하늘 높이 펼치고 발을 움직입니다. 대화하면서 육신을 지상에서 끌어내려 노력하고, 더 나은 것에 대한 갈망으로 날개를 단 영혼이 드높이 올라가게 하면서, 우리는 영혼이 육신의 사슬을 아무렇지 않게 무시하며 거룩함의 영역으로 나아가도록 재촉합니다.

이것은 강렬한 지향과 신심에서 우러나는 마음의 기도이다. 예컨대 주님의 기도가 아빠*abba*와 나누는 단순한 대화라는 식으로 종종 그리스도인들에게 가르치는 것과는 다르다. 클레멘스가 말하는 기도의 길은 (나중에 에바그리우스도 그렇지만) 구원에 관한 것이다. 그리스도의 속량을 통해 이루어진 구원, (전혀 단순하지 않은) 대화를 통해 하느님과의 관계와 성덕과 구원을 추구하는 것이다.

1) 나는 기도를 어떻게 이해하는가?
2) 클레멘스의 말과 사막 전통이 나의 기도 실천에도 중요한 의미를 더해 주는가?

네 번째 강의

최근 팀 비비언은 『계간 시토회 학술지』[1]에 성 안토니우스와 우리가 『교부들의 금언집』이라고 알고 있는 문헌에 관한 글을 기고했다. 그는 "왜 이런 것들을 읽는가?"라는 단순한 물음을 던진 뒤, 물음에 대답한다. 그가 번역한 세 번째 금언은 이렇게 시작된다. "어떤 이가 안토니우스 압바에게, '하느님을 기쁘게 해 드리려면 어떤 실천들을 계속해야 하겠습니까?'라고 물었다." 비비언은 『금언집』 전반에서 이 물음에 대한 실질적인 대답을 찾아 요약하고, 각각에는 그 번호를 달아 놓았다. 예를 들면 다음과 같은 것들이다.

- 하느님을 언제나 너와 함께, 네 눈앞에 모셔라(3,28).
- 성경의 증언을 붙잡고 지켜라(3).
- 가만히 머물러라(3,31).

---

[1] Tim Vivian, "Each Breath Both Prayer and Practice: The Sayings of Antony the Great in the Alphabetical Apophthegmata Patrum, A New Translation and Commentary" *Cistercian Studies Quarterly*, Vol. 53.3, 2018.

- 자기 잘못을 인정하라(4).
- 숨 쉬는 마지막 순간까지 유혹을 경계하라(4).
- 스스로 옳다고 여기지 마라(6).
- 과거를 놓아 버려라(6).

이것 말고도 비비언의 목록에는 스물두 가지가 더 있다. 이제 자신만의 목록을 만들어 보자.

다섯 번째 강의

다섯 번째 강의의 둘째 단락은 이 강의들을 처음 했을 때 머튼이 개인적으로 관심 있던 문제에 관해 이야기하고 있다.

> 조직적인 공동생활은 파코미우스를 통해 살펴볼 수 있습니다. 여기서 오랜 논쟁이 시작됩니다. 공주 수도승과 독거 수도승에 관한 이 논쟁은 오랫동안 지속되었고, 사막 교부 문헌 전체를 관통하여 이어집니다. 어떤 이들은 하느님과만 홀로 살아가는 자유롭고 조직화되지 않은 은수자의 삶을 선호하고, 또 다른 이들은 공동체를 이루어 더 안전하고 견고하며 조직적인 삶을 선호합니다. 때로 이 논쟁은 상당히 과열되었고, 결국은 공주 수도생활이 사실상 이겼습니다. 독거 수도생활은 여전히 수도승생활의 가장 고귀한 이상으로 남아 있고, …

수도승생활에서 공주 생활과 독거 생활 사이의 '논쟁'은, 평범한 그리스도인의 경우 본당 생활과 개인 영성 사이의 '논쟁'과 어떻게 연결될까? 나의 경우는 어떠한가?

여섯 번째 강의

세상을 버리는 것, 세상을 등지고 떠나는 것, 세상을 포기하는 것은 이 강의 전체에 끊임없이 언급되는 주제이다. 머튼은 어느 날 루이빌 시내 4번가와 월넛가가 만나는 모퉁이에서 모든 사람이 "해처럼 밝게 빛나며 걸어 다니는" 모습을 보면서 자신을 둘러싼 모든 이와의 관계를 깨달은 뒤, 수도승은 세상을 '떠나는' 사람이라는 견해를 바꾼 것으로 잘 알려져 있다. 머튼이 세상을 떠난 뒤 나오미 버턴 스톤과 패트릭 하트 수사가 엮어 출간한 유고집 『사랑과 삶』에 나오는 다음 글을 생각해 보자.

> 그렇다면 세상이란 무엇인가? 세상은 인간이 속해 있고 그것과 어떤 분명한 관계를 맺도록 부름받는 인간적·비인간적 환경이다. 사람들 대부분은 세상이 그들에게 제시하는 이미 만들어진 관계를 받아들이는 데에 만족하는 것이 사실이지만, 이론상 우리는 누구나 자유롭게 세상에서 물러나 그것을 판단할 수 있고, 심지어 세상을 재구성하려는 결심에 이를 수도 있다(107-108).

이것이 사막 교부들의 삶의 방식이나 가르침과 다르다고 생각하는가?

일곱 번째 강의

머튼은 니사의 그레고리우스의 『아가 강해』를 설명하며, "말씀께서 희미한 '향기'와 목소리로, 그리고 마침내 '맛나고' 달콤한 영혼의 양식으로 당신을 인간 영혼에 알려 주시는 단계들"을 설명한다고 풀이한다. 참으로 아름다운 비유다.

이 설명은 비유일 뿐일까? 사랑하는 분을 이렇게 체험해 본 적이 있는가? 사랑하는 분을 이렇게 체험하기를 희망한 적이 있는가?

여덟 번째 강의

머튼은 성 히에로니무스와 그의 유명한 괄괄함에 관해 이렇게 말한다. "우리는 히에로니무스를 전형적 사막 교부로 꼽는 데에 신중해야 합니다. 전반적으로 그는 관상가들을 위한 최고의 본보기는 아니었습니다. 오히려 그에게 영감을 받은 이들은 공격적이고 고행적이며 활동적이고 논쟁적인 영성 생활을 한 이들이었습니다. 이들은 종종 수도승 질서를 흔들고 불화를 일으킵니다. 그러나 그들이 참된 성인인 경우에는, 많은 일을 해내기도 합니다."

우리도 이런 사람들을 알고 있다. '공격적'이고 '논쟁적'인데도 참되고 온전히 충실한 그리스도인 삶은 과연 있는가? 이에 대한 나의 견해는 어떠한가?

아홉 번째 강의

머튼은 또 다른 유명한 사막 교모인 이집트의 성 마리아에 관해서는 이 강의에서 언급하지 않았다. 이집트의 성 마리아는 5세기 초반 또는 6세기 초반 인물로, 이에 대한 정보는 명확하지 않다. 창녀였던 마리아는 뻔뻔스럽게도 순례자들에게 몸을 팔기 위해 예루살렘 순례에 합류했다. 주님의 거룩한 무덤 대성당에 도착하자, 그녀는 보이지 않는 어떤 힘이 자신의 출입을 막는 것을 느꼈다. 그때 그녀는 테오토코스(하느님의 어머니) 이콘을 보고는 갑자기 마음이 찔려 자기 죄를 뉘우치고, 사막으로 들어가 고행하기로 결심했다. 이집트의 성 마리아는 괴테의 『파우스트』와 말러의 교향곡 8번에도 등장한다.

해마다 사순 시기에 정교회에서는 예루살렘 총대주교인 성 소프로니우스가 7세기에 쓴 이집트의 성 마리아의 전기 일부를 읽는다. 전기에는 팔레스티나의 한 수도원 출신인 원로 조시마스 이야기도 나오는데, 그는 사막에서 사순 시기를 보내다가 마리아를 만난다.

조시마스가 마리아에게 물었다. "이 사막에서 몇 해나 사셨소?" 마리아가 대답했다. "제가 거룩한 도성을 떠난 지 사십칠 년 되었습니다." 조시마스가 물었다. "먹을 것은 어디서 구하오?" 마리아가 대답했다. "제가 요르단강을 건널 때 빵 두 덩이 반이 있었습니다. 빵은 곧 말라서 돌처럼 딱딱해졌습니다. 조금씩 먹으니 몇 년 뒤에 빵이 다 떨어졌습니다." 조시마스가 물었다. "어떻게 그 긴 세월을 고통 없이 이렇게 살 수 있었소?" 여인이 대답했다. "제가 감히 입에 올리지 못하는 이야기를 다시 떠올리게 하시는군요. 제가 극복했던 모든 위험과 저를 혼란스럽게 했던 온갖 어지러운 생각들을 떠올리면, 저는 그것들이 다시 저를 사로잡을까 두려워집니다." 조시마스가 물었다. "아무것도 숨기지 말고, 아무것도 감추지 말고 다 말해 보시오."

마리아가 계속 말했다. "압바, 십칠 년 동안 저는 맹수와 싸우며 이 사막에서 지냈습니다. 그 맹수는 미친 욕정과 정념이었습니다. 음식을 먹으려 할 때, 저는 제가 이집트에서 너무나 풍족하게 먹었던 고기와 생선이 아쉬워지고는 했습니다. 그렇게 좋아하던 포도주가 없는 것도 아쉬워했습니다. 세상에 살 때는 포도주를 그렇게 많이 마셨지만, 여기에는 물도 없었기 때문입니다. 저는 목이 타서 갈증에 굴복했습니다. 방탕한 노래에 대한 광적인 욕망도 제 안에 들어와 저를 크게 혼란스럽게 했습니다. 그러나 이러한 욕망들이 제 안에 들어올 때, 저는 제 가슴을 치며 제가 사막에 들어올 때 했던 약속을 스스로 일깨웠습니다. 그러면 제 생각은 저를 받아 준 하느님의 어머니 이콘으로 다시 돌아갔고, 저는 울면서 그분께 기도했습니다. 그분께 제 안의 생각들을 쫓아내 달라고 빌었습니다. 가슴을 치며 한참을 울고 나면 마침내 사방에서 저를 비추는 듯한 빛이 보였습니다. 그렇게 격렬한 폭풍우가 지나고 나면, 오래 지속되는 평온이 내려왔습니다."[2]

열 번째 강의

그리스도교 성인 전통의 '거룩한 어리석음'에 관해 잠시 생각해 보자. 머튼은 주두 수도승들의 삶의 방식과 영성을 설명한 다음 이렇게 말한다.

> 이러한 성덕을 어떻게 바라봐야 할까요? 과거에는 이를 깎아내리고, 우스꽝스럽고 기괴한 것으로 여기는 경향이 있었습니다. 이 평가가 다 맞는 것은 아닙니다. 이러한 성덕은 하느님의 초월성과 영의 우월성에 대한 증언이며, 그 무익함이 오히려 이러한 증언을 강화합니다.

이에 동의하는가? 오늘날 이를 실제로 적용한 예를 알고 있는가?

---

[2] http://www.stmaryofegypt.org/files/library/life.htm.

열한 번째 강의

위-마카리우스에 관해 논하면서 머튼이 가볍게 언급하고 지나가지만 우리가 잠시 생각해 볼 대목이 있다. 그는 위-마카리우스가 플라톤주의보다는 성경주의에 가까웠다고 말하며 이렇게 덧붙인다. "이러한 구분은 서로 다른 두 인간관을 바탕으로 합니다. 전자의 경우는 정신(*nous*)이 영성과 기도의 자리라고 보고 …."

플라톤의 『티마이오스』에 나오는 다음 구절을 생각해 보자.

> 어떤 사람이 학문에 대한 사랑과 참된 지혜에 진지하게 헌신해 왔다면, … 그의 생각은 불멸하고 신성해질 수밖에 없으며 … 인간 본성이 불멸성에 참여할 수 있는 한, 그는 이를 성취할 수밖에 없습니다.[3]

1) 플라톤에게는 하느님께 이르기에 가장 적합한 영혼의 영역은 지성의 정신(*nous*)이다. 머튼이 생각하는 성경적 견해는 무엇인가?
2) 나의 지성, 나의 마음과 영혼은 하느님께 이르기 위해, 또

---

[3] *Timaeus*, 90 b-c, Donald J. Zehl, trans., Plato: Complete Works, ed. John M. Cooper and D. S. Hutchinson (Indianapolis: Hackett Publishing Company 1997).

는 하느님께 응답하기 위해 어떻게 협력하는가?

열두 번째 강의

에바그리우스 『기도론』에 나오는 그의 가르침을 설명하면서 머튼은 이렇게 말한다. "아파테이아는 모든 악마(모든 정념)에 대한 영혼의 승리입니다. 아파테이아는 단순한 무감각이 아니라, 겸손과 통회, 열정, 하느님에 대한 강렬한 사랑으로 이루어집니다."

이러한 설명이 나오는 긴 단락 끝부분에서 머튼은 이렇게 덧붙인다. "기도는 덕과 떼려야 뗄 수 없는 관계임에 주목하십시오. 덕이 없으면 정념에 저항할 수 없고, 정념에 지배당하면 생각을 통제할 수 없고 기도할 수도 없습니다."

1) 이상적인 그리스도인 삶에서 아파테이아와 덕은 어떻게 함께 가는가?
2) 나의 영성 생활과 실천에서도 둘은 상호작용하고 있는가?

열세 번째 강의

머튼은 『사막의 지혜』(1960)에서 이렇게 썼다.

사막으로 피신한 것은 순전히 부정적이라든가 개인주의적인 것이 아니었고, 사회에 대한 반항도 아니었다. … 그들은 무질서한 국가에 수동적으로 끌려다니거나 그런 국가에 통치받지 않고, 인습적 가치들에 노예적으로 의존하지 않고도 살아갈 방법이 있음을 믿는 이들이었다. … 그들은 자신들이 다른 사람보다 낫다는 듯이 사회를 멸시하며 거부한 것이 아니다. … 그들이 추구한 사회는 모든 이가 참으로 평등한 사회, 경험과 사랑과 지혜의 카리스마적 권위만이 하느님 아래 유일한 권위로 존재하는 사회였다. … 교부들이 무엇보다 먼저 추구한 것은 그리스도 안에서 자신의 참자아를 발견하는 것이었다.[4]

사막 교부들과 사막 영성에서 볼 수 있는 신앙의 길과 실천이 21세기 나의 삶에도 의미가 있다고 생각하는가?

열네 번째 강의

이사악 압바가 기도의 종류에 관해 말하는 제9담화에 들어가면서 머튼은 이렇게 요약한다.

'기도의 종류'를 설명할 때 가장 먼저 부딪히는 어려움은 실제로 기도의 종류가 거의 무한할 정도로 많다는 것입니다. 기도는 계

---

[4] 『토마스 머튼이 길어낸 사막의 지혜』 10-12.

속 바뀝니다. 기도는 살아 있는 실재이며, 서로 다른 모든 인간 영혼 안에 생길 수 있는 다양한 영적 상태의 수만큼이나 다양합니다. … 이사악 압바는 우리는 여러 다른 상황에서 그때그때 다르게 기도하며, 기도를 '분류하기' 위해서는 이러한 차이와 변화 가능성을 잊어서는 안 된다고 상기시킵니다. 다시 말해, 우리는 언제나 똑같은 방식으로 기도하는 데에 매여 있거나, 우리의 기도가 언제나 똑같은 형태로 이루어질 것이라고 기대해서는 안 됩니다. 기도 생활을 엄격한 계획의 틀 안에 두거나 우리 나름의 추상적 이론에 맞추려고 애써서도 안 되며, 오히려 기도가 살아 있게 해야 하고, 기도가 하느님과의 일치 안에서 우리의 삶 저 너머까지 자라나도록 해야 합니다.

사막 교부의 이런 말이 나의 삶에도 도움이 되는가? 왜 그런가? 또는 왜 그렇지 못한가?

열다섯 번째 강의

머튼은 낙원의 아담과 하와에 관한 필록세누스의 『설교』 4를 이렇게 요약한다.

아담과 하와는 타락 전에는 '세상일'을 전혀 몰랐습니다. 세상일은 그들의 상태에 아무런 의미가 없었습니다. 하느님께서 언제나 그들과 함께 계셨고, 그들이 어디를 가든 그들을 데리고 가셨습니다. 하느님께서는 마치 한 인간처럼 가까이에서 모든 것을 그들에게 보여 주셨습니다. 그들의 영 안에는 그분에 관한 생각도 전혀 없었습니다. 그들은 이렇게 묻지 않았습니다. 이 모든 것을 우리에게 보여 주시는 분은 어디에 사시는가? 그분은 얼마나 오래전부터 계셨는가? 그분께서 다른 모든 것을 창조하셨다면, 그분도 창조되셨는가? 그런데 우리는, 그분께서 우리는 왜 창조하셨는가? 왜 그분은 우리를 이 낙원에 두셨는가? 왜 그분은 우리에게 이런 법을 주셨는가?

오늘날에도 우리가 이런 물음들을 던지는 것이 좋다고 생각하는가? 왜 그런가? 또는 왜 그렇지 않은가?

마지막으로, 머튼의 글을 읽는 기쁨 가운데 하나는 그의 영적 가르침이 우연히든 의도적으로든 그의 생애를 반영한다는 데 있다. 머튼의 생애를 아는 이들이라면 필록세누스에 관한 강의 후반부에 나오는 이 대목을 묵상해 보자.

필록세누스는 내적 침묵의 중요성을 강조합니다. 진지하게 기도하기 전에 자신을 차분히 가라앉히는 것입니다. 새로운 인간은 '침묵의 인간'입니다. 침묵과 기쁨 사이에는 관계가 있습니다. 그러나 여기에도 두 가지 단계가 있습니다. (성사의) 은총으로 새로운 사람을 입지만 침묵을 체험하지 못하는 단계가 있고, 기쁨의 실천으로 영의 침묵까지 체험하는 단계가 있습니다. 이는 포기를 통해 낡은 인간을 벗고, 하느님을 닮도록 만들어진 새로운 인간을 입는 것을 뜻합니다. 그리스도 안에서 자신을 완전히 새롭게 하지 않는다면, 낡은 인간은 "새로운 인간이 묻히는 무덤"이 될 뿐입니다. (수도생활의 여러 갈등도 이것 때문입니다!)

나의 삶이나 관계 속에서도 이러한 갈등을 체험하는가?

영어판 편집자 주

이 강의들 가운데 열세 편은 패트릭 오코넬이 편집한 『카시아누스와 교부들: 수도승 전통 입문』[5]에 간추리지 않은 원래 강의 그대로 출판된 바 있다. 그 열세 편 가운데 두 편, 「초세기의 일탈」과 「팔레스티나 수도승생활과 성 히에로니무스」는 『베네딕도 이전의 수도승생활: 수도승 전통 입문 2』[6]의 내용을 포함하고 있으며, 「성 멜라니아의 공동체」와 「마부그의 필록세누스」 편은 이 책에서 통째로 가져왔다.

편집 과정에서 전반적으로 내용을 간추렸기에, 결과물은 오코넬의 학술서와는 상당히 달라졌다. 내가 주로 한 작업은 강의

---

[5] *Cassian and the Fathers: Initiation into the Monastic Tradition*, edited by Patrick F. O'Connell (Trappist, KY: Cistercian Publications 2005).

[6] *Pre-Benedictine Monasticism: Initiation into the Monastic Tradition 2*, edited by Patrick F. O'Connell (Kalamazoo, MI:Cistercian Publications 2006).

내용을 줄여서 더욱 이해하기 쉽게 만드는 것이었다. 때로는 머튼이 타자기로 친 원고의 라틴어 인용문들을 오코넬의 영어판 번역문으로 바꾸기도 했다. 또 때로는 오코넬의 각주를 조금 수정하여 그대로 옮겼으며, 이런 경우에는 그의 각주임을 밝혔다. 머튼의 녹취록에 빠진 부분을 보완하기 위해 오코넬이 괄호로 덧붙인 내용은 괄호를 없애고 본문에 풀어 넣었고, 몇몇 경우에는 그 내용을 약간 수정하기도 했다. 그 밖의 편집 사항으로는, 일반 독자들의 이해를 돕기 위해 필사본의 몇몇 약어를 바꾸었고, 너무 긴 단락을 둘로 나누거나 새로운 표제나 부제를 덧붙이기도 했다. 아주 드물게 내가 추가한 편집은 대괄호에 넣었다. 다른 변경 사항들은 아래와 같다.

저자 서문: 원래 원고의 두 대목을 합쳐 놓은 것이다. 첫 번째 대목은 머튼이 '카시아누스에 대한 머리말'이라 일컬은 부분의 도입부이고, 두 번째 대목은 이 책 열 번째 강의에 해당하는 원고의 일부를 가져온 것이다.

두 번째 강의:「육신 혐오」에는『베네딕도 이전의 수도승생활: 수도승 전통 입문 2』에 나오는 성 바실리우스에 관한 강의 내용 일부와 시리아와 페르시아 수도승생활에 관한 강의 내용 일부가 포함된다.

여덟 번째 강의: 첫 단락 두 군데서 머튼이 본래 쓴 예스러운 단어 '수도승제도'(monachism)를 '수도승생활'(monasticism)로 살짝 바꾸었다. 이 책 다른 곳에서도 몇 번 이렇게 고쳤다.

「수도승에 관한 히에로니무스의 가르침」에는 『베네딕도 이전의 수도승생활: 수도승 전통 입문 2』의 여러 단락이 포함되었다.

열한 번째 강의: 몇 군데 오류를 바로잡은 데가 있다. 예를 들면, 머튼이 '니니베'*Niniveh*의 이사악이라고 한 것을 '니네베'*Nineveh*라고 고친 것 등이다.

교부 문헌 목록

게론티우스
  『성 소 멜라니아의 생애』*Vita sanctae Melaniae Iunioris*

나지안주스의 그레고리우스
  『서간집』*Epitulae*
  『연설집』*Orationes*
  『자기 자신에 관한 시가』*Carmina de se ipso*

니사의 그레고리우스
  『대 교리교육 연설』*Oratio Catechetica magna*
  『동정』*De Virginitate*
  『모세의 생애』*De Vita Moysis*
  『성 마크리나의 생애』*Vita sanctae Macrinae*
  『아가 강해』*In Canticum canticorum homiliae*
  『아폴리나리스 반박』*Antirrheticus adversus Apollinarium*
  『에우노미우스 반박』*Contra Eunomium*
  『여섯째 시편』*In sextum psalmum*

『육일 창조 변론』*Apologia in Hexaëmeron*
『인간 만듦』*De opificio hominis / De Hominis Opificio*
『주님의 기도』*De oratione dominica*
『코헬렛 강해』*In Ecclesiasten homiliae*
『행복에 관한 연설』*Orationes de beatitudinibus*

대 그레고리우스
「자캐오에 관한 설교」*Homilia in Zacchaeum*

루피누스
『수도승 역사』*Historia Monachorum*

바실리우스
『긴 규칙서』*Regulae fusius tractatae*
『성령론』*De Spiritu sancto*
『세례론』*De baptismo*
『수덕집』*Asceticon* 또는 *Opera Ascetica*
『에우노미우스 반박』*Adversus Eunomium*
『육일 창조에 관한 강해』*Homiliae in hexaemeron*
『짧은 규칙서』*Regulae brevius tractatae*

베네딕도
『수도 규칙』*Regula Benedicti*

사바스
『티피콘』*Typikon*

술피키우스 세베루스
『대화』*Dialogorum libri*

아타나시우스
　『성 안토니우스의 생애』*Vita sancti Antonii*

에바그리우스
　『기도론』*De Oratione*
　『수도승의 거울』*Speculum Monachorum*
　『아나톨리우스에게 보낸 편지』*Epistula ad Anatolium*

오리게네스
　『기도론』*De Oratione*
　『순교 권면』*Exhortatio ad martyrium*
　『아가 강해』*In Canticum canticorum homiliae*
　『원리론』*De Principiis*
　『육중역본』*Hexapla*
　『켈수스 반박』*Contra Celsum*

요한 모스쿠스
　『영적 초원』*Pratum spirituale*

이시도루스
　『이집트 수도승 이야기』*Historia Monachorum*

저자 미상
　『수도승들에게 보낸 편지』*Epistola ad Monachos*
　『열두 사도들의 가르침-디다케』*Didache*

카시아누스
　『규정집』*Instituta*
　『담화집』*Collationes patrum*

로마의 클레멘스
    『코린토 신자들에게 보낸 편지』*Epistula ad Corinthios*

알렉산드리아의 클레멘스
    『교육자』*paedagogus*
    『권고』*protrepticus*
    『양탄자』*Stromata*

키프리아누스
    『순교 권면』*De exhortatione martyrii*

타티아누스
    『네 복음서 발췌 합본』*Diatessaron*

팔라디우스
    『라우수스에게 바친 수도승 이야기』*Historia Lausiaca*

필록세누스
    『탐욕 반박』*Adversus avaritiam*

헤르마스
    『목자』*Pastor*

히에로니무스
    『마리아의 영원한 동정에 관해 헬비디우스 반박』*Adversus Helvidium*
    『비길란티우스 반박』*Contra Vigilantium*
    『성 힐라리온의 생애』*Vita sancti Hilarionis*
    『요비니아누스 반박』*Adversus Iovinianum*